北语社 新HSK 书系

决胜30天

新汉语水平考试 HSK 6级 仿真试题集

主编 刘 云
编 者 石佩芝 等

北京语言大学出版社
BEIJING LANGUAGE AND CULTURE UNIVERSITY PRESS

图书在版编目（CIP）数据

新汉语水平考试HSK（六级）仿真试题集 / 刘云主编. — 北京：北京语言大学出版社，2013.8

（决胜30天）

ISBN 978-7-5619-3610-8

Ⅰ. ①新…　Ⅱ. ①刘…　Ⅲ. ①汉语—对外汉语教学—水平考试—习题集　Ⅳ. ①H195-44

中国版本图书馆 CIP 数据核字（2013）第 179420 号

书　　名： 新汉语水平考试 HSK（六级）仿真试题集
XIN HANYU SHUIPING KAOSHI HSK (LIUJI) FANGZHEN SHITIJI
责任印制： 姜正周

出版发行： 北京语言大学出版社
社　　址： 北京市海淀区学院路 15 号　　**邮政编码：** 100083
网　　址： www.blcup.com
电　　话： 发行部　010-82303650 / 3591 / 3651
编辑部　010-82303390
读者服务部　010-82303653 / 3908
网上订购电话　010-82303668
客户服务信箱　service@blcup.com
印　　刷： 北京中科印刷有限公司
经　　销： 全国新华书店

版　　次： 2013 年 8 月第 1 版　　2013 年 8 月第 1 次印刷
开　　本： 787 毫米 ×1092 毫米　1/16　**印张：** 18
字　　数： 372 千字
书　　号： ISBN 978-7-5619-3610-8 / H · 13187
定　　价： 55.00 元

《北语社新 HSK 书系》出版说明

新汉语水平考试（简称“新 HSK”）是专为测试母语非汉语者的汉语水平而设立的国家级标准化考试。由于新 HSK 在考试形式和题型方面作出了重大调整，为帮助考生在最短时间内适应新题型，获得高分，我们推出了“北语社新 HSK 书系”，书系由应试指南和仿真试题两个子系列组成：

应试指南系列：

★《新汉语水平考试 HSK（四级）应试指南》

★《新汉语水平考试 HSK（五级）应试指南》

★《新汉语水平考试 HSK（六级）应试指南》

★《新汉语水平考试 HSK 口试（中级）应试指南》

★《新汉语水平考试 HSK 口试（高级）应试指南》

仿真试题系列：

★《决胜 30 天——新汉语水平考试 HSK（一级）仿真试题集》

★《决胜 30 天——新汉语水平考试 HSK（二级）仿真试题集》

★《决胜 30 天——新汉语水平考试 HSK（三级）仿真试题集》

★《决胜 30 天——新汉语水平考试 HSK（四级）仿真试题集》

★《决胜 30 天——新汉语水平考试 HSK（五级）仿真试题集》

★《决胜 30 天——新汉语水平考试 HSK（六级）仿真试题集》

本系列图书有以下几个特点：

1. 针对性强，仿真度高

本书参编人员有着多年对外汉语教学经验和 HSK 辅导班的教学实践，对新 HSK 的命题文章来源、命题特点和技巧均进行了深入研究。应试指南系列针对不同题型和考点总结答题技巧，同时辅以大量的强化练习，帮助考生及时巩固提高。仿真试题系列在形式、内容和难度上全面贴近真题，具有一定的预测性。

2. 考点全面，重点突出

本书系在编写过程中严格参照《新汉语水平考试大纲》，利用自主研发的考试分析软件对模拟题和样题进行比照分析，在保证大纲词汇均匀分布的同时，严格控制超纲词的比例。试题覆盖了所有考点，并对重点、难点和热点问题加大了讲解和练习的力度。

3. 讲解详细，题量丰富

本书系的题量非常大，各级应试指南均配备了十倍于真题题量的模拟试题。此外，每道例题和习题都配有详细的题解，让考生练一点儿会一点儿，充分巩固学习效果。

本书系非常适合考生自学及辅导班教学使用，有助于考生顺利通过新汉语水平考试。

前　言

新汉语水平考试(简称“新 HSK”)是汉语能力标准化考试,由国家汉办/孔子学院总部负责研发和管理。新 HSK 以评估考生在生活、学习和工作中运用汉语进行交际的能力为目标,在借鉴当代测试理论的最新成果的同时,对考试形式和题型设置方面进行了重大调整。

为帮助考生尽快熟悉新考试新题型,掌握应试技巧,提高汉语水平,我们组织了一批具有多年 HSK 教学经验的资深教师,在充分研究大纲样题和命题思路的基础上,编写了本套“决胜 30 天”系列仿真试题集,共分为六册,分别是:

《决胜 30 天——新汉语水平考试 HSK(一级)仿真试题集》
《决胜 30 天——新汉语水平考试 HSK(二级)仿真试题集》
《决胜 30 天——新汉语水平考试 HSK(三级)仿真试题集》
《决胜 30 天——新汉语水平考试 HSK(四级)仿真试题集》
《决胜 30 天——新汉语水平考试 HSK(五级)仿真试题集》
《决胜 30 天——新汉语水平考试 HSK(六级)仿真试题集》

各分册由五套仿真试题组成,试题形式与样题一致,试题前附有各级考试说明,试题后附有听力文本和参考答案,其中四、五、六级分册还附有详细的题解,可以方便考生自学和辅导班教学。此外,本书还随书附赠答题卡和听力部分试题的录音 MP3。

为了方便考生使用,本书四、五、六级分册的题解部分附上了前面试题的全部内容,并将与答案有关的关键语句用下画线标出作为答题的提示。这样题解与提示相互照应,答案便一目了然。

本系列仿真试题集的试题经过软件系统分析,大纲词汇和重要考点均得以覆盖,超纲词出现率也被控制在合理范围内。此外,为了让考生在应试时更加游刃有余,我们还略微加大了难度,考生试测后反映比真题要稍难。

我们衷心希望本套丛书对考生能有所帮助,希望考生和同人多多批评指正。

编者

2013 年 5 月 8 日

HSK（六级）介绍

HSK（六级）考查考生的汉语应用能力，它对应于《国际汉语能力标准》五级、《欧洲语言共同参考框架（CEF）》C2 级。通过 HSK（六级）的考生可以轻松地理解听到或读到的汉语信息，以口头或书面的形式用汉语流利地表达自己的见解。

一、考试对象

HSK（六级）主要面向掌握 5000 及 5000 以上汉语常用词语的考生。

二、考试词汇

HSK（六级）共 101 题，分听力、阅读、书写三部分。

<table>
<tr><th colspan="2">考试内容</th><th colspan="2">试题数量（个）</th><th>考试时间（分钟）</th></tr>
<tr><td rowspan="3">一、听力</td><td>第一部分</td><td>15</td><td rowspan="3">50</td><td rowspan="3">约 35</td></tr>
<tr><td>第二部分</td><td>15</td></tr>
<tr><td>第三部分</td><td>20</td></tr>
<tr><td colspan="4">填写答题卡</td><td>5</td></tr>
<tr><td rowspan="4">二、阅读</td><td>第一部分</td><td>10</td><td rowspan="4">50</td><td rowspan="4">50</td></tr>
<tr><td>第二部分</td><td>10</td></tr>
<tr><td>第三部分</td><td>10</td></tr>
<tr><td>第四部分</td><td>20</td></tr>
<tr><td>三、书写</td><td>作文</td><td colspan="2">1</td><td>45</td></tr>
<tr><td>共计</td><td>/</td><td colspan="2">101</td><td>约 135</td></tr>
</table>

全部考试约 140 分钟（含考生填写个人信息时间 5 分钟）。

1. 听力

第一部分，共 15 题。每题听一次。每题播放一小段话，试卷上提供 4 个选项，考生根据听到的内容选出与其一致的一项。

第二部分，共 15 题。每题听一次。播放三段采访，每段采访后带 5 个试题，试卷上每题提供 4 个选项，考生根据听到的内容选出答案。

第三部分，共 20 题。每题听一次。播放若干段话，每段话后带几个问题，试卷上每题提供 4 个选项，考生根据听到的内容选出答案。

2. 阅读

第一部分，共 10 题。每题提供 4 个句子，要求考生选出有语病的一句。

第二部分，共 10 题。每题提供一小段文字，其中有 3 到 5 个空格，考生要结合语境，从 4 个选项中选出最恰当的答案。

第三部分，共 10 题。提供两篇文字，每篇文字有 5 个空格，考生要结合语境，从提供的 5 个句子选项中选出答案。

第四部分，共 20 题。提供若干篇文字，每篇文字带几个问题，考生要从 4 个选项中选出答案。

3. 书写

考生先要阅读一篇 1000 字左右的叙事文章，时间为 10 分钟；然后将这篇文章缩写为一篇 400 字左右的短文，时间为 35 分钟。标题自拟。只需复述文章内容，不需加入自己的观点。

三、成绩报告

HSK（六级）成绩报告提供听力、阅读、书写和总分四个分数。总分 180 分为合格。

	满分	你的分数
听力	100	
阅读	100	
书写	100	
总分	300	

HSK 成绩长期有效。作为外国留学生进入中国院校学习的汉语能力的证明，HSK 成绩有效期为两年（从考试当日算起）。

目　录

仿真试题

新汉语水平考试 HSK（六级）仿真试题一 1
新汉语水平考试 HSK（六级）仿真试题二 23
新汉语水平考试 HSK（六级）仿真试题三 49
新汉语水平考试 HSK（六级）仿真试题四 73
新汉语水平考试 HSK（六级）仿真试题五 97

参考答案、听力材料及题解

新汉语水平考试 HSK（六级）仿真试题一 122
新汉语水平考试 HSK（六级）仿真试题二 151
新汉语水平考试 HSK（六级）仿真试题三 181
新汉语水平考试 HSK（六级）仿真试题四 211
新汉语水平考试 HSK（六级）仿真试题五 240

新汉语水平考试

HSK（六级）

仿真试题一

注　意

一、HSK（六级）分三部分：

1. 听力（50 题，约 35 分钟）

2. 阅读（50 题，50 分钟）

3. 书写（1 题，45 分钟）

二、听力结束后，有 5 分钟填写答题卡。

三、全部考试约 140 分钟（含考生填写个人信息时间 5 分钟）。

一、听 力

第一部分

第1–15题：请选出与所听内容一致的一项。

1. **A** 画家很谦虚
   B 妇人想买下那幅画儿
   C 妇人想和画家做朋友
   D 妇人想要画儿里的裙子

2. **A** 真理普遍存在
   B 做事要掌握规律
   C 要端正做事态度
   D 实践能够检验真理

3. **A** 青茶不需要发酵
   B 青茶不如红茶香浓
   C 青茶的颜色是红色的
   D 喝青茶有助于牙齿健康

4. **A** 中国风筝历史悠久
   B 风筝一直都是用纸做的
   C 风筝最早是由孔子发明的
   D 风筝最早是人们娱乐的玩具

5. **A** 健康是根本
   B 女子很悲观
   C 女子长相一般
   D 女子以前知道自己有病

6. **A** 京津两地往来很便捷
   B 天津人到北京听相声
   C 两地不需要邮递快件
   D 北京人喜欢吃天津小吃

7. **A** 18岁时常出现代沟
   B 代沟指的是心理差距
   C 大学生之间不存在代沟
   D 代沟只存在于两代人之间

8. **A** 张东很失望
   B 张东不想看牙医
   C 张东想把牙拔掉
   D 张东要和医生预约

9. **A** 挫折越多越好
   B 学生有很多潜能
   C 要激发学生的潜能
   D 学生要进行研究性学习

10. **A** 睡懒觉不是好习惯
    B 缺乏睡眠的人不灵活
    C 偶尔睡懒觉对身体有利
    D 足够的睡眠有益于大脑

11. **A** 生存很艰难
    B 环境可以造就人
    C 生活不能太孤独
    D 越竞争越有活力

12. **A** 空调让生活很舒适
    B 夏天脂肪容易消耗
    C 要多散发体内的热量
    D 使用空调不利于减肥

13. **A** 态度决定人品
B 工作充满了乐趣
C 态度影响工作效率
D 要在工作中享受人生

14. **A** 喝水很解渴
B 出汗对身体有好处
C 运动后不宜大量喝水
D 口渴时要及时补充盐水

15. **A** 他很幽默
B 他不喜欢交朋友
C 他的作品出版的不多
D 他的创作态度很认真

第二部分

第16–30题：请选出正确答案。

16. A 考进来的
B 老师推荐
C 偶然进入
D 比赛赢的

17. A 找个工作
B 想出国发展
C 拍封面赚钱
D 当个专业模特

18. A 运气好
B 性格很怪
C 能够出国
D 长得不好看

19. A 希望
B 成功
C 赚钱
D 父母的期望

20. A 运气
B 机会
C 努力
D 长相

21. A 有票房
B 时代要求
C 喜欢侠义精神
D 适应电影潮流

22. A 个人化
B 英雄主义
C 大众感受
D 拍摄方式

23. A 卡通
B 军事
C 历史故事
D 古代神话

24. A 创新理念
B 先进技术
C 长远规划
D 观众支持

25. A 多拍历史电影
B 让观众记住自己
C 让世界了解中国
D 壮大中国电影事业

26. A 竞争激烈
B 张力过大
C 经济低迷
D 市场混乱

27. A 缺少竞争
B 由政府规划
C 忽视度假休闲
D 重视市场产品

28. **A** 既投资又经营
B 建设度假基地
C 在景点办婚礼
D 吸引大人和孩子

29. **A** 出钱办旅游节日
B 配合政府管理旅游
C 开发新疆旅游资源
D 建立企业实习基地

30. **A** 投资 13 万元
B 展示古国文明
C 发展南疆经济
D 变成旅游前沿

第三部分

第31–50题：请选出正确答案。

31. A 要拆迁
B 生意不好
C 准备装修
D 老板想改行

32. A 赠送树苗
B 大力做宣传
C 让旅客种树
D 提供拍照服务

33. A 环境优美
B 看望小树
C 住宿便宜
D 服务周到

34. A 负担很重
B 构造很巧妙
C 会自动休整
D 工作比休息时间长

35. A 氧气
B 营养
C 静脉
D 动脉

36. A 怎样保护心脏
B 心脏跳动的规律
C 心脏是怎样工作的
D 心脏永不停跳的奥秘

37. A 很自卑
B 很懒惰
C 没有妈妈
D 毛色不好看

38. A 觉得孤独
B 吃不到食物
C 觉得自己不行
D 小白羊经常打它

39. A 大雪
B 小黑羊
C 主人的机智
D 山上的黑石头

40. A 不要轻视别人
B 天生我材必有用
C 努力是不会白费的
D 每个人都有优缺点

41. A 情绪变化
B 适可而止
C 保护眼睛
D 不要当众大哭

42. A 无色无味
B 不要轻易流泪
C 流眼泪可以排毒
D 眼泪流得越多越好

43. **A** 眼泪的作用
B 眼泪与情感
C 人为何会流泪
D 怎样控制流泪

44. **A** 海鸟太多了
B 海鸟很值钱
C 想得到珍珠
D 海鸟扰乱人们生活

45. **A** 准备捉海鸟
B 树林很安静
C 想在海边安家
D 给海鸟一个家

46. **A** 海鸟没东西吃
B 是种放松方式
C 特别喜爱海鸟
D 想让海鸟吐珍珠

47. **A** 要爱护动物
B 不能太盲目
C 做事不能太绝
D 思路决定结果

48. **A** 紫丁香
B 红冠花
C 红蔷薇
D 红郁金香

49. **A** 要亲自送
B 可以送塑料花
C 宴会可以送花篮
D 能很好地表达感情

50. **A** 不同的花语
B 送花的礼仪
C 送花的作用
D 送花的场合

二、阅 读

第一部分

第 51–60 题：请选出有语病的一项。

51. **A** 中国是世界公认最早发明用酒曲酿酒的国家。
B 我们只要领略到知识的价值，才能从书本中找到乐趣。
C 决定一种文明生死存亡的，是这种文明有无开辟新路的能力。
D 在人类文明史上，曾有过四大古文字，如今唯有汉字硕果仅存。

52. **A** 通过这几天的接触，我们都加深了对于彼此的了解。
B 只有地球运行到月球和太阳之间时才会发生月食现象。
C 通过劳动模范们的感人事迹，我们明白了许多做人的道理。
D 细菌和病毒都是可以致病的微生物，但两者之间区别很大。

53. **A** 能处处领略到趣味的人绝不至于岑寂，也绝不至于烦闷。
B 稀有物种的国际贸易对物种灭绝起到了推波助澜的作用。
C 要想搞好学科渗透和融合，并非易事，需要下一番工夫不可。
D 春秋时期鲁国天文学家留下世界上关于哈雷彗星的最早记录。

54. **A** 一旦他开口布置任务，那便是命令，别人只能是听命和执行。
B 为了企业的发展，他总是处心积虑，几乎达到了废寝忘食的地步。
C 自由当然重要，但是首先还得有规矩，有纪律，否则社会无法运转。
D 说到烹饪的历史，夏商周时代就已经是中国烹饪文化真正形成的时期。

55. **A** 在草原深处的一条河旁，牧童牵着牛在喝水。
B 假如蜜蜂消失，人们将告别大多数的粮食和蔬菜瓜果。
C 文人与民间创作结合的创作方式，使得中国古典小说呈现了重视情节的特点。
D 微波炉用交流电产生的微波，可以造成分子之间巨大的摩擦，从而使食物迅速加热。

56. **A** 国画中绝少穷山恶水，纵使孤峰插云，仍不会给人险恶的感觉。
B 我们在人类语言中所看到的最初的分类，并没有严格的理论目的。
C 武汉钢铁厂去年生产总值突破 2500 万元，今年翻了一番，增加了 5000 万元。
D 电脑在给现代生活带来便捷的同时，也不知不觉地改变着人们原有的认知方式和习惯。

57. A 庐山风景，是以山水景观为依托，渗透着人文景观的综合体。
B 今年公司业绩取得重大突破的原因是全体员工共同努力的结果。
C 空气阻力会对运行中的足球产生对抗的阻力，使足球运行速度减慢。
D 水土流失是土壤在水的浸润和冲击下，结构发生破碎和松散，随水流动而散失的现象。

58. A 在古代，人们对皇帝是不能直呼或直书其名的，否则就有丢脑袋的危险。
B 文艺作品语言的好坏，不在于它用了一大堆华丽的词藻，而在于它的词语用的是地方。
C 王维在继承传统的基础上，努力创造的具有鲜明个性的意境，丰富了山水诗的表现技巧，对诗歌发展作出了贡献。
D 在小道上散步，风忽然送来一阵扑鼻的清香。环顾四周，我看见一枝露出高墙的腊梅，原来那幽香就是从那儿释放出来的。

59. A 家乡的山川草木、风土人情和血浓于水的亲情，连同那关于故土的传说，都是我们成长的精神滋养。
B 水果本身营养非常丰富，但是其表面常常黏附着对人体有害的细菌和农药，所以食用水果前应该洗净或削皮。
C 随着全球气温升高，飓风、洪水、干旱等极端气象事件发生的概率正逐渐加快，全球气候变暖已经成为全人类必须共同面对的挑战。
D 汉族服饰在文化交流中吸收胡装的很多形式，各民族服饰在自身传统的基础上融合改进，对中国古代服饰的发展产生了积极的影响。

60. A 中国是茶的故乡，在产茶、饮茶的同时还特别讲究礼仪——古代婚礼中的“三茶六礼”就是很好的例子。
B 艺术欣赏中的审美体验往往只可意会不可言传，一经点破，那含蓄蕴藉的美感常常会遭到破坏的危险。
C 编钟是我国古代的一种打击乐器，多用青铜铸成，一般是由大小不同的扁圆钟按照音调高低的次序排列而成。
D 通过对一些古树年轮的分析，人们可以获得许多珍贵的资料，其中包括在古树生长的漫长岁月中，该地区气候变化的规律等。

第二部分

第61-70题：选词填空。

61. 宽容本身就是一种美德。生活中我们______会受到不公正待遇，千万不要生气，而应学会宽容。生气是人类最坏的毛病之一，它是在用别人的过错______自己，是一种______的、于己于人都无益的行为。

A 常常　惩罚　徒劳　　B 经常　攻击　无谓
C 通常　伤害　无聊　　D 往常　打击　错误

62. 要学会忍受孤独，这样才会成熟起来，才能在孤独中______，在思考中成熟，在成熟中升华。不要因为______而乱了方寸，而去做无聊无益的事情，白白______了宝贵的时间。

A 考虑　孤独　花费　　B 思考　寂寞　浪费
C 揣摩　孤单　消耗　　D 思索　单独　使用

63. 喜马拉雅山脉在世界上海拔最高，是世界上最高大最______的山系。它______8000米以上高峰14座。"珠穆朗玛"是雪山女神的意思。她银装素裹，______于地球之巅，时而出现在湛蓝的天空中，时而隐藏在雪白的祥云里，更显出她那圣洁、端庄、美丽和______的形象。

A 雄壮　具有　玉树临风　奇特
B 强壮　占有　落落大方　神奇
C 雄伟　拥有　亭亭玉立　神秘
D 强大　具有　出水芙蓉　秘密

64. 小分子功能饮水是一种健康的饮水方式，指饮水经适当方法______，使水的性质和功能发生改变，从而使人体的生命活动和生理功能得到______。功能水之所以能全面促进人体健康，其______就在于它的水分子团小，其活性大、渗透力强，有利于各种营养素的吸收、运送和______。

A 料理　协调　奥妙　使用
B 解决　调整　神秘　运用
C 处置　调理　秘密　应用
D 处理　调节　奥秘　利用

65. 情绪会影响人的健康。愤怒和压抑会______我们生病，甚至死亡。相反，像乐观、好奇和狂喜之类的感觉，不仅使人生值得______，而且会使寿命极大地延长。他们认为，欢笑可以______紧张感对人体产生的锈蚀性影响，欢乐的人比好发脾气和喜欢______的人活得更长。

A 引起　回忆　驱赶　埋怨
B 导致　留恋　驱除　抱怨
C 致使　挂念　清除　生气
D 造成　依恋　清理　痛苦

66. 社会是一个大舞台，也是一个______场。人生是表演，也是奋斗。每个人都需要别人的______、喝彩和鼓掌，就像需要______一样。如果只有______，那生活就一定会索然无味。

A 体育　关心　打击　成功
B 比赛　爱护　劝阻　顺利
C 竞技　关注　批评　沉默
D 竞争　赞美　警告　平静

67. 放风筝并不难，但要想把风筝放得高，______就会高一些。首先，风筝的质量要上乘，甚至要______，材质和结构______，至于颜色式样只是观赏的需要，与飞得高低没有关系；其次，还需要风筝线要结实耐用，______就是选择适合放飞的天气。

A 难度　追究　首屈一指　之后
B 需求　讲究　重中之重　随后
C 条件　高档　当务之急　其后
D 要求　考究　至关重要　然后

68. 如果使学生处于被动状态，让学生______，死记硬背，即使在学生的头脑里______了一大堆知识，也不可能增进他们的思考力。相反，当学生对所学内容______了兴趣，他们就会主动地去思考，积极主动地______各种知识，去发现问题，并在解决问题的过程中展现出令人______的创造性。

A 囫囵吞枣　填塞　产生　利用　惊叹
B 狼吞虎咽　充实　生产　背诵　欣慰
C 一知半解　占据　产出　记忆　激动
D 细大不捐　充满　拥有　学习　满意

69. 当人们使用手机时，手机会向发射基站______无线电波，而无线电波或多或少地会被人体______，这些电波就是手机辐射。一般来说，手机______时辐射较小，通话时辐射大一些，而在手机号码已经拨出而______接通时，辐射最大。这些辐射有可能改变人体______，对人体健康造成不利影响。

A 传送　吸收　待机　尚未　组织
B 传递　接收　损坏　已经　功能
C 输送　吸入　停电　正在　性能
D 播送　遮挡　关闭　等待　结构

70. 现在节能是一种时尚，如何降低电器对能源的________是人们一直探索的问题。一种新型空调已经研制出来，它制冷效率高，______耗电也少。更加______的是，一种不用电的空调也已经问世，它能将太阳能转化成电能供空调运转使用。尽管新的节能的电器______出现，但是养成节电的习惯才是最______的。

A 使用　但是　激动人心　连续　主要
B 损耗　并且　欢欣鼓舞　持续　重大
C 消耗　而且　振奋人心　不断　重要
D 利用　反而　可喜可贺　不停　现实

第三部分

第71–80题：选句填空。

71–75.

一个农夫进城卖驴和山羊。山羊的脖子上系着一个小铃铛。三个小偷看见了，一个小偷说："我去偷羊，叫农夫发现不了。"另一个小偷说："我要从农夫手里把驴偷来。"第三个小偷说："这都不难，我能把农夫身上的衣服全部偷来。"

第一个小偷悄悄地走近山羊，把铃铛解下来，拴到了驴尾巴上，然后把羊牵走了。农夫在拐弯处四处环顾了一下，（71）__________，就开始寻找。这时第二个小偷走到农夫面前，问他在找什么。农夫说他丢了一只山羊。小偷说："我见到你的山羊了，刚才有一个人牵着一只山羊向那片树林里走去了，现在还能抓住他。"农夫恳求小偷帮他牵着驴，自己去追山羊。第二个小偷趁机把驴牵走了。农夫在树林里没找到山羊，回来一看，驴子也不见了，（72）__________。走着走着，他看见池塘边坐着一个人，也在哭。农夫问他发生了什么事。那人说："人家让我把一口袋金子送到城里去，我实在是太累了，（73）__________，睡着了，睡梦中把那口袋推到水里去了。"农夫问他为什么不下去把口袋捞上来。那人说："我怕水，因为我不会游泳。（74）__________，我就送他20锭金子。"

农夫大喜，心想："正因为别人偷走了我的山羊和驴子，上天才赐给我幸福。"于是，他脱下衣服，潜到水里，（75）__________。当他从水里爬上来时，发现衣服不见了。原来是第三个小偷把他的衣服偷走了。这时，农夫才懊悔不及：大意让他失去了山羊，轻信让他把驴拱手让人，最终的贪婪把他仅有的遮羞之物也赔进去了。

A 发现山羊不见了

B 就在池塘边坐下来休息

C 就在路上一边走一边哭

D 谁要把这一口袋金子捞上来

E 可是他无论如何也找不到那一口袋金子

76-80.

小学的时候，有一次我们去海边远足，妈妈没有做便饭，给了我10块钱买午餐。好像走了很久，很久，终于到海边，大家坐下来便吃饭，（76）__________，我一个人跑到防风林外面去，级任老师要大家把吃剩的饭菜分给我一点儿。有两三个男生留下一点儿给我，还有一个女生，她的米饭拌了酱油，很香。我吃完的时候，她笑眯眯地看着我，短头发，脸圆圆的。她的名字叫翁香玉。每天放学的时候，（77）__________，带着一位比她小的男孩儿，可能是弟弟。小路边是一条清澈见底的小溪，两旁竹阴覆盖，我总是远远地跟在后面。夏日的午后特别炎热，（78）__________，拿手帕在溪水里浸湿，为小男孩儿擦脸。我也在后面停下来，把肮脏手帕弄湿了擦脸，再一路远远地跟着她回家。

后来我们家搬到镇上去了，过几年我也上了中学。有一天放学回家，在火车上，看见斜对面一位短头发、圆圆脸的女孩儿，一身素净的白衣黑裙。我想她一定不认识我了。火车很快到站了，我随着人群挤向门口，她也走近了，叫我的名字。这是她第一次和我说话。她笑眯眯的，和我一起走过月台。（79）__________。这篇文章收在我出版的《少年心事》这本书里。书出版后半年，有一天我忽然收到出版社转来的一封信，信封上是陌生的字迹，但清楚地写着我本名。信里面说她看到了这篇文章心里非常激动，没想到在离开家乡，漂泊异地这么久之后，（80）__________，她自己也深深记得这其中的每一幕，只是没想到越过遥远的时空，竟然另一个人也深深记得。

A 走到半路她会停下来
B 荒凉的海边没有商店
C 以后就没有再见过她了
D 她走的是经过我们家的一条小路
E 会看见自己仍然在一个人的记忆里

第四部分

第 81-100 题：请选出正确答案。

81-84.

从前有一户人家的菜园里摆着一块大石头，宽度大约有 40 公分，高度有 10 公分。到菜园的人，不小心就会踢到那一块大石头，不是跌倒就是擦伤。儿子问："爸爸，那块讨厌的石头，为什么不把它挖走？" 爸爸这么回答："你说那块石头？从你爷爷时起一直放到现在，它的体积那么大，不知道要挖到什么时候，没事无聊挖石头，不如走路小心一点儿，还可以训练你的反应能力。" 过了几年，这块大石头留到下一代，当时的儿子娶了媳妇。有一天媳妇气愤地说："爸爸，菜园那块大石头，我越看越不顺眼，改天请人搬走好了。" 爸爸回答说："算了吧！那块大石头很重的，可以搬走的话在我小时候就搬走了，哪会让它留到现在啊？" 媳妇心里非常不是滋味，那块大石头不知道让她跌倒多少次了。

有一天早上，媳妇带着锄头和一桶水，将整桶水倒在大石头的四周。十几分钟以后，媳妇用锄头把大石头四周的泥土搅松。媳妇早有心理准备，可能要挖一天吧，谁都没想到几分钟就把石头挖起来了，看看大小，这块石头没有想象的那么大，都是被那个巨大的外表蒙骗了。

你抱着下坡的想法爬山，便无从爬上山去。如果你的世界沉闷而无望，那是因为你自己沉闷无望。改变你的世界，必先改变你自己的心态。阻碍我们去发现、去创造的，仅仅是我们心理上的障碍和思想中的顽石。

81．关于那块石头，可以知道：

A 特别碍事　　**B** 放在花园里

C 家人很喜欢它　　**D** 有十几年的历史

82．儿子要求挖石头时，爸爸有什么看法？

A 要有耐心　　**B** 觉得很费事

C 要把石头打碎　　**D** 没事的时候再挖

83．第一段画线短语"不是滋味"最有可能是什么意思？

A 不耐烦　　**B** 不高兴

C 没有感觉　　**D** 没有味道

84．短文主要想告诉我们什么？

A 成功离不开自信心　　**B** 毅力是成功的关键

C 要善于主动去发现　　**D** 不要被表象所迷惑

85-88.

五台山是中国佛教四大名山之一，位于山西省东北部忻州地区，距太原市230公里。由东台、西台、南台、北台和中台五座山峰环抱而成。五座山峰，峰顶都像个平台，故名五台山。北台最高，主峰海拔3058米，号称“华北屋脊”。整个五台山面积为2837平方公里，纵横绵亘100余公里。

五台山地区峰峦叠嶂，沟壑纵横，河流遍布，林木苍翠，景色秀丽。这里有奇险的峰崖，有挺拔的古松劲柏，有弥漫沉浮的云山雾海，有金碧辉煌的殿宇楼台，更有神秘莫测的“五台宝光”。五台山不光风景奇丽，气候也奇特诱人。整个五台山温差很大，最冷的地方，终年坚冰不化；较冷的地方，9月积雪，翌年4月解冻；最暖处，冬不封河，常年无霜。有时，还会出现难得的奇景，山下大雨倾盆，山上却红日高照；山下春暖花开，柳绿桃红，山顶却白雪皑皑，滴水成冰。另外，由于五台山五峰耸立，海拔高，盛夏时，山外酷暑难当，山中却气候凉爽，环境清幽，是消夏避暑的好地方，故五台山又称清凉山，并被人们誉为“清凉圣境”。

五台山是佛教圣地，佛国仙山。相传这里是文殊菩萨的道场，因此寺庙林立，香烟缭绕。精美的建筑，玲珑的雕刻，逼真的塑像和彩画遍及各寺。五台山塔院寺内的舍利大白塔，是五台山的标志；最大的寺庙是显通寺，各种建筑400余间，寺内有铜殿3间，铸造极为精美，铜塔2座，造型秀丽；南禅寺是中国现存最早的唐代木结构建筑，大殿斗拱硕大，出檐深远，屋顶平缓，具有中唐时期的建筑风格。

五台山历史悠久，北魏孝文帝、隋炀帝、宋太宗、元英宗、清圣祖、清高宗等都曾驾幸五台山，五台山还是中国唯一兼有汉地佛教和喇嘛教的佛教道场。五台佛国诞生了一大批高僧名师，盛唐时期，这里成了海外信徒留学听经的高等佛教学院，千百年来，印度、日本、蒙古、朝鲜、尼泊尔、斯里兰卡等地的佛教徒，很多人都不远万里到五台山来朝圣求法，有些甚至留在五台山修行终身。

85. 五台山被称为“华北屋脊”是因为它的：

A 险　**B** 高　**C** 美　**D** 位置

86. 第二段主要介绍的是什么？

A 五台宝光　**B** 奇险的峰崖
C 宏伟的殿宇楼台　**D** 奇特诱人的气候

87. 在五台山的众多寺庙中，南禅寺的主要特点是：

A 规模最大　**B** 历史最悠久
C 铜器铸造精美　**D** 文物价值极高

88. 盛唐时期来五台山的留学生主要是为了学习什么？

A 语言文化　**B** 气功武术
C 佛学佛法　**D** 健身养生

89-92.

对绝大多数人而言，母亲是一生中最重要的人。但你也许有所不知，母亲的面庞会对人的脑部活动产生独特作用。研究团队招募20名志愿者接受实验，受试者平均年龄35岁。受试者分别观看自己父母照片、社会名人照片和陌生人照片。研究人员利用磁共振成像技术（MRI）记录下受试者看到不同照片时的脑部活动。研究人员发现，受试者看到自己母亲照片时，脑部关键部位细胞活动变得活跃，而这个部位与脑部认知和情感功能相联系。父亲的面容能使受试者大脑深处产生反应，但强烈程度与受试者看到母亲面庞时产生反应的强烈程度相比"稍逊一筹"。"名人脸"对受试者大脑刺激远不如父母面容刺激的强烈程度，但相比于"路人"的脸，社会名人的面容有一些刺激作用。

研究小组成员表示，受试者脑部对母亲面庞强烈的反应可以归因于受试者在童年时期频繁见到母亲。事实上，即使孩子长大成人，多年远离父母，这种脑部反应依旧存在，说明它具有持久性。研究人员相信，这一发现将阐释为何许多动物幼仔会对出生后见到的第一个生物产生强烈依附性。这种依附作用使得刚出生的幼仔跟随母亲左右，很快学会它的特征和行为。这就是生物学中的"铭印"现象。研究人员认为，人出生时的大脑就像一个被格式化的磁盘，里面没有储存任何信息。孩子与出生后第一个护理者之间的互动对他们的大脑发育和情感发展至关重要，而这个护理者通常是孩子的母亲。由于母亲陪伴孩子成长，两代人之间形成的亲密关系会使孩子脑部产生一种复杂、持久的情感和认知反应。

与此同时，研究人员还发现，母亲的声音能够安抚孩子的紧张情绪。他们把若干名7岁至12岁的女孩儿分成三组，让她们在陌生人面前演讲和做数学题，从而使女孩儿们感到紧张。第一组孩子的母亲在现场安抚她们，第二组孩子的母亲和她们通电话，第三组孩子则被安排看一场电影。研究人员发现，第一组孩子很快平静下来。但令他们惊讶的是，第二组孩子不到一个小时就和第一组孩子一样平静。这一结果说明，母亲的声音和拥抱所起作用类似。即便母亲不在现场，从电话中传来的声音依然能够使孩子紧张的情绪平复。

89. 在实验中，谁的照片对受试者大脑刺激的强度最低？

A 母亲　**B** 父亲　**C** 陌生人　**D** 社会名流

90. 与文中"稍逊一筹"意思接近的词语是：

A 略胜一筹　**B** 大相径庭　**C** 稍有逊色　**D** 相去甚远

91. 关于受试者脑部对母亲面庞强烈的反应，说法不正确的是：

A 属于"铭记"现象　**B** 脑部正被格式化

C 长大后仍具有持久性　**D** 源于出生后强烈的依附性

92. 根据最后一段，让紧张的孩子最快平静下来的办法是：

A 做数学题　**B** 面对母亲

C 看一场电影　**D** 听母亲的电话

93-96.

时下不少时尚女性将米饭、面条等富含碳水化合物的主食视为身材“大敌”，尤其在运动健身后对它们敬而远之，实际上，这样的做法是非常错误的。“运动与膳食营养补给中，除了适量的蛋白质、脂肪和水之外，最重要的就是碳水化合物的补充。”专家推荐的适宜膳食能量构成是：来自碳水化合物的能量为55%~65%；来自脂肪的能量为20%~30%；来自蛋白质的能量为11%~15%。运动时肌体主要依靠碳水化合物来参与供能、维持运动强度，并为肌肉和大脑提供能量。

与蛋白质和脂肪不同，身体中的碳水化合物贮备非常有限，如运动时人体得不到充足的碳水化合物供应，将导致肌肉出现疲乏而无动力。不仅如此，如果膳食中长期缺乏主食还会导致血糖含量降低，产生头晕、心悸、脑功能障碍等问题，严重者会导致低血糖昏迷。

而美国一项最新医学研究指出，女性如果不摄取碳水化合物食品，还可能造成失忆。调查发现，不食用意大利面、面包、比萨饼、马铃薯等高能量食品达一周的女性，出现记忆与认知能力受损。负责这项研究的心理系教授泰勒指出，这是因为脑细胞需要葡萄糖作为能量，但脑细胞无法贮存葡萄糖，需要透过血液持续供应，碳水化合物食品摄取不足，可能造成脑细胞所需要的葡萄糖供应减少，因此，对学习、记忆及思考力造成伤害。

93. 很多女性对主食“敬而远之”，是因为：

A 要运动　　**B** 保持身材

C 很难消化　　**D** 出于礼貌

94. 碳水化合物的功能不包括：

A 为肌肉提供能量　　**B** 为大脑提供能量

C 提高血糖的含量　　**D** 缓解过度运动造成的酸痛

95. 碳水化合物与其他营养成分的不同之处是：

A 参与供给能量　　**B** 可从食物中摄取

C 不容易在体内储存　　**D** 是人体的必需成分

96. 根据本文，以下哪种说法不正确？

A 碳水化合物主要来自主食

B 脑细胞的能量来源是葡萄糖

C 长期缺乏碳水化合物影响记忆力

D 缺乏运动导致碳水化合物摄入不足

97-100.

很久以前，在一个偏远的岛上，生存着一个部落。岛上少有作物，他们只能以渔猎为生。这个岛几乎是光秃秃的。原来，岛的结构物几乎全是黄金，既不能食，又不能用。而普通岛屿上的沙子、石头和泥土之类的“寻常物”，在这里却极为稀少。在这样一座黄金岛上，土壤的出产物极少，部落成员大多以鱼为食，有限的果蔬食物仅够酋长、族长们享用。在这里，黄金多，是贫困的标志；有泥土，才是富贵的象征。当然，黄金在岛上也不是一无是处，可以用它打造金砖砌的低矮住屋，以抵御海风。

有一次，乘皮艇出海捕鱼的部落成员被飓风刮到一个不知名的小岛上。他们发现全岛皆石头和泥土，如获至宝，欣喜若狂，遂装满一艇泥土而归。这些泥土成为岛上最大的财富，使岛上生机大发。但之后，酋长多次组织人员寻找泥石岛而不得。数百年后的一天，有探险者被飓风刮至黄金岛。离开时满载黄金而去。3 个月后，他们雇了 30 个人，开来一艘大船，带来满满一船泥土。部落成员见外人运来贵重的泥土而运走无用的黄金，大惑不解。由于黄金比泥土重多了，才装满小舱，船就到了吃水位。为了能带走更多的黄金，探险者把能丢的东西都丢了，甚至丢掉了船上的部分淡水和食物。对他们来说，还有什么比黄金更贵重的呢！满载黄金的大船驶离小岛。部落全体成员都祈祷大船平安离去，下次再能带来泥土。但大船才航行数里，由于严重超载，不幸沉没。船上的人在部落成员的援救下返回了小岛。这些外来者几无回去的可能，只得与土著们共同生活。他们也住上了黄金屋，脚踏黄金路，满目都是金山。从前对金子狂热追求的人，如今也像部落成员一样追求泥土，期望像酋长、族长们那样能吃上青菜。

97. 在这个偏远岛上，什么是最贵重的？

A 鱼　**B** 水　**C** 黄金　**D** 泥土

98. 关于偏远小岛，可以知道：

A 石头很多　**B** 没有蔬菜

C 比较缺水　**D** 很少有树木

99. 部落成员为什么感到很困惑？

A 外人运走黄金　**B** 泥石岛不见了

C 探险者丢掉食物　**D** 运黄金的船沉没了

100. 关于外来者，可以知道：

A 非常贪心　**B** 受土著歧视

C 仍然喜爱黄金　**D** 喜欢住在小岛上

三、书 写

第 101 题：缩写。

（1）仔细阅读下面这篇文章，时间为 10 分钟，阅读时不能抄写、记录。

（2）10 分钟后，监考收回阅读材料，请你将这篇文章缩写成一篇短文，时间为 35 分钟。

（3）标题自拟。只需复述文章内容，不需加入自己的观点。

（4）字数为 400 左右。

（5）请把作文直接写在答题卡上。

一对情侣在咖啡馆里发生了口角，互不相让。然后，男孩儿愤然离去，只留下他的女友独自垂泪。心烦意乱的女孩儿搅动着面前的那杯清凉的柠檬茶，泄愤似的用匙子捣着杯中未去皮的新鲜柠檬片，柠檬片已被她捣得不成样子，杯中的茶也泛起了一股柠檬皮的苦味。

女孩儿叫来服务员，要求换一杯剥掉皮的柠檬泡成的茶。服务员看了一眼女孩儿，没有说话，拿走那杯已被她搅得很浑浊的茶，又端来一杯冰冻柠檬茶，只是，茶里的柠檬还是带皮的。原本就心情不好的女孩儿更加恼火了，她又叫来服务员。"我说过，茶里的柠檬要剥皮，你没听清吗？"她斥责着服务员。服务员看着她，他的眼睛清澈明亮，"小姐，请不要着急，"他说道，"你知道吗，柠檬皮经过充分浸泡之后，它的苦味溶解于茶水之中，将是一种清爽甘甜的味道，正是现在的你所需要的。所以请不要急躁，不要想在 3 分钟之内把柠檬的香味全部挤压出来，那样只会把茶搅得很浑，把事情弄得一团糟。"

女孩儿愣了一下，心里有一种被触动的感觉，她望着服务员的眼睛，问道："那么，要多长时间才能把柠檬的香味发挥到极致呢？"

服务员笑了："12 个小时。12 个小时之后柠檬就会把生命的精华全部释放出来，你就可以得到一杯美味到极致的柠檬茶，但你要付出 12 个小时的忍耐和等待。"服务员顿了顿，又说道："其实不只是泡茶，生命中的任何烦恼，只要你肯付出12个小时忍耐和等待，就会发现，事情并不像你想象的那么糟糕。"

女孩儿看着他："你是在暗示我什么吗？"

服务员微笑："我只是在教你怎样泡制柠檬茶，顺便和你讨论一下用泡茶的方法是不是也可以泡制出美味的人生。"服务员鞠躬，离去。

女孩儿面对一杯柠檬茶静静沉思。女孩儿回到家后自己动手泡制了一杯柠檬茶，她把柠檬切成又圆又薄的小片，放进茶里。女孩儿静静地看着杯中的柠檬片，她看到它们在呼吸，它们的每一个细胞都张开来，有晶莹细密的水珠凝结着。她被感动了，她感到了柠檬的生命和灵魂慢慢升华，缓缓释放。12 个小时以后，她品尝到了她有生以来从未喝过的最绝妙、最美味的柠檬茶。女孩儿明白了，这是因为柠檬的灵魂完全深入其中，才会有如此完美的滋味。

门铃响起，女孩儿开门，看见男孩儿站在门外，怀里的一大捧玫瑰娇艳欲滴。女孩儿笑着拉他进来，在他面前放了一杯柠檬茶。“让我们有一个约定，”女孩儿说道，“以后，不管遇到多少烦恼，我们都不许发脾气，定下心来想想这杯柠檬茶。”

“为什么要想柠檬茶？”男孩儿困惑不解。

“因为，我们需要耐心等待 12 个小时。”后来，女孩儿将柠檬茶的秘诀运用到她生活中的各个层面，她的生命因此而快乐、生动和美丽。女孩儿恬静地品尝着柠檬茶的美妙滋味，品尝着生命的美妙滋味。

新汉语水平考试

HSK（六级）

仿真试题二

注　意

一、HSK（六级）分三部分：

1. 听力（50 题，约 35 分钟）

2. 阅读（50 题，50 分钟）

3. 书写（1 题，45 分钟）

二、听力结束后，有 5 分钟填写答题卡。

三、全部考试约 140 分钟（含考生填写个人信息时间 5 分钟）。

一、听 力

第一部分

第 1–15 题：请选出与所听内容一致的一项。

1. **A** 这条跑道的确很宽
   B 飞机降落时出现了故障
   C 机场跑道的设计有问题
   D 飞行员降落时弄错了方向

2. **A** 吃药时最好不要喝酸奶
   B 加工肉类中含有致癌物质
   C 加工肉类会破坏酸奶的营养
   D 酸奶只适合搭配淀粉类食物

3. **A**“电子鼻”适合家用
   B“电子鼻”能测出所有癌症
   C“电子鼻”的价格十分昂贵
   D“电子鼻”主要检测人的呼吸

4. **A** 女士想和这位绅士结婚
   B 女士和绅士以前见过面
   C 女士的丈夫长得像绅士
   D 这位绅士已经结过两次婚

5. **A** 我们应该只听别人赞美的话
   B 别人会很在意你平时的表现
   C 不在意你的人常常会批评你
   D 不要在意别人对自己的看法

6. **A** 80% 的毕业生工作有困难
   B 专业对口的工作比较容易找
   C 毕业生职业方向选择不重要
   D 应该选择最适合自己的工作

7. **A** 发展的动力来源于压力
   B 压力会让孩子产生信念
   C 要给孩子一个宽松的环境
   D 要从小培养孩子的责任感

8. **A** 歌剧迷并没有得妄想症
   B 医生没治好歌剧迷的病
   C 歌剧迷的邻居喜欢唱歌
   D 歌剧迷经常参加歌剧表演

9. **A** 喝盐水因人而异
   B 早上起床血压比较高
   C 夏天出汗后应该喝盐水
   D 喝盐水对身体健康无益

10. **A** 雪顿节在冬季
    B 雪顿节有传统藏戏表演
    C 雪顿节最早始于 17 世纪
    D 雪顿节是藏族最重要的节日

11. **A** 做兼职的男性比较多
    B 女性每天工作 7 小时
    C 男性工作时间比较长
    D 全职雇员中女性比较多

12. **A** 大学生打工与家境有关
    B 大学生打工还不太普遍
    C 打工的主要目的是赚钱
    D 大学生主要在假期打工

13. **A** 小西红柿源自南美洲
B 小西红柿比大西红柿甜
C 小西红柿 19 世纪传入中国
D 小西红柿在荷兰种植规模最大

14. **A** 黄酒的口味比较温和
B 黄酒的酒精度数很高
C 黄酒主要用于烹调菜肴
D 黄酒主要由大米酿造而成

15. **A** 是否脱发由维生素 C 决定
B 铁元素的含量对脱发有影响
C 食物中的铁元素很容易吸收
D 维生素 C 会降低人体内铁的含量

第二部分

第 16–30 题：请选出正确答案。

16. **A** 有很深的感情
    B 每天都应该喝茶
    C 对人的身体健康很有好处
    D 包含了中国的茶文化历史

17. **A** 年销售额超过 3 亿
    B 有 4 个茶叶生产基地
    C 有 200 多家茶叶连锁店
    D 有 5000 多个固定的职工

18. **A** 北京
    B 安溪
    C 浙江金华
    D 广西横县

19. **A** 员工
    B 丈夫
    C 儿子
    D 女儿

20. **A** 没有股份
    B 男性比女性多
    C 大部分是年轻人
    D 缺乏有经验的高管

21. **A** 医生
    B 作家
    C 编辑
    D 工人

22. **A** 市场需要
    B 下册还没有开始写
    C 想赶在上海书展前出版
    D 这本书的字数已经够了

23. **A** 弟弟叫宋钢
    B 哥哥叫李光头
    C 哥哥和弟弟是亲兄弟
    D 上册是描述“文革”时代的事情

24. **A**《兄弟》
    B《活着》
    C《我的世纪》
    D《许三观卖血记》

25. **A** 写作
    B 提问题
    C 背单词
    D 阅读作品

26. **A** 各种资源有限
    B 具有创业精神
    C 经济高速增长
    D 顺利完成转型

27. **A** 土地
    B 人才
    C 资金
    D 政策

28. **A** 发展机会
B 生活质量
C 生活成本
D 社会福利

29. **A** 20 多万
B 200 多万
C 1200 多万
D 1400 多万

30. **A** 休闲娱乐
B 增长知识
C 解决问题
D 欣赏音乐

第三部分

第31–50题：请选出正确答案。

31. A 基本满意
B 说不清楚
C 辛苦但幸福
D 不令人满意

32. A 是一种客观的东西
B 跟财富有一定关系
C 意味着全身心投入
D 幸福者“脑电流”很活跃

33. A 体力劳动者
B 脑力劳动者
C 热爱工作的人
D 科学家和医生

34. A 发生灾难性变故
B 失去理想的工作
C 技能运用得太少
D 对事业过于投入

35. A 对方的心情
B 对话场合和时机
C 从小事中发现闪光点
D 关注对方最显著的成就

36. A 语速不能过快
B 可运用些客套话
C 突出自己的敬仰
D 尽可能详细具体

37. A 乐观自信
B 心情愉悦
C 压力得以缓解
D 树立新的目标

38. A 如何赞美他人
B 不要吝啬你的赞美
C 赞美他人的重要性
D 也要给自己一些赞美

39. A 智力水平
B 人际关系
C 自身技能
D 工作经验

40. A 非常谦虚
B 善于聆听
C 喜爱思考
D 常赞美他人

41. A 糟糕的人际关系
B 身体上的痛苦不适
C 把简单问题复杂化
D 过于关注某些事物

42. A 投入到工作中去
B 找亲朋好友倾诉
C 忍一时海阔天空
D 多问几个“为什么”

43. A 痛苦的定义
B 痛苦的来源
C 怎样化解烦恼
D 聪明人为何烦恼

44. A 质量最好
B 材料最棒
C 外表最漂亮
D 位置最显眼

45. A 变得虚心起来
B 被工人拆掉了
C 被往上挪了位置
D 被往下挪了位置

46. A 少说话多做事
B 机遇的重要性
C 理性看待挫折
D 成功还得靠实力

47. A 速度和心情有关
B 闭眼意味着拒绝
C 不受空气湿度影响
D 是眼睛疲劳的表现

48. A 不停地眨眼睛
B 下意识地摸鼻子
C 眼睛扑闪扑闪的
D 眨眼频率先慢后快

49. A 心情非常激动
B 产生了浓厚的兴趣
C 眼睛疲劳需要休息
D 可能患有“抽动症”

50. A 眨眼的好处
B 当心“眨眼病”
C 眨眼的心理解读
D 眨眼的生理机制

二、阅读

第一部分

第 51–60 题：请选出有语病的一项。

51. **A** 阳光灿烂的日子里，沙滩上聚集着来海边度假的人们。
    B 从一定意义上讲，科学精神是科学理性与人文精神的融合。
    C 我们的祖先在利用自然和改造自然的长期过程中，积累了丰富的经验。
    D 中国人是天生的哲学家，我们几乎可以从日常一切活动之中提炼出令人感动的意义。

52. **A** 温暖的空气里充满了梨花和忍冬树丛发出的清香。
    B 经过老主任再三解释，才使他的怒气逐渐平息下来。
    C 女子不易减肥，主要原因在于她们的新陈代谢比男子慢。
    D 云有各种形状和大小，它是由在空中飘浮的亿万颗微小的水滴组成的。

53. **A** 这种使用清洁能源的小型汽车，最高时速可达 75.6 公里 / 小时。
    B 因为植物不会动，我们就以为它们比动物善良，这真是天大的误会。
    C 神话是把神人化，传说是把人神化，这两者之间的界限很难确切划分。
    D 屋子里很静，只有儿子敲击键盘的噼噼啪啪声，为他行云流水的文字伴奏。

54. **A** 出席会议的除本校的师生员工外，还有市教育局负责人，本市各学校的代表，以及其他有关单位也派人参加了这个大会。
    B 只有当劳动与兴趣、爱好乃至理想有机地结合在一起的时候，潜藏在每个人身上的想象力和创造力，才能够最大程度地发挥出来。
    C 在中国西藏拉萨的红山之巅，有一座举世闻名的宫堡式古建筑群，这就是建于公元 7 世纪，距今已有 1300 多年历史的布达拉宫。
    D 每天清晨起床后喝适量的白开水，能有效地补充肌体所需水分，促进新陈代谢，增强人体的免疫力，是一种方便简捷的美容和养生之道。

55. **A** 千百年来，关于落花的诗多是伤感的、哀婉的。
    B 马大姐今天没来居委会上班，大家断定她大概是生病了。
    C 先秦哲学家荀子著有我国第一篇较有系统性的美学论文——《乐论》。
    D 人只不过是一根苇草，是自然界最脆弱的东西；但他是一根能思考的苇草。

56. **A** 早晨五六点钟，在通往机场的大街两旁便站满了数万名欢送的人群。
B 虽然科学给予我们一个永恒世界的信念，但科学并不是单独地在完成这个任务。
C 假如你对生活微笑，上天便会把你所有的辛辣与苦楚酿成这世上最甜美的可乐。
D 瘦西湖的美主要在于蜿蜒曲折，湖面时宽时窄，两岸林木扶疏，园林建筑古朴多姿。

57. **A** 小刘正在观看飞行表演节。
B 河上起了一阵风，吹得芦苇沙沙地响。
C 语文是学习任何文化、科学知识的基础。
D 闪电的极度高热会使沿途空气剧烈膨胀，移动迅速，从而形成声浪并发出声音。

58. **A** 湍急的洪水中，一位遇难者向人们呼救。
B 一个人只有在饮食中摄取了过多的热量才会发胖。
C 手机作为科技进步给人类带来的新工具，其本身并无利弊对错之分。
D 诚然，"发展是硬道理"，但今天我们必须认识到"只有可持续发展才是硬道理"。

59. **A** 面对这样好的景色，我能不无动于衷吗？
B 我身体不好，不能送你下楼，那就目送你走远了再关门吧。
C 语言文字本身是一种工具，日常生活少不了它，学习以及交流各科知识也少不了它。
D 汉族传统绘画形式是用毛笔蘸水、墨、彩作画儿于绢或纸上，这种画种被称为"中国画"。

60. **A** 如果你没有做任何准备，那么先要做好失败的准备。
B 对不起，这次我们对你照顾得不太周全，还请多多包涵。
C 记忆没有重量，但却既可以压得人匍匐在地，又可以鼓舞人在理想的空间飞翔。
D 从苏州现存的具有代表性的木雕作品中，我们可以看出苏州木雕精、细、雅、丽的风格。

第二部分

第61–70题：选词填空。

61．人的心态非常重要，我们要有一个积极的心态。影响一个人快乐的，有时并不是______及磨难，而是一个人的心态。如果把自己______在积极、乐观、向上的心态中，快乐必然会______你的每一天。

A 困境　浸泡　占据　　B 金钱　调整　跟随
C 名誉　放置　占有　　D 困难　投入　充满

62．节约是传统美德，是我们每个人的责任。例如，节约水电资源不能______靠科研人员开发出的新技术、新产品，同时也______我们每个人从点点滴滴做起，看似不起眼的简单做法其实能发挥不小的作用，别小看这些努力，你为大家所尽的一份力量就______其间。

A 光　需要　蕴含　　B 净　要求　隐藏
C 都　必需　包含　　D 只　需求　包括

63．中国是风筝的故乡。放风筝作为一项______的民间游戏已走出亚洲，冲向世界，山东潍坊的国际风筝节，每年都______了广大的风筝爱好者。要想把风筝放飞，______具备以下条件：一只做工良好的风筝，一个转动自如的线轴，一根上百米的轮胎线，适当的风力，还有放风筝者______的体力。

A 流行　召集　应该　优秀
B 重要　吸收　可以　稳固
C 传统　吸引　必须　良好
D 有趣　聚集　一定　强大

64．雪豹因终年生活在雪线附近而得名。雪豹是世界上高海拔的动物的______代表，也是健康的山地生态系统的指示器。但是，人类的活动给这种大型猫科动物带来了______的生存压力，没有人______知道野外现存多少只雪豹，估计种群数量仅有几千只。______的雪豹已被列入国际濒危野生动物红皮书。

A 典型　巨大　确切　孤寂
B 典范　强大　明确　孤独
C 榜样　庞大　确实　寂寞
D 标准　宏大　确凿　孤单

65. 当潜水员潜入较深的海底时，______海水的压力很大，吸入体内的氮气，就会有相当一部分在外界的强大压力下，______溶到潜水员的血液中去。当潜水员工作完毕从海底往上升时，随着外界压力的______，这些氮气又______再变成气体往外跑，就像汽水开了瓶盖一样。

A 由于　被迫　降低　争先恐后

B 因为　迅速　增加　你追我赶

C 导致　立刻　变化　前仆后继

D 造成　马上　作用　络绎不绝

66. 孩子随着年龄的增长，消费欲望渐趋______，需要用钱的地方也越来越多。这时如果不______教育和引导，他们就可能会乱花钱，家长要经常______孩子的消费行为，以免孩子过度消费而产生某种不良______。

A 猛烈　进行　留意　结果

B 强烈　加以　关注　后果

C 剧烈　展开　注意　影响

D 强大　开展　留神　反应

67. 有一种热带观赏鱼，在小鱼缸里______养多长时间，最多长到3寸来长。______，将这种鱼放到大水池中，两个月就可以长到一尺长。______，这也是每个人都可能遇到的问题：当我们在事业上不如意的时候，不要一味地______，我们没有做到更好也许只是因为我们的“鱼缸”太小了。

A 不能　可是　的确　自怨自艾

B 不管　然而　其实　妄自菲薄

C 无论　不过　确实　萎靡不振

D 无需　但是　的确　垂头丧气

68. 空调使用一段时间后，过滤网上往往会______大量灰尘。这些灰尘使气流循环受阻，______冷空气吹出，降温的效果就差多了。在这种情况下要将室内的温度降下来，空调就要______工作时间，耗费更多的电能。因此，如果能定期______隔尘网，我们就可以节省大约30%的电力。

A 积攒　阻止　累加　打扫

B 积累　控制　增加　清洁

C 积聚　妨碍　延长　清洗

D 聚集　制止　增长　整理

69. “书”是指文字符号，现在的“书”指的是书法艺术。书法在中国文化中______很重要的位置，是中国汉字______的一种传统艺术，在书体笔法、结构和章法方面的变化______，最终形成富有______的艺术作品。在中国，书法也被看作是人的精神、志趣的______，历来有“字如其人”的说法。

A 占据　特有　出神入化　美感　表现
B 占领　具有　变化多端　文化　体现
C 占有　专有　神出鬼没　情趣　展现
D 拥有　专门　神秘莫测　变化　表达

70. 近年来，不少学校开展的感恩教育活动都要求学生给父母洗一次脚。这引发了有关人士的______。中华民族是一个有着数千年文明史的伟大民族，______是我们的传统美德。学校对学生进行感恩教育______是正确的，但是，如果不考虑学生的具体情况，只是______地采取“一刀切”的模式，恐怕不但达不到预期的教育效果，反而会使学生产生抵触______。

A 辩论　见义勇为　恐怕　反复　感情
B 质疑　知恩图报　无疑　简单　情绪
C 争吵　尊老爱幼　曾经　一致　观念
D 商讨　表里如一　当然　全面　思想

第三部分

第 71–80 题：选句填空。

71–75.

爸不懂得怎样表达爱，使我们一家人融洽相处的是我妈。爸只是每天上班下班，而妈则把我们做过的错事开列清单，（71）_________。有一次我偷了一块糖果，爸要我把它送回去，告诉卖糖的说是我偷来的，（72）_________。但妈妈却明白我只是个孩子。我在运动场打秋千跌断了腿，在前往医院的途中一直抱着我的，是我妈。爸把汽车停在急诊室门口，他们叫他驶开，说那空位是留给紧急车辆停放的。爸听了便叫嚷道："你以为这是什么车？旅游车？"

在我生日会上，爸总是显得有些不大相称。他只是忙于吹气球，布置餐桌，做杂务。把插着蜡烛的蛋糕推过来让我吹的，是我妈。我翻阅照相册时，人们总是问："你爸爸是什么样子的？"天晓得！他老是忙着替别人拍照。妈和我笑容可掬地一起拍的照片，多得不可胜数。我记得爸有一次教我骑自行车。我叫他别放手，（73）_________。我摔倒之后，妈跑过来扶我，爸却挥手要她走开。我当时生气极了，（74）_________。于是我马上爬上自行车，而且自己骑给他看。他只是微笑。我念大学时，所有的家信都是妈写的。他除了寄支票外，还寄过一封短柬给我，说因为我没有在草坪上踢足球了，所以他的草坪长得很美。每次我打电话回家，（75）_________，但结果总是说："我叫你妈来接。"我结婚时，掉眼泪的是我妈。他只是大声擤了一下鼻子，便走出房间。我从小到大都听他说："你到哪里去？什么时候回家？汽车有没有汽油？不，不准去。"爸完全不知道怎样表达爱。会不会是他已经表达了而我却未能察觉？

A 然后由爸来责骂我们

B 决心要给他点儿颜色看

C 他似乎都想跟我说话

D 但他却说是应该放手的时候了

E 说我愿意替他拆箱卸货作为赔偿

76-80.

南方北方的溶洞，我看过许多处，觉得唯有云南建水县的燕子洞独具特色。洞内景观分水旱两路，水路可由碧流的泸江穿洞而过，（76）＿＿＿＿＿，姿态万千地展现在灯光之中，让人看得眼花缭乱。旱路有一条绝壁长廊，（77）＿＿＿＿＿，还有一处天然舞厅，五六十人翩翩起舞是绰绰有余的。常年歌舞在洞中，劳作在洞中的是那许多呢喃穿飞的燕子，它们辛辛苦苦把窝巢建筑在悬崖绝壁，这一向被人们称为神奇的景观。燕子的巢便是山珍美味中的燕窝，与熊掌、鱼翅享有同等声誉。燕窝所以贵重，除其营养价值外，还在于其少，更在于其难采，所以到燕子洞参观的人，（78）＿＿＿＿＿。

每年春分时节，燕子纷纷飞归洞中，（79）＿＿＿＿＿，一直到入秋是不允许采燕窝的，入秋后第一代小燕飞去暖和地方过冬，采燕窝的活动才开始。采燕窝要靠人矫健的手脚，在五十多米高的悬崖绝壁间攀缘，抬手动足都随时有险情发生，观看的人也都为采燕窝的人捏着一把汗。采集高手一天能采5公斤燕窝，他们说，那险情自己也担一份心呢！不过需要的是大胆、细心、镇定。采燕窝的绝技，一代代地传下来了，（80）＿＿＿＿＿。采下燕窝之后，要经过加工才能成为佳品。如今来燕子洞的游人可以品尝到燕窝稀粥，在这里，贵重的燕窝已经是一种普及的食品了。我赞美燕窝，赞美采燕窝人的勇敢和高超技巧，然而我更加赞美建窝筑巢的那些不辞辛苦又具有奉献精神的燕子。

A 为了保护燕子繁衍
B 藏有不少碑文石刻
C 最难得的机缘是观看采燕窝
D 可真是一方水土养一方人啊
E 洞中许多溶岩形成的生动形象

第四部分

第 81-100 题：请选出正确答案。

81-84.

在上海的一处老式弄堂里，有一家名叫雅悦的五星级酒店。有意思的是，这个雅悦酒店的大门小得连一家普通服装店的门都比不上。更让人惊奇的是，酒店的大部分装潢竟然都是用建筑垃圾堆砌起来的！

主张用建筑垃圾堆砌的正是这家酒店的老板，叫柏然，是一个美国人。在雅悦酒店动工之前，柏然就已经差人四处搜集一些建筑垃圾作为新酒店的相应用途。

堆放在大堂里的一面“文化墙”恐怕是雅悦酒店最明显的“垃圾”标志。这面墙没有富丽堂皇的背景，取而代之的是由 34 个旧旅行箱堆起来的“废物墙”。尽管是废物，但在设计师的精心叠放下，这面堆满旅行箱的墙面不仅恰当地表达出住宿的主题，而且更给人一种艺术感和亲切感。

雅悦酒店的大部分墙面也是很有特色的风景，因为盖这些墙面的砖也都不是从建材市场购买的，而是选用了从上海、苏州的一些老房子拆下来的废瓦和废砖等材料。在这些废瓦和废砖上面，常常印有一些年代的数字和符号。通过设计师对纹路的巧妙构思和排放后，这些写满陈旧符号的墙看起来就像是一幅幅抒写着几个城市悠久历史的画卷。

在雅悦酒店的主厨大厅里，有一面让人更为吃惊的背景墙：墙上镶嵌了大大小小的锅。这些延伸出来的半个锅面总是吸引着来往的客人。这些锅都是柏然叫人从民间回收来的各式老锅。经过清理、打磨和镶嵌之后，这些锅夸张地表达出“民以食为天”的意境。

此外，酒店的电梯采用的是二手的梯箱，而花园里的一些墙面更是简单地借助一些爬藤作为主打风景。

陈旧，并不意味着简陋。在雅悦酒店，95% 的装潢材料都是旧物的再利用，但组合的理念却是欧美最流行的。所以，酒店看上去虽有一丝老旧的感觉，但经过设计师的特别处理后，人们感受更多的却是浓浓的纯正欧洲味道。与其他酒店相比，雅悦酒店的入住率要更高一些，因为在繁忙的上海，人们似乎更喜欢僻静、幽雅、怀旧的感觉。

大面积地用垃圾堆砌，雅悦酒店不仅最大限度地节约了能源，而且巧妙地营造了一种浪漫情调。在大多数人看来，旧砖、旧瓦、旧木头简直就是让人头疼的建筑垃圾，但是它们却被柏然恰如其分地打造成一个顶级酒店。柏然有一句经典名言:“没有所谓的废弃物，只有放错位置的资源。”这也许正是他把酒店塑造得如此完美的最核心理念。

81. 下列关于雅悦酒店，说法正确的是:

A 是用建筑垃圾建造的
B 大门旁边是一家服装店
C 是老上海的一家特色酒店
D 建筑垃圾是四处搜集而来

82. 雅悦酒店的“文化墙”:

A 显得十分华丽
B 是没有用处的废物墙
C 给顾客一种家的感觉
D 材料是顾客丢弃的箱子

83. 关于雅悦酒店的墙面，说法正确的是:

A 半个锅面很引人注目
B 墙面记载了酒店的悠久历史
C 墙上的锅保持了自然的造型
D 砖瓦的排放是经过精心设计的

84. 雅悦酒店入住率高是因为:

A 浓厚的欧洲风味
B 怀旧和幽静的环境
C 良好的餐饮和住宿服务
D 酒店的环保理念受欢迎

85-88.

人的一生，几乎有三分之一是在睡眠中度过的，而入睡做梦，是人人都有的经验。

梦究竟是怎么回事？“日有所思，夜有所梦”是一种通俗而较为科学的解释。无论多么光怪陆离的梦境，都是大脑活动的反映，总是和人的经历、想象及心理特点有所关联的。弗洛伊德认为，梦是心理活动的反映。巴甫洛夫认为，“梦就是过去各种刺激的痕迹，它们现在以最料想不到的方式组合起来”，强调是生理反应。现代科学研究证明，梦是人类正常的生理、心理活动，是大脑处理资讯的一种特殊形式。更确切地讲，是感觉敏锐、情感丰富而擅长形象思维的右脑，在摆脱了善于归纳、判断等逻辑思维的左脑作用时，独立处理资讯的结果。在白天清醒时，由于左、右大脑交互制约、补充作用，使我们的思维、工作和生命合“情”合“理”；而夜晚做梦时，左脑休息抑制，右脑就“不受干扰而自由地”处理资讯，往往就会有“情”无“理”，出现许多稀奇古怪，甚至离经叛道的梦境。

这种非正常逻辑的资讯编辑处理，对于一般人来说，可能只是一个令人或惊喜意外、或紧张恐惧、或兴奋激动、或悲戚哀伤的梦而已，而对于诗人、作家、另外一些艺术家或科学家，则可能会是飞来灵感和启示，因此流传着许多梦笔生花的美谈。如庄周化蝶、杜甫梦乡、李贺梦月；莫扎特作曲、凡•高作画、斯蒂文森写《化身博士》、凡尔纳写《80天环游地球》也都有梦中命笔的传说。

艺术创作本以形象思维见长，右脑“独创”而命笔，应不算离奇，但以逻辑思维为主的科学家，也因梦而得“科学启示”，似乎有点儿奇怪。其实深思一下也可明白，科学的发展和突破，很多时候就是要对原有的“科学”有新的认识，甚至要否定，不太循规蹈矩的右脑往往比左脑更敢于创新、突破。我们都知道有几个著名的“科学的梦”：凯库勒梦见碳原子跳着像首尾相咬的蛇一样的环舞，从而悟出了苯分子的环形结构，从而揭开了有机化学史上的光辉的一页；门捷列夫梦见元素像小孩儿纵横排列的队伍，导致元素周期律的发现。还有笛卡尔、爱因斯坦……都做过“科学的梦”。

从梦的科学和科学的梦明白梦是怎么回事，也可领悟“形象思维和逻辑思维”之间的辩证关系。在清醒的白天不妨大胆突破陈规旧章，突破“逻辑思维”，也许新的发现、新的发明就会在“白日梦”中给我们灵感和启示。

85. 关于做梦，下面说法最正确的是：

A 是心理活动的反映　　**B** 白天做的梦更合理

C 敏感的人更容易做梦　　**D** 左脑独立处理资讯所致

86. 斯蒂文森写《化身博士》说明了梦：

A 也含有逻辑思维　　B 是令人紧张恐惧的

C 可能是灵感的来源　　D 大部分是稀奇古怪的

87. “科学的梦”说明了：

A 科学家也会做梦　　B 梦中形象思维见长

C 科学需要新的认识　　D 科学家通过做梦休息

88. 文中“白日梦”指的是：

A 在白天所做的梦　　B 不切实际的幻想

C 进行思维的创新　　D 逻辑思维的训练

89-92.

在非洲肯尼亚的中部丘陵地带，原本植被茂密，但随着当地大象数量的增加，有些地方的植被遭到严重破坏。因为大象喜欢食用树叶和树皮，象群所过之处，仿佛给植物做了一次失败的外科手术。一片狼藉之中，遭受灭顶之灾的植物几乎很难再有复苏的机会。当地人为此非常苦恼，因为大象被列为保护动物，不能用枪械驱赶它，而大象力量巨大，如果手中没有枪械，居民们根本拿它们毫无办法。眼看着大象对植被肆意摧残，大家一筹莫展、长吁短叹。

就在当地民众不知所措的时候，两位研究人员闻讯赶到了这里。丘陵地带日渐加深的“谢顶”情况也令他们忧心忡忡。经过考察研究，他们惊奇地发现，丘陵地带的土壤分为沙质和黏土两种，沙质土壤的植物破坏严重，但黏土地上的植物却毫发未损。经过进一步观察，他们发现，在黏质土地上生长着一种金合欢的植物，平时蚂蚁非常喜欢生活在这种植物上。是大象不喜欢啃食这种金合欢植物吗？两位研究人员试着把黏质土地金合欢树上的蚂蚁驱赶下来，令人瞠目的一幕出现了：象群大摇大摆地前来啃食金合欢的叶子和树皮。而当蚂蚁重新聚集在金合欢树上时，刚才还目空一切、大嚼枝叶的大象，仿佛在刹那间变成了胆小的老鼠。象群纷纷转身离去，向沙质土地进发。

两位研究人员由此向当地民众提出了用蚂蚁解决大象破坏植被的办法，大家都感到不可思议：身躯庞大、力大无穷的大象会怕小小的蚂蚁，这不是天方夜谭吧！研究人员马上做了用蚂蚁驱赶大象的实验，结果令人称奇：生长着蚂蚁的金合欢树，大象连碰也不敢碰一下。

面对公众的疑惑，研究人员解释道：这是因为大象的长长鼻子里面布满了神经末梢，如果蚂蚁爬进了大象的鼻子里，会损坏大象娇嫩脆弱的神经末梢，这样的痛苦会让看似强悍的大象难以忍受，而对于在鼻子内为非作歹的蚂蚁，它们又没有办法驱赶。因此，在啃食植物的时候，象群都非常小心，一旦发现树上生长着蚂蚁，它们就会主动退让，甘拜下风。而金合欢树也会知恩图报，为保护自己的蚂蚁提供坚固的巢穴和丰富的食物，从而吸引更多的蚂蚁在自己的身上筑巢，进一步增强了保护自己的“铠甲”。

在我们的学习、生活中，每个人都会遇到一座座看似难以逾越的大山。蚂蚁吓退大象的事例告诉我们，只要善于观察，勤于思考，许多貌似不可解决的挫折和难题，其实都可以迎刃而解。

89. 第二段中“谢顶”的意思是：

A 大象受到居民的伤害　　**B** 丘陵地带植物受摧残

C 外科手术失败的后果　　**D** 人们出现掉头发的现象

90. 关于丘陵地带的土壤和植物，下列正确的是：

A 金合欢植物长在沙质土壤上　　**B** 蚂蚁喜欢生活在金合欢树上

C 黏土地上的植物破坏更严重　　**D** 大象喜欢吃金合欢树上的蚂蚁

91. 关于研究人员的实验，下列正确的是：

A 受到了当地居民的反对

B 证明研究人员的判断是正确的

C 损坏了大象鼻子里的神经末梢

D 将保护植物的办法广泛推广开来

92. 这篇文章主要告诉我们什么道理？

A 蚂蚁能够驱赶大象　　**B** 小人物也起大作用

C 困难总是可以克服的　　**D** 遇事应善于观察和思考

93-96.

面对环境的恶化，科学家都鼓励人们过低碳生活。那么，什么是低碳生活呢？

低碳生活涉及碳足迹，碳足迹表示一个人或者一个团体的碳耗费量，是测量某个国家和地区的人口因每日消耗能源而产生的二氧化碳排放对环境影响的一种指标。第一碳足迹是因使用化石能源而直接排放的二氧化碳，比如一个经常坐飞机出行的人会有较多的第一碳足迹，因为飞机飞行会消耗大量燃油，排放出大量二氧化碳。第二碳足迹是因使用各种产品而间接排放的二氧化碳，比如消费一瓶普通的瓶装水，会因它的生产和运输过程中产生的碳排放而带来第二碳足迹。碳足迹越大，说明你对全球变暖所要负的责任越大。碳足迹越小，说明你对环境的保护做出的贡献越大。

就个人而言，每个人可以从自我做起，从生活中的细节做起，尽量减少碳足迹，选择低碳生活。例如，少开一天车，少吃一顿肉食大餐，少用一次性筷子，少开一盏灯，等等，都可以减少碳足迹。甚至做饭时选择烹饪方式也可以减少碳足迹。以土豆为例，用烤箱烘烤土豆产生的二氧化碳比用锅煮的要多，而用锅煮产生的二氧化碳又比用微波炉做产生的多。所以，用微波炉做土豆就是一种更好的低碳生活。

另外，棉布衣服与化纤衣服，爬楼梯与坐电梯，走路与开车等，都是前者是低碳生活，后者是高碳生活。生产化纤衣服要消耗更多的石油和能源，排放更多的二氧化碳，所以应当选择棉布衣服。在家居用电上，使用风电或水电等清洁能源产生的碳排放会比使用热电低。在交通出行方面，小排放量汽车在同距离时碳排放量较少，应大力推广小排量节能环保型汽车。

尽管低碳生活值得提倡，但是，由于工作需要或其他原因，人们不时会进入高碳生活。这时就应当对自己的高碳生活进行补偿。这种补偿就是所谓的碳中和。碳中和指的是，人们可以计算自己日常活动（生产）直接或间接制造的二氧化碳排放量，如果过高，则可以通过植树等方式把这些排放量吸收掉，或者计算抵消这些二氧化碳所需的经济成本，然后个人付款给专门企业或机构，由他们通过植树或其他环保项目抵消大气中相应的二氧化碳量，以达到降低温室效应的目的。可以说，碳中和就是人们对自己高碳生活的补偿。

因此，人类的低碳生活处处可为。

93. 下列哪项二氧化碳的排放是第一碳足迹？

A 散步　**B** 开车　**C** 坐电梯　**D** 电脑办公

94. 第三段中，使用微波炉做土豆是为了：

A 使土豆更美味　　**B** 预防全球变暖

C 减少二氧化碳排放　　**D** 使营养更容易吸收

95. 下列属于低碳生活的是：

A 旧物捐赠　　**B** 买化纤衣服

C 吃进口水果　　**D** 使用热电能源

96. 根据文章推测，下列项目属于碳中和的是：

A 在健身房锻炼身体代替户外运动

B 华美钢铁工业用生物燃气替代石化能源

C 使用氟利昂代替其他制冷剂的电冰箱

D 洛阳北方企业集团生产大排量摩托车

97-100.

现在地球上的物种正处于地质史上又一次大灭绝的时期。世界上 11% 的鸟类已经踪影全无，非洲一些地方的类人猿减少了 50%，亚洲 40% 的动物和植物将很快消失，到 2025 年，全球三分之二的海龟也将与我们永别。

这仅仅是本次物种灭绝的冰山一角。科学家估计可能每 20 分钟就有一个物种灭绝，也就是说一年可能会有 27000 个物种灭绝，而其中很多物种也许人类还闻所未闻便永远地消失了。

自然灾害是地质史上前 5 次物种大灭绝的主要原因，但当前的第六次物种大灭绝，却是由人类所驱动的。

过度地垦荒伐木，严重地破坏了生态系统。据统计，目前地球上超过四分之一的土地已被开垦，54 个国家 90% 的森林已经消失。南美亚马逊河流域的雨林正在以每年 24000 平方公里的速度消失，这相当于每小时有 6 个天安门广场那么大面积的雨林在消失。

大肆地狩猎、捕捞是物种灭绝的又一原因。美洲野牛在欧洲人到来之前有 3000 万头，由于不断捕猎，到 1890 年只剩下了 750 头；蓝鲸最初有 30 万头，大肆捕杀使其在上世纪 60 年代就只剩下了几千头。联合国声称由于过度捕捞，目前海洋中最主要的 17 种鱼类已有 15 种数量大幅减少，严重影响了海洋生物的生存。

稀有物种的国际贸易对物种灭绝也起到了推波助澜的作用。这种国际贸易一年的净利润能达到 100 亿美元，它的规模超过了非法军火贸易，仅次于毒品交易。巨大的利益驱使一些盗猎的犯罪分子铤而走险，如象牙贸易虽在 1990 年就被国际社会明令禁止，但时至今日每年仍有 4000 头大象遭到猎杀。

环境污染对物种生存而言也是一个严重的威胁。重金属、阻燃剂、合成激素、杀虫剂等到处散播，无处不在；污水、酸雨、放射性废物、油污等正在不断蹂躏着生态系统。

可见，人类在生产生活中的各种不理性行为，严重破坏了生物的多样性，加快了物种灭绝的速度。面对当前的物种大灭绝，人类如果还不能清醒地认识到它的危机，还不去采取积极有效的措施，那么，今天的物种灭绝就会拉开明日人类终结的帷幕！

97. 第一段中的“又一次”具体指第几次？

A 第二次　**B** 第五次　**C** 第六次　**D** 第七次

98. 根据上文，(　　　) 灭绝了。

A 全球三分之二的海龟　**B** 亚洲 40% 的动物和植物

C 每 20 分钟就有一个物种　**D** 一年可能会有 27000 个物种

99. 当前的物种灭绝，主要是因为：

A 自然灾害　　**B** 环境污染

C 过度垦荒伐木　　**D** 人类的不理性行为

100. 关于物种灭绝的危机，正确的是：

A 导致人类走向终结　　**B** 犯罪行为由此萌生

C 海洋生物生存受到影响　　**D** 生物多样性遭到毁灭性打击

三、书 写

第 101 题：缩写。

（1）仔细阅读下面这篇文章，时间为 10 分钟，阅读时不能抄写、记录。

（2）10 分钟后，监考收回阅读材料，请你将这篇文章缩写成一篇短文，时间为 35 分钟。

（3）标题自拟。只需复述文章内容，不需加入自己的观点。

（4）字数为 400 左右。

（5）请把作文直接写在答题卡上。

一位著名的推销大师，即将告别他的推销生涯，应行业协会和社会各界的邀请，他将在该城中最大的体育馆作告别职业生涯的演说。当天，会场座无虚席，人们在热切地、焦急地等待着这位当代最伟大的推销员作精彩的演讲。当大幕徐徐拉开，舞台的正中央吊着一个巨大的铁球。为了这个铁球，台上搭起了高大的铁架。

一位老者在人们热烈的掌声中走了出来，站在铁架的一边。他穿着一件红色的运动服，脚下是一双白色胶鞋。人们惊奇地望着他，不知道他要做出什么举动。这时两位工作人员抬着一个大铁锤放在老者的面前。主持人这时对观众讲：请两位身体强壮的人到台上来。好多年轻人站起来，转眼间已有两名动作快的跑到了台上。老人告诉他们游戏规则：请他们用这个大铁锤，去敲打那个吊着的铁球，直到把它荡起来。一个年轻人抢着拿起铁锤，拉开架势，抡起大锤，全力向那吊着的铁球砸去，一声震耳的响声，吊球动也没动。他接着用大铁锤接二连三地砸向吊球，很快他就气喘吁吁了。另一个人也不示弱，接过大铁锤把吊球打得叮当响，可是铁球仍旧一动不动。台下逐渐没了呐喊声，观众好像认定那是没用的，就等着老人作出解释。会场恢复了平静，老人从上衣口袋里掏出一个小铁锤，然后认真地面对着那个巨大的铁球敲打起来。他用小锤对着铁球“咚”敲一下，然后停顿一下，再一次用小锤“咚”地敲一下。人们奇怪地看着，老人就那样“咚”敲一下，然后停顿一下，就这样持续地做。10 分钟过去了，20 分钟过去了，会场早已开始骚动，有的人干脆叫骂起来，人们用各种声音和动作发泄着他们的不满。老人仍然敲一小锤停一下地工作着，他好像根本没有听见人们在喊叫什么。人们开始愤然离去，会场上出现了大片大片的空缺。留下来的人们好像也喊累了，会场渐渐地安静下来。大概在老人敲打了 40 分钟的时候，坐在前面的一个妇女突然尖叫一声："球动了！"刹那间会场鸦雀无声，人们聚精会神地看着那个铁球。那球以很小的幅度动了起来，不仔细看很难察觉。老人仍旧一小锤一小锤地敲着，吊球在老人一锤一锤的敲打中越荡越高，它拉动着那个铁架子"哐哐"作响，它的巨大威力强烈地震撼着在场的每一个人。终于场上爆发出一阵阵热烈的掌声，在掌声中老人转过身来，慢慢地把那把小锤揣进兜里。老人开口讲话了，他只说了一句话："在成功的道路上，你如果没有耐心去等待成功的到来，那么，你只好用一生的耐心去面对失败。"

新汉语水平考试

HSK（六级）

仿真试题三

注　意

一、HSK（六级）分三部分：

1. 听力（50 题，约 35 分钟）

2. 阅读（50 题，50 分钟）

3. 书写（1 题，45 分钟）

二、听力结束后，有 5 分钟填写答题卡。

三、全部考试约 140 分钟（含考生填写个人信息时间 5 分钟）。

一、听 力

第一部分

第1–15题：请选出与所听内容一致的一项。

1. **A** 这个球员穿21号
   B 这个球员被对方摆脱了
   C 这个球员被替换下场了
   D 这个球员很听教练的话

2. **A** 女性很容易被孩子吵醒
   B 男性被吵醒后很难入睡
   C 男性比女性更难被吵醒
   D 生育的女性关注家庭危险

3. **A** 比赛有专门的跑道
   B 每次比赛条件都有差别
   C 运动员很难打破世界纪录
   D 每次比赛的距离会影响成绩

4. **A** 我的听力很差
   B 丈夫比我更了解儿子
   C 儿子的牙齿出了问题
   D 丈夫善于听不清楚的话

5. **A** 毕业生初次就业时要求很高
   B 企业招聘存在一定的盲目性
   C 时下毕业生找工作比较容易
   D 员工与企业的关系比较稳定

6. **A** 钟摆族常到另一城市出差
   B 人们都是自愿成为钟摆族
   C 钟摆族主要集中在大城市
   D 交通便捷促使钟摆族产生

7. **A** 微博对用户的要求比较高
   B 用户可以通过手机上微博
   C 推销产品是微博的主要作用
   D 微博对信息的篇幅没有限制

8. **A** 六班派了10名学生扫雪
   B 学校需要60名学生扫雪
   C 学生用半小时扫干净了雪
   D 学生们不愿意在教室里上课

9. **A** 跑步属于有氧运动
   B 减肥应该多做无氧运动
   C 多骑自行车有助于减肥
   D 缺氧状态肌肉消耗更多热量

10. **A** 算筹不太方便携带
    B 算筹可以计算负数
    C 算筹主要由木头制成
    D 算筹出现在算盘之后

11. **A** 磁悬浮列车不排放有害气体
    B 磁悬浮列车不影响人体健康
    C 磁悬浮列车安全问题已解决
    D 磁悬浮列车已被大规模使用

12. **A** 转变为“绿领”很容易
    B“绿领”都很有环保意识
    C“绿领”从事户外的工作
    D“绿领”是一种特定的职业

13. **A** 新注射器注射时没有疼痛感
B 新注射器正在取代传统针头
C 新注射器对人体有一定伤害
D 新注射器的针头比传统的大很多

14. **A** 道教只信仰一个主神
B 道教由国外传入中国
C 道教对科技文化贡献很大
D 道教在世界上的影响很大

15. **A** 进食速度越慢吃得越多
B 咀嚼时间长有利于减肥
C 食物加工后比较容易消化
D 减肥食物应尽量做得美味

第二部分

第16–30题：请选出正确答案。

16. A 销售到了非洲
B 运行时噪音小
C 可以自动关机
D 采用先进的技术

17. A 寻求技术援助
B 完善维修服务
C 增大空调产量
D 共同开发技术

18. A 社会效益
B 国际标准
C 诚信和共赢
D 消费者需求

19. A 顾客多
B 安装规范
C 维修服务好
D 多元化经营

20. A 发明了变频空调
B 向大金学习技术
C 通过专卖店销售
D 国家利益是落脚点

21. A 古建筑
B 行政村
C 古村落
D 民间文化

22. A 有5000个左右
B 受到一些冲击
C 靠旅游维持收入
D 有被拆掉的可能

23. A 旅游价值高
B 文化水平高
C 少数民族存在的基础
D 少数民族居住的地方

24. A 建筑的表面很残破
B 老百姓懂得尊重历史
C 电器放在重要的位置
D 家具都是祖先留下来的

25. A 保护长城
B 引导公众
C 教育公众
D 调查文化遗产

26. A 电视剧太晚才开始制作
B 需要分成三部才制作完
C 制作方延长了拍摄周期
D 拍摄过程中出现了问题

27. A 涉及作者很多的生活经历
B 反映了一个大学生的生活
C 人物属于作者熟悉的领域
D 和作者以前的行业有关系

28. **A** 书中主要人物都很年轻
B 警察题材的故事很精彩
C 年轻人喜欢情感类型的作品
D 可以从书中借鉴别人的经历

29. **A** 看书学习
B 推测和想象
C 采访年轻人
D 一起参加活动

30. **A** 和现实有差距
B 改编权价格太高
C 感受到书中青春气息
D 大陆的拍摄开始得早

第三部分

第31–50题：请选出正确答案。

31. A 挖地洞
B 爬葡萄树
C 撑开栅栏
D 节食瘦身

32. A 迷路了
B 吃得太胖
C 中了圈套
D 路被堵死了

33. A 人生重在过程
B 坚持就是胜利
C 人生就是一个圆
D 要做好长远规划

34. A 适合各种人群
B 存在一定争议
C 不可过于频繁
D 不造成身体伤害

35. A 日常工作
B 人际关系
C 校园学习
D 家庭生活

36. A 人的潜力无穷
B 叠加创造奇迹
C 人生需要规划
D 普通人也能成功

37. A 精而专
B 记忆力好
C 早定目标
D 坚持了10年

38. A 专业知识出众
B 非常善于管理
C 勇于开拓市场
D 综合能力较强

39. A 多了解成功学
B 利用好现有能力
C 能力要全面培养
D 开发自己的潜能

40. A 长在树上
B 特别敏感
C 喜欢阳光
D 巨毒无比

41. A 进化的过程
B 为什么没灭绝
C 迅速衰老的原因
D 迅速衰老的过程

42. A 种了三株断肠草
B 有一株一碰就死
C 常被碰的那株没死
D 解开断肠草衰老之谜

43. A 阳光总在风雨后
B 不要太相信常识
C 一分耕耘一分收获
D 挫折使人愈加坚强

44. A 成天在家玩儿游戏
B 努力考出好成绩
C 假装不认真学习
D 模仿聪明人的举止

45. A 为之感到骄傲
B 过于看重分数
C 遇到打击易灰心
D 不敢接受新挑战

46. A 找对场合和时机
B 适度夸孩子聪明
C 适当给予物质奖励
D 鼓励他们好好儿学习

47. A 导致物价上涨
B 给出行带来不便
C 影响“我”的心情
D 耽误“我”做生意

48. A 愤怒
B 不解
C 同情
D 支持

49. A 会造成世界性水荒
B 导致地球冷热不均
C 会威胁人类的生存
D 可为赤道驱散热量

50. A 要活到老学到老
B 生活是最好的老师
C 抱怨不能解决问题
D 学会换个角度看问题

二、阅 读

第一部分

第51–60题：请选出有语病的一项。

51. **A** 这种无纺布环保袋经过工艺处理后，具备了防水、易清洗、容量大等特点，深受消费者欢迎。
    B 像“阿Q”这样的字母词已遍布汉字文化圈内，不但活跃在各类媒体上，而且还进入了教科书。
    C 生物入侵就是指那些本来不属于某一生态系统，但是通过某种方式被引入到这一生态系统，然后定居、扩散、爆发危害的物种。
    D 在原始文化遗址水洞沟，人们发现了略加磨制的鸵鸟蛋穿孔饰件和骨片制成的骨锥，这是磨制技术的萌芽，在人类历史上具有重要意义。

52. **A** 大观园的建筑布局酷似清朝的恭亲王府。
    B 南京过江隧道的开通，有效地解决了长江大桥的交通拥堵。
    C 宇宙中的能量总和一开始便是固定的，我们既不能创造，也不能消灭能量。
    D 中国人游山玩水，是持着纯欣赏的态度，而西方人则是抱着征服的“壮志”。

53. **A** 一到下班，市区主干道上的车流便滔滔不绝。
    B 事实证明，经过艰苦生活磨炼的人更善于战胜各种困难和挫折。
    C 如果一个人的睡眠时间不足，或者睡眠质量不高，其大脑机能就会受到一定影响。
    D 赋、比、兴是后人从《诗经》中总结出的三种艺术手法，并被古代文学家们借鉴发挥。

54. **A** 天空中飞扬的尘沙污染了路上行人的衣服。
    B 大象的听觉异常灵敏，即使是耗子的脚步声也能轻易分辨出来。
    C 无论在政府、企业还是在私人事务中，节约都是健全的财务结构的一项根本需要。
    D 苹果中含有大量叫栎素的抗氧化物质，该物质可以保护人的肺部不受大气污染的影响。

55. **A** 一个人生活中的阴影多半是由他本人挡住了阳光而形成的。
B 神话是远古人民表现对自然及文化现象的理解与想象的故事。
C 人们都说猫是老鼠的天敌，但有些养尊处优的猫早已把抓老鼠的本领忘得一干二净了。
D 中国残疾人艺术团在香港演出的大型音乐舞蹈《我的梦》，广泛地得到了当地观众的好评。

56. **A** 这次活动的开展，旨在提高全社会保护环境。
B 森林资源按自然属性可划分为生物资源和非生物资源两大类。
C 夏至这天，太阳直射北回归线，是北半球一年中白昼最长的一天。
D 艾滋病是一种传染病，其病毒主要通过性接触或血液、母婴等途径传播。

57. **A** 随着移动通讯的日益发达，手机已经成为大家不可缺少的必需品。
B 在研究生命的需求问题时，我们不禁对生物组织的复杂程度感到震惊。
C 中国古代的选官制度，自夏商周到明清，形成了一个十分完整的发展序列。
D 在糖水中加入极少量苦味的奎宁，人们可能认为甜味会减轻，其实恰好相反。

58. **A**《消费者权益保护法》深受广大消费者所欢迎。
B 淮扬菜与京、川、粤菜齐名，有“东南佳味”之称。
C 她开着车子，沿着每天上下班必经的熟悉道路奔驰而去。
D 噪音往往能引发身体的疲劳和不适，对人的心理也造成一定的伤害。

59. **A** 通过这几天的接触，我们都加深了对彼此的了解。
B 冬眠，是某些动物抵御寒冷、维持生命的特有本领。
C 生物变异及相互适应的原因和方法，对于我们需要有个明确的了解。
D 维生素本身并不产生热量，它只是一种帮助释放食物中能量的化学物质。

60. **A** 我哥哥不但很瘦，而且精神饱满。
B 李老师对这所学校的情况非常熟悉。
C 这本杂志主要是面向计算机爱好者的。
D 在这次校运会上他打破了一项全国纪录。

第二部分

第61–70题：选词填空。

61. 不管是修缮还是重建，对于文化遗迹来说，关键在于______。圆明园废墟是北京城最有______感的文化遗迹之一，如果把它完全铲平，造一座____的圆明园，根本就是得不偿失。

A 保护　文化　全新　B 储存　民族　崭新
C 保管　自豪　现代　D 保存　历史　崭新

62. 蜂王浆，并非是蜂王所产，而是因为它被用作蜂王毕生______的食物而得名。它珍稀名贵，来源______，成分复杂，有着极强的保健功能和奇异的医疗______。蜂王浆不能用开水或茶水冲服，并应该低温贮存。

A 享受　奇怪　作用　B 享用　奇特　效果
C 食用　独特　条件　D 使用　特别　功效

63. 虚心，能使自己保持头脑的冷静和思索的敏锐，最大______地了解困难和不利条件，为整体成功创造有利______。虚心，能使自己具有涵养，为顺利打通成功之路创造条件。虚心，能使自己______丰富的知识，保持不断进取的_____精神。

A 程度　条件　具有　坚强　B 角度　前途　储备　努力
C 限度　因素　具备　坚韧　D 空间　基础　掌握　宝贵

64. 中国园林的景物主要摹仿自然，用人工的力量来建造______的景色，即所谓“虽由人作，宛自天开”。这些景物虽不一定______仿自某山某水，但多少有些_____，用精炼概括的手法______。

A 自然　注重　基础　再现　B 美丽　要求　依据　建造
C 优美　鼓励　规定　保存　D 天然　强调　根据　重现

65. 机会，寻可得，坐可失。要想得到它，必须______地寻找机会，敏锐地识别机会，______地抓住机会，准确地利用机会，而绝不能只把希望寄托在那些______事件上，抱着守株待兔的______心理去消极地等待机会。

A 主动　不懈　突然　不安　B 积极　果断　偶然　侥幸
C 仔细　谨慎　忽然　乐观　D 不断　努力　突发　好奇

66. 心理学家发现人是爱讲谎话的动物，人______每天最少说谎25次。很多人不______自己在说谎，这是因为有些谎话连说谎的人自己都______不到。

人们对有些谎言实际上已经是习焉不察，不动大脑也能______说两句。

A 大概　认同　体验　随便

B 基本　认为　意识　随机

C 平均　认可　感觉　随口

D 可能　承认　体会　随时

67. 紫禁城各处宫殿的房顶上，有各种各样奇形怪状的小动物的______，这些______都是出自建筑大师们的手笔。他们不仅仅只是帝王宫殿上的装饰物，而且还是屋顶防止雨水侵蚀渗漏和松散脱裂的______的琉璃部件，是建筑匠师们把实用构件与艺术造型巧妙地______起来的典范。

A 模样　自然　宝贵　联络　B 形象　当然　重要　联系

C 图案　必然　珍贵　连接　D 雕刻　固然　关键　关联

68. 作为又是节气又是节日的清明，在中国传统节日中享有______的待遇。清明节最早发端于商朝，后来渐渐地与寒食节______在一起，寒食节的主题也逐渐______了清明节的主题，相当于中国最早的斋戒节。这样，追怀烈士、祭奠故人便又成为清明的一道______的风景。

A 特殊　融合　代替　永恒　B 特别　混合　代表　永远

C 较高　联合　表示　悠久　D 独特　结合　顶替　长远

69. 有些学生在顺境中应对自如，但一旦遭到挫折，便______。对于这样的学生应人为地设置障碍，______挫折，以训练其对逆境的______能力，以求更好地______生活。如可以在考试中出一些比较难的题目让学生去做，学生在______挫折的同时也加深了对知识的理解。

A 一蹶不振　制造　忍受　适应　遭受

B 一败涂地　创造　承受　顺应　接受

C 垂头丧气　制作　应对　适合　受到

D 土崩瓦解　生产　感受　符合　面对

70. 鼹鼠是生活在地下的地鼠，它们擅长在地底挖洞，______挖的不止一条。要挖出这样的坑道当然很______，但一旦完成，就可以采用______的办法等食物上门。蚯蚓、甲虫等常会不______闯进鼹鼠的坑道中，被来回巡逻的鼹鼠______。

A 暂且　奇特　坐享其成　仔细　捕捉

B 而且　辛苦　守株待兔　小心　捕获

C 并且　艰苦　因循守旧　自觉　擒获

D 不但　神奇　墨守成规　留意　抓获

第三部分

第71–80题：选句填空。

71–75.

一次，仪山禅师洗澡。水太热了点儿，仪山让弟子打来冷水，倒进澡盆。听师父说，（71）__________，看见桶里还剩有冷水，做弟子的就随手倒掉了。正在澡盆里的师父眼看弟子倒掉剩水，不禁语重心长地说："世界上的任何东西，不管是大是小，是多是少，是贵是贱，都各有各的用处，（72）__________。你刚才随手倒掉的剩水，不就可以用来灌浇花草树木吗？这样水得其用，花木草树也眉开眼笑，一举两得，又何乐而不为呢？"弟子受师傅这么一指点，从此便心有所悟，取法号为"滴水和尚"。

万物皆有所用，不管是看上去多么卑微的小草，还是渺小的一滴水，（73）__________。科学家的发明创造，石破天惊，举世瞩目，然而，如果没有众人智慧的积累，（74）__________，子虚乌有。鲁迅的那段话也掷地有声："天才并不是自生自长在深林荒野里的怪物，是由可以使天才生长的民众产生、长育出来的，所以没有这种民众，就没有天才。""落花水面皆文章，好鸟枝头亦朋友。"当年朱熹就曾这样说过。如果你处在社会的底层——相信这是大多数，请千万不要自卑，要紧的还是打破偏见，唤起自信。问题不在于人家怎么看，（75）__________。

三百六十行，行行出状元。关键还是在于，怎样按照你的实际，为社会、为人类多做贡献，从而在这个世界上找到自己的一片绿洲、一片天空。

A 不要随便就浪费了
B 水的温度已经刚好
C 便就终将成为空中楼阁
D 可贵的是你的精神面貌如何
E 都有它们自身存在的价值

76-80.

马路旁的人行道比马路要整整高出一台阶，而他还没满一周岁。他长着两条细弱的小腿，（76）__________，老是哆哆嗦嗦地……但两条腿的主人——小男孩儿想从马路上登上人行道的愿望却十分强烈，而且信心十足。

瞧，那只穿着好看袜子的小脚已经抬了起来，（77）__________，但孩子还没有下定决心登上第二只脚，有那么一会儿他就那么站着：一只脚在人行道上，而另一只脚还在原处没动。

然而小男孩儿又收回了跨出去的那一步，（78）__________，小男孩儿就这么站着，既不前进也不后退，只是固执地注视着自己的前方。“还小呢，刚刚能走路，就能跨台阶？”路旁一位头发花白的老奶奶啧了啧嘴说，“做大人的要帮他一把。”（79）__________，只是微笑着鼓励说：“自己上，小乖乖，自己上。”小脚又一次踏上了人行道，另一只脚也费力地提到了空中，（80）__________。“加油！加油！”旁边的小姑娘喊着。终于两只脚都站到人行道上去了，这也许是孩子一生中拿下的第一个高地，小胖脸同时绽开了笑容——了不起的胜利！“好一个登山者！”胡子老爷爷幽默地说，他摸摸孩子的头，“一开头总是困难的，但现在总算对付过去了。乖孩子，祝你永远向新的高度进军！”人生会有多少个第一次啊！

A 他似乎在积蓄力量

B 这回可真是憋足了劲儿

C 踩在了人行道的边沿上

D 而孩子的妈妈并没有伸出手去

E 此刻这两条小腿却怎么也不听使唤

第四部分

第81-100题：请选出正确答案。

81-85.

一天，我与儿子面对面坐着剥豆，当翠绿的豆快将白瓷盆的底铺满时，儿子忽地离位，又拿了一个瓷碗放在自己面前，将瓷盆朝我面前推推。看他碗里粒粒可数的豆，我问："想比赛？""对。"儿子利索地回答。"可这不公平。我盆里已有了，你才刚刚开始。"我说着顺手抓一把豆放在他的碗里。"不！"他按住我的手，"就这样我才能试出自己的速度。"

一丝喜悦悄悄在我心里散开，我欣赏儿子这种自信和大气。一时，原来很随意的家务劳动有了节奏，只见手起豆落，母子皆敛声息语。"让儿子赢，使他以后对自己多一些自信。"如是想，手不知不觉就慢了下来，借拾豆的机会稍稍停一下。"在外面竞争是靠实力，谁会让你？让他知道，失败成功皆是常事。"剥豆的速度分明快了。儿子手不停，眼却时时在两个容器中睃。见他如此投入，我心生怜爱，学校学习、考试，够他累的了……剥豆的动作不觉中又缓了下来。"不要给孩子虚假的胜利。"节奏自然又紧了许多。

一大袋豌豆很快剥光。一盆一碗，一大一小不同的容器难以比较，凭常识，我知道儿子肯定输，正想淡化结果，他却极认真地重新拿来了碗，先将他的豆倒进去，正好满一碗，然后又用同样的碗来量我的豆，也是一碗，只是凸出了点儿，像隆起的土丘。

"你赢了。"他朝我笑笑，很轻松，全没有剥豆时的认真和执着。

"是平局，我本来有底子。"我纠正他。

"我少，我就是输。"没有赌气，没有沮丧，儿子认真和我争。脸上仍是那如山泉般的清澈的笑容。

想到自己<u>瞻前顾后</u>，小心翼翼，实在是过分了。孩子的生命，自有他该有的轨迹，该承受的，该经历的，他都应有完整的体验。失望、失误、失败，伤痛、伤感、伤痕，自有它的价值，不必人为地营造一片虚假的生存空间。因为生活是实在的，生命也要经过磨难才真实。

81. 比赛时，为什么"我"的速度一会儿快一会儿慢？

A 不够自信　　**B** 剥豆剥累了

C 没有认真比赛　　**D** 思考比赛结果

82. 儿子是怎么确定比赛结果的？

A 称重量判断
B 凭常识判断
C 用另一个碗重新量豆
D 认真地用他的碗量豆

83. 文中画线词语“瞻前顾后”的意思是：

A 环顾四周
B 顾虑太多
C 严肃认真
D 东张西望

84. 这篇文章告诉我们什么？

A 失败并不可怕
B 不要为孩子操心
C 要与艰难困苦做斗争
D 每一种经历都是财富

85-88.

在城市里，人们经常可以见到各种各样的街头雕塑。街头雕塑，指的是在道路两侧或交叉口等位置布设的雕塑。它主要供在道路上活动的用路者观赏。

街头雕塑一般分为纪念性、主题性和装饰性雕塑。纪念性雕塑一般是以历史上的人或事件为主题，它布设在特定地点，再现特定的历史人物和事件，显示一个国家的历史和民族精神。例如，在都江堰市布设的李冰雕塑，就是为了纪念他在设计都江堰工程中所做出的杰出贡献。主题性雕塑是对某个特定地点、环境、建筑的主题说明，它必须与这些环境有机地结合起来，点明并升华主题。例如，在甘肃敦煌县城有一座“反弹琵琶”雕塑，它取材于敦煌莫高窟壁画，显示了该城市因拥有莫高窟这一名胜而闻名于世的特色。装饰性雕塑主要用来装饰街道环境，表现的内容比较广泛，体量也因环境不同而有大有小。

在现代城市中，布设街头雕塑，重要的是要考虑不同交通特性的道路以及交通环境的视觉特性。快速道路或交通主干道，主要以通行机动车为主，行人相对较少，同时路旁地带位置也不宽。在这种条件下，路边的雕塑再精美，用路者一闪而过，很难获得多少印象。如果在沿途的适当位置布设造型简单、体量较大的雕塑，则会收到较好的效果。生活性道路是以低速交通方式的视觉特性为主，用路者是在低速通过或停下来的情况下品赏雕塑。在这种条件下，对街头雕塑的要求就不同于前者。如果不考虑上述因素，街头雕塑就很难起到应有的作用。

街头雕塑这一公共性景观能够使城市更具亲和力，它既美化了交通环境，又具有丰富的文化内涵，甚至成为城市人文精神的集中体现，在城市道路空间中起着不可估量的作用。

85. 街头雕塑：

A 造型丰富多样　　**B** 只能布设在道路两侧

C 在城市和乡村都随处可见　　**D** 主要为人行道上路人摆设

86. 必须起到升华主题作用的是：

A 纪念性雕塑　　**B** 主题性雕塑

C 装饰性雕塑　　**D** 创意性雕塑

87. 关于布设街头雕塑，下列哪项正确？

A 体积越大视觉效果越好　　**B** 要视具体交通环境而定

C 很难起到赏心悦目的作用　　**D** 交通主干道旁的雕塑要精美

88. 关于街头雕塑的作用，下列哪项不正确？

A 加强城市亲和力　　**B** 体现城市人文风采

C 改善城市交通条件　　**D** 使城市文化内涵丰富

89-92.

在中国福建省南端的东山岛上有一块“奇”石，它有一间房那么大，高4.37米，长4.69米，重约200吨，宛如一只巨大的玉兔蹲在一块比它更大的石头上。因此，它赢得了“天下第一奇石”的美称，是东山岛八大胜景之一。

说它奇，除了它块头大之外，更主要的还是一个“悬”字。它除了下部几十厘米见方的圆弧部分同下面的一块比较平坦的石头接触外，几乎整个岩体都悬空而立，仿佛一个身怀绝技的杂技演员。巨石身处东南沿海，饱受台风袭击，但除晃晃身子外，从未见其坠落，是个长寿的“不倒翁”，因此人们又称它为“风动石”。如果你到此游览，身体仰卧，跷足蹬踹巨石，巨石便来回晃动，有摇摇欲坠之感，很是惊险刺激。

1918年2月3日，东山岛发生了罕见的7.5级大地震，地动山摇，无数房屋倒塌，可这块巨石只晃了几晃，竟安然无恙。据说，抗日战争时期，日军用钢丝绳将“风动石”捆住，与日舰“大和丸”连在一起，当“大和丸”开足马力企图拉动它时，随着“嘣嘣”几声巨响，钢丝绳断成几截，而“风动石”依然在原地未动。

那么，“风动石”为什么摇而不倒呢？科学家们经过分析认为，它之所以能摇而不倒，与其形状有着很大的关系。它上面小，下面大，重心很低，即使遇风摇晃不定，通过重心的垂线，也始终在它与下面石头的接触面内，故任凭狂风呼啸，它仍安然不倒。其摇而不倒的原因同“不倒翁”原理很相似。

也许有人要问，“风动石”是怎样形成的呢？地质学家经过实地考察发现，“风动石”和它下面的大石都属于花岗岩，根据岩石节理发育的特点判断，二者原来是一个整体，由于长期的风化和海蚀，它们才“分了家”。类似的“风动石”在福建沿海地区并不少见，如“泉州风动石”、“平潭风动石”等。福建沿海地区的“风动石”都是由花岗岩形成的。花岗岩虽然很硬，但在长期的风吹、日晒、水冲等作用下，会层层脱皮，地质学家把这种自然现象称为“球形风化”。

89. 为什么称这块奇石为“风动石”？

A 岩石整体悬空 **B** 总是摇摇欲坠

C 风吹时它会前后翻滚 **D** 台风使其摇晃但不至坠落

90. 作者提到日舰“大和丸”是为了：

A 展现“风动石”的“奇”

B 说明“大和丸”的马力大

C 具体说明“风动石”的惊险刺激

D 表明地震也不能使“风动石”坠落

91. “风动石”不倒的原因是：

A 重心很低　　B 属于花岗石

C 形状似一只玉兔　　D 与下面石头的接触面大

92. “风动石”形成与什么关系最为密切？

A 地理位置　　B 风化侵蚀

C 花岗岩质地　　D 岩石节理发育特点

93-96.

常常能听到这样一种说法："人的脑子用多了，会死掉许多细胞"、"人脑多用了会笨"，这种说法是没有科学道理的。

事实上，人的肌体的各个部位，几乎都是越用越健康，脑子也是一样。让我们先来看一个数据：经科学家研究证明，人的大脑皮层大约有140亿个神经细胞，也叫神经元。这么多数量的脑细胞，对一个人的一生来说足够了。有人计算过，如果一个人活到100岁的话，经常运用的脑神经细胞只不过10多亿个，还有80%～90%的脑细胞没动用。所以，根本不会有什么"脑子多用会笨"的事情。

"生命在于运动"，这是生物界的一个普遍规律。人的肌体，用则灵，不用则衰；脑子用得勤的人，肯定聪明。因为这些勤于用脑的人，脑血管经常处于舒展的状态，脑神经细胞会得到很好的保养，从而使大脑更加发达，避免了大脑的早衰。相反，那些懒于用脑思考的人，由于大脑受到的信息刺激比较少，甚至没有，大脑很可能就会早衰。这跟一台机器一样，搁在那里不用就要生锈，经常运转就很润滑。曾经有过这样的研究，科学家观察了一定数量的20～70岁的人，发现长期从事脑力劳动的人，到了60岁时仍能保持敏捷的思维能力，而在那些终日无所事事、得过且过的懒人当中，大脑早衰者的比例大大高于前者。

除了懂得脑子多用只会聪明、不会笨的道理以外，我们还应该了解"多用脑、可防老"的道理。这对老年人来讲尤为重要。我们常说，大脑是人体的司令部，如果大脑迟钝了，身体各器官的生理功能当然也不会旺盛。所以，保持大脑的活力，就能促进其他肌体、器官保持活力；大脑如早衰，也会影响其他肌体器官的早衰。老年人的健康状况，往往是生理、心理、环境等因素互相影响的结果，老年人保持着勤于用脑的好习惯，就会有一种很好的心理状态，可以使自己的生活、精神充满活力。

"勤于用脑，延缓衰老"，这个道理是很科学的。让我们大家养成勤于用脑的良好习惯吧。

93．关于大脑神经细胞，下列哪项正确？

A 科学家有140亿个　　**B** 通常会有八九成被闲置

C 100岁的人只剩10多亿个　　**D** 人不运用的数量为10多亿个

94．科学家观察到：

A 20 ~ 70岁的人比较聪明　　**B** 60岁时思维能力最敏捷

C 多做运动大脑会比较发达　　**D** 脑力劳动者不易大脑早衰

95．多用脑：

A 大脑会更加发达
B 接受的信息刺激少
C 不会聪明，会变迟钝
D 与其他身体器官功能无关

96．关于老年人，下列哪项正确？

A 多用脑，心情好
B 运动少所以衰老
C 勤于用脑使自己充满活力
D 心理和环境因素影响用脑状况

97-100.

端午节吃粽子，这是中国人的传统习俗。粽子，又叫“角黍”、“筒粽”。其由来已久，花样繁多。

从南北朝以后，民间开始有粽子源自百姓祭奠屈原的说法。传说屈原投身汨罗江之后，百姓莫不感叹哀伤，空有抱负的屈原就这样离开了楚国，实在是国家损失。所以百姓为避免鱼虾咬食屈原，就纷纷将米粮投入江中，希望鱼虾只顾吃这些米粮而不损伤屈原肉身。而后，据古书记载，是屈原托梦百姓说，米粮投入江中其实被江中的蛟龙所食，如果用艾叶包裹，再绑以五色绳，则可以免遭蛟龙吞食。这才有了后来的粽子。

据记载，早在春秋时期，用菰叶（茭白叶）包黍米成牛角状，称“角黍”；用竹筒装米密封烤熟，称“筒粽”。东汉末年，以草木灰水浸泡黍米，用菰叶包黍米成四角形，煮熟，因水中含碱，称为广东碱水粽。晋代，粽子被正式定为端午节食品。这时，包粽子的原料除糯米外，还添加中药益智仁，煮熟的粽子称“益智粽”。米中掺杂禽兽肉、板栗、红枣、赤豆等，品种增多。粽子还用作交往的礼品。到了唐代，粽子的用米已“白莹如玉”，其形状出现锥形、菱形。日本文献中就记载有“大唐粽子”。宋朝时，已有“蜜饯粽”，即果品入粽。诗人苏东坡有“时于粽里见杨梅”的诗句。这时还出现用粽子堆成楼台亭阁、木车牛马做的广告，说明宋代吃粽子已很时尚。元、明时期，粽子的包裹料已从菰叶变革为箬叶，后来又出现用芦苇叶包的粽子，附加料已出现豆沙、猪肉、松子仁、枣子、胡桃，等等，品种更加丰富多彩。

一直到今天，每年农历五月初，中国百姓家家都要浸糯米、洗粽叶、包粽子，其花色品种更为繁多。从馅料看，北方多包小枣的北京枣粽；南方则有豆沙、鲜肉、八宝、火腿、蛋黄等多种馅料，其中以浙江嘉兴粽子为代表。吃粽子的风俗，千百年来，在中国盛行不衰，而且流传到朝鲜、日本及东南亚诸国。

97. 据民间传说，粽子用艾叶包裹的原因是：

A 更为美观　　**B** 便于蛟龙吞食

C 避免蛟龙吞食　　**D** 鱼虾喜欢艾叶的味道

98. 粽子在什么时候正式成为端午节食品？

A 东汉末年　　**B** 晋代

C 唐代　　**D** 元、明时期

99. 宋朝时期的粽子：

A 用芦苇叶来包　　**B** 牛马造型很时尚

C 附加料中有蜜饯　　**D** 开始出现锥形、菱形

100. 关于吃粽子的风俗，下列哪项正确？

A 已遍布全世界　　**B** 在中国经久不衰

C 南北方并无差异　　**D** 以浙江嘉兴为代表

三、书 写

第 101 题：缩写。

（1）仔细阅读下面这篇文章，时间为 10 分钟，阅读时不能抄写、记录。

（2）10 分钟后，监考收回阅读材料，请你将这篇文章缩写成一篇短文，时间为 35 分钟。

（3）标题自拟。只需复述文章内容，不需加入自己的观点。

（4）字数为 400 左右。

（5）请把作文直接写在答题卡上。

放暑假的时候，给我家送报的换成了一个十七八岁的少年。我家住 6 楼，每天清早 8 点多钟的时候，便有一阵轻捷的脚步声急急地上楼来了。不论晴天雨天，他都来得很准时。门没开的时候，他轻轻地把报纸塞进报筒。门虚掩着的时候，他便会礼貌地喊一声：“万老师，报纸来了！”

我曾与他闲聊过，得知他每天凌晨 5 点就起床，每天要为两百多户人家送报，而且都是楼房住户，他每天要爬一万八千多级台阶。

骄阳似火，送报的少年每天大汗淋漓地骑着车子穿街过巷。一大早，他的短袖衬衣就湿透了一大截，但他的车铃却拨弄得很快活，小圆脸上闪着一双清亮的眼睛，见人就腼腆地笑着。他的日子似乎无忧无虑。

7 月下旬的一天，少年来送报时对我说：“今天报上刊登了高考录取分数线！”我说了声谢谢。少年便下楼去了。这时，我那儿子闻声从床上翻起，接过报纸急匆匆地翻阅，高兴地说：“妈，我可以上邮电大学了！”我既高兴，又对儿子的那种少爷做派很不满意。8 点多钟了还穿着睡衣，卧室里空调还在呼呼作响。每天几乎都是这样，千呼万唤才起床洗漱，然后，打开电视，靠在沙发上一边饮酸牛奶，一边不停地换电视频道……我说：“高考完了可以休整休整，但不能天天这样睡懒觉，一个青年有没有志气抱负，就看他能不能早起床！”

儿子不屑地说：“你那观念早过时了！”

我说：“你看看人家那送报的少年，每天 5 点就起床了！”

儿子笑得更嚣张：“他是干什么的？我是干什么的？我是新世纪的第一代天之骄子，我进了大学，还要攻读硕士、博士，还要出国留学！”

一个大雨滂沱的日子，送报的少年头一次误点了。上午 9 点半钟，才出现现在我家门口，他浑身衣服湿透了，像一个落汤鸡，胳膊肘上有一道摔伤的血痕，报纸也打湿了一角。他像一个做了错事的孩子般嗫嚅着说：“对不起，我摔了一跤，自行车也不能转了，连报纸也弄湿了……”我刚说了声“没关系”，儿子却夺过报纸狠狠地一摔：“换份干的来，这份不能看！”我一边解围，一边把儿子推进房里。

转眼到了8月底，儿子接到邮电大学的入学通知书，高高兴兴地清点行囊准备上学了。

这天8点刚过，送报的少年准时出现在门口了，他把报纸交给我后，笑吟吟地说：“万老师，从明天起，这报纸还是由我爸爸送。”

我随口问：“那你呢？”

少年说：“我被北京大学录取了，明天去上学。”

我惊讶得不知说什么好。那少年又补充道：“我爸是个下岗工人，身体不大好，以后若送迟了，您多包涵！”

少年深深地朝我鞠了一躬，便下楼去了。我看着他的背影，沉思了好长时间。

新汉语水平考试

HSK（六级）

仿真试题四

注 意

一、HSK（六级）分三部分：

1. 听力（50 题，约 35 分钟）

2. 阅读（50 题，50 分钟）

3. 书写（1 题，45 分钟）

二、听力结束后，有 5 分钟填写答题卡。

三、全部考试约 140 分钟（含考生填写个人信息时间 5 分钟）。

一、听 力

第一部分

第1–15题：请选出与所听内容一致的一项。

1. **A** 男友舍不得和女孩儿分手
B 女孩儿希望自己瘦得更多
C 女孩儿想通过分手来减肥
D 女孩儿和男友相处得很好

2. **A** 油脂分泌多可能和压力有关
B 爱吃油炸食品会使毛孔堵塞
C 皮肤分泌油脂会导致皮肤病
D 科学家已查明青春痘的病因

3. **A** 输人造血避免了疾病感染
B 输人造血前要进行血型匹配
C 人造血只适用于O型血的人
D 人造血血型包含了各种血型

4. **A** 病人很听医生的话
B 医生给病人打过电话
C 病人到购物中心找医生
D 医生不承认自己的失误

5. **A** 领导喜欢让人加班
B 工作中要乐于加班
C 多加班的人比较吃亏
D 多加班会让领导欣赏

6. **A** 立体快巴的成本比较高
B 立体快巴可运载小汽车
C 立体快巴的速度比地铁快
D 立体快巴可缓解交通拥挤

7. **A** 大中型餐厅将全面禁烟
B 小型餐厅将设立无烟区
C 场所管理单位承担主要责任
D 个人在禁烟场所抽烟要罚款

8. **A** 农夫很愿意帮助别人
B 路上的坑是农夫挖的
C 农夫故意让车陷进去
D 这条路附近经常下雨

9. **A** 感染了HPV病毒就会得癌症
B 疫苗无法治疗已感染的患者
C 感染HPV病毒的全都是女性
D 疫苗不能抵抗HPV病毒感染

10. **A** 隶书比较便于书写
B 隶书的笔画比较圆润
C 隶书的笔画比小篆复杂
D 隶书是秦朝的官方字体

11. **A** 女人的记忆力一直比男人好
B 男人比女人记忆力衰退得快
C 年轻人中男人的记忆力较好
D 年龄越大的女人记忆力越好

12. **A** 自驾游一般由旅行社组织
B 自驾游比较受青年人欢迎
C 自驾游一般选择长距离旅游
D 旅行社只负责自驾游客食宿

13. **A** 普通物体间不存在引力
B 天体之间的引力非常大
C 引力大小由物体体积决定
D 物体间距离越小引力越小

14. **A** 功夫茶的味道比较淡
B 功夫茶以绿茶为原料
C 功夫茶是一种茶的名称
D 功夫茶泡茶工序很复杂

15. **A** 饭后游泳容易发生危险
B 饭后肌肉的功能会减弱
C 饭后血液会向肠胃集中
D 空腹游泳有利身体健康

第二部分

第16–30题：请选出正确答案。

16. A 七天
B 两年
C 三年
D 十年

17. A 是自己的工作
B 需要固定流程
C 是种心理状态
D 是种业余爱好

18. A 没法比较
B 西藏音乐
C 非洲打击乐
D 西非弹拨乐

19. A 何训田的影响
B 民歌自然真实
C 天生的亲近感
D 民族的也是世界的

20. A 是自然想象
B 有些应被淘汰
C 政府有很大责任
D 速度被人为加快

21. A 企业家
B 基金管理者
C 风险投资商
D 著名主持人

22. A 壹基金的定位
B 壹基金的理念
C 壹基金的前景
D 壹基金的创办者

23. A 一元钱捐助
B 地震灾区重建
C 残疾人就业培训
D 青少年心理救助

24. A 制度健全
B 公司化管理
C 受政府掌控
D 接受媒体监督

25. A 人才培养
B 制度建设
C 资金筹集
D 公益宣传

26. A 成绩非常好
B 智商特别高
C 比专业棋手还厉害
D 很早就成了世界冠军

27. A 老师的建议
B 父母的影响
C 规则比较简单
D 被棋子造型吸引

28. **A** 放弃了上学
B 一周三四次
C 贪玩儿爱玩儿
D 下棋时坐得住

29. **A** 不断的胜利
B 丰富的变化
C 能提高智力
D 独自的思考

30. **A** 非常顽强
B 喜欢进攻
C 没有漏洞
D 喜欢持久战

第三部分

第31–50题：请选出正确答案。

31. A 影响邻居休息
B 耽误工作和学习
C 他家经济条件不好
D 流行音乐受到误解

32. A 收集了大量CD
B 梦想成为音乐家
C 懂得音乐的内涵
D 最喜欢古典音乐

33. A 对音乐的热情
B 歌星朋友的宣传
C 目标和定位明确
D 对CD市场很了解

34. A 有志者事竟成
B 音乐的心理疗效
C 生活离不开音乐
D 兴趣是最好的老师

35. A 不能同时做深呼吸
B 能够缓解身心疲劳
C 减压效果仅次于大喊
D 会促进脸部肌肉运动

36. A 提高身体灵活性
B 提高肌体血氧含量
C 增进身体血液循环
D 刺激肾上腺素分泌

37. A 微笑的奥秘
B 大笑有益于身心
C 不要吝惜你的微笑
D 乐观成就美满人生

38. A 生活习惯
B 就业压力
C 工作环境
D 季节变换

39. A 常年抑郁
B 脾气暴躁
C 不想起床
D 智力下降

40. A 达到1100万人
B 症状不如女性明显
C 平均32岁开始发病
D 人数是女性的四分之一

41. A 抗压能力较弱
B 情绪波动较大
C 抵抗力不如男性
D 对日照时间敏感

42. A 画虾不画水
B 以群虾为主
C 喜欢河虾题材
D 突出虾的动态性

43. **A** 演讲的策略
B 白石老人画虾
C 空白效应的妙用
D 如何克服心理疲劳

44. **A** 会导致迷路
B 导致行动盲目
C 在女性中最明显
D 是缺乏经验所致

45. **A** 第一印象
B 自身的观察
C 同伴们的判定
D 男性的衣着谈吐

46. **A** 勿交损友
B 用心去交流
C 容忍别人的缺点
D 发现自己的闪光点

47. **A** 热情坦率
B 有些自负
C 坚强开朗
D 粗心大意

48. **A** 说明对方性格多疑
B 握手时间短、力度轻
C 说明对方性格软弱
D 显示对方情绪低落

49. **A** 经常跟谈判有关
B 说明对方受教育程度低
C 说明对方想深入地交流
D 说明对方想获得支配权

50. **A** 手心干燥
B 不够主动
C 手心会出汗
D 握手动作轻

二、阅 读

第一部分

第51–60题：请选出有语病的一项。

51. **A** 科学不怕挑战，怕挑战的不是科学。
B 张淘最近这段时间可烦了，公司里的同事谁也不搭理他。
C 一般而言，最佳生理状态和最不容易发生运动伤害的时间是在黄昏前后。
D 头发除了增加人的美感之外，还可以保护头脑：夏天可防烈日，冬天可御寒冷。

52. **A** 一进房间，墙上挂着的一幅油画便引起了记者的目光。
B 在晴朗、无月的夜间，人站在山顶上能看到50英里以外划着的一根火柴。
C 就如何调动留学生学习汉语的积极性这一问题，与会的老师们发表了不少意见。
D 在唐代，剪纸艺术得到了很大发展，以剪纸招魂成为当时民间的重要习俗之一。

53. **A** 张校长的脸上总是带着慈祥和睦的笑容。
B 他们在导游小姐的引领下，漫步在雀庄的19座牌坊之间，不禁感慨万千。
C 碳水化合物是人体基本的营养来源，试图通过少吃碳水化合物来减轻体重是愚蠢的。
D 龟是水陆两栖动物，它们虽然在陆地上行动十分缓慢，但是到了水中就会变得十分敏捷。

54. **A** 风雨草的花总是在暴风雨来临之前的两三天里开放。
B 这次上岗前的集中培训，使他们的专业技能得到了很大提升。
C 我们如果把最基础的工作不认真做好，那就谈不上别的工作了。
D 唐代的文化出现了很多新东西，文人的思想也有所发展和开阔，传奇小说便应运而生。

55. **A** 20世纪人类最伟大的发现，莫过于对环境危机的发现。
B 看到他的照片，我便想起当年我们一起玩耍、同桌共读。
C 生命的价值在于厚度而不在于长度，在于奉献而不在于获取。
D 有时，阅读闲书的愉悦所带来的身心充实，胜过很多灌输的学问。

56. **A** 野菊花从不禁锢自己，有花就尽情地开，有香就尽情地放。
B 加强对全民环保意识的教育，是当前非常至关重要的问题。
C 那天冰镇可乐的清凉，即便在35年后的现在也清晰如昨天。
D 中国古人的姓名和现代一样，是人们在社交中用来代表个人的符号。

57. **A** 春节到了，意味着春天将要来临，万物复苏、草木更新，新一轮播种和收获的季节又要开始了。
B 随着信息技术的日益普及，电脑已经成为人们学习和工作中片刻都不可或缺的工具是不争的事实。
C 随着全球气温升高，飓风、洪水、干旱等极端气象事件发生的频率正逐渐加快，全球气候变暖已经成为全人类必须共同面对的挑战。
D 这位曾经驰骋世界乒坛的名将现已回国，并在北京大学医学部担任教授，从事运动医学的教学与研究，继续为国家的体育事业贡献自己的力量。

58. **A** 我们地球上有两个有效能量的来源：一个是地球本身所蕴藏的能量，另一个是太阳能。
B 一种民族文化不管有其相对稳定的结构系统，但这一系统并不是先验的、永恒不变的。
C 丰富的矿产资源、水电资源和热带作物资源，使云南成为国内资源较丰富的省份之一。
D 任何写作都是为了特定的阅读对象，作者应当有与读者对话的意识，心中应当有读者。

59. **A** 听了这初来乍到的消息，大家都很诧异。
B 人文精神与现代性的关系问题，引起了与会者的浓厚兴趣。
C 湿地是指地球上除海洋外的所有水体，它与森林、海洋并称为地球三大生态系统。
D 每一届世博会，不仅记录了人类文明的脚印，而且表达了人类对现实和未来的思考。

60. **A** 即使明天有雨，比赛也会照常进行。
B 尽管鸟儿的翅膀多么完美，如果不借助空气，鸟儿永远无法飞上蓝天。
C 实际上没有哪种食物是纯粹使人发胖的，饮食中产生过多的热量才是令人发胖的原因。
D 很多人认为科学家终日埋头搞科研，不问家事，有点儿不近人情，然而事实并非如此。

第二部分

第 61–70 题：选词填空。

61. 每个人都有孤独的时候，当你觉得孤独时，要学会______，这样才会逐渐成熟起来。不要因为______而乱了方寸，而去做一些既无聊又没有意义的事情，否则只会白白浪费了______的时间。

A 容忍　孤独　珍贵　　B 承受　寂静　贵重
C 忍受　寂寞　宝贵　　D 忍耐　孤单　名贵

62. 很多学生认为在考试期间，保持良好的心理和生理______非常重要。可是调查显示，在备考和应考期间，有近 90% 的学生______过考试焦虑症状，其中 40% 的学生症状比较______。

A 状态　出现　严重　　B 状况　遇到　严格
C 情况　发现　严肃　　D 情形　遭遇　严厉

63. 景德镇是驰名中外的“瓷都”，向有“瓷器之乡”的______。景德镇的瓷器______“白如玉，明如镜，薄如纸，声如磬”四大特点。景德镇的瓷器品种很多，其中青花瓷具有______的东方艺术特色，被人们称为“瓷国明珠”。

A 名誉　持有　典范　　B 美誉　具有　典型
C 信誉　具备　经典　　D 声誉　拥有　特别

64. 在人生的旅途中，最糟糕的境遇往往不是______，不是厄运，而是精神和心境处于一种无知无觉的______状态：感动过你的一切不能再感动你，吸引过你的一切不能再吸引你，甚至激怒过你的______不能再激怒你。这时，你就需要再______另一片风景。

A 贫困　疲惫　一切　寻找
B 贫穷　疲劳　全部　探索
C 贫乏　操劳　任何　找到
D 倒霉　劳累　所有　搜索

65. 有这样一群人，他们挥洒着汗水推动着社会的______，他们每天都在努力地工作，早晨很早出门工作，晚上很晚才能回家，他们没有时间去恋爱，然而即使这么______，他们也很难在大城市买到真正属于自己的房子。其实，他们的愿望很简单，只是______凭自己的努力去______一下家里的生活条件。

A 发达　劳苦　愿望　改变
B 发展　辛苦　希望　改善
C 进步　坚苦　心愿　完美
D 发现　艰苦　愿意　完善

66. 人对外部世界的认识，是有目的、有计划并需要______各种困难的过程。______是观察、注意、记忆，还是思考、想象等认识活动，都______对我们的行为作出一定的控制与努力。而且，随活动任务难度的______，所需的控制与努力程度也会增强。这种控制与努力正是人的意志过程。

A 解决　虽然　需求　增长
B 处理　不管　必须　增进
C 克服　无论　需要　增加
D 对付　尽管　必要　增添

67. 近年来，在教育领域______家长误导最严重的一句话是"别让孩子输在起跑线上"。一些家长______担心自己的孩子输在起跑线上，______各种培训班提前让孩子们学习许多与其年龄不同步的知识，______，这样对孩子的成长是非常不利的。

A 对　由于　通过　揠苗助长
B 就　因为　经过　精益求精
C 凭　因此　路过　千方百计
D 向　因而　经历　全力以赴

68. 真正的财富和成功就是快乐，但是在这个世界上，人们对于小成绩和小成功都______。小的时候有快乐可以跳起来，现在有快乐却要______起来，因为担心太快乐了容易______。达成目标是______要庆祝的，不论大小。小成功小庆祝，大成功大庆祝。

A 迫不及待　隐蔽　称心如意　必须
B 不屑一顾　隐瞒　得不偿失　决定
C 不择手段　隐约　苦尽甘来　绝对
D 熟视无睹　隐藏　乐极生悲　一定

69. 北京的四合院非常有名，在中国有着相当______的历史，根据现有的文物资料分析，早在两千多年前就有四合院形式的建筑______。在历史发展过程中，中国人特别______四合院这种建筑形式，______宫殿、庙宇、官府使用四合院，而且各地的民居也______使用四合院。

A 长久　发生　喜欢　不但　广大
B 悠久　出现　喜爱　不仅　广泛
C 持久　发现　爱好　虽然　广阔
D 永久　产生　热爱　尽管　宽阔

70. 刚刚毕业的大学生，往往对自己将从事的工作抱有很高的______。但现实______是现实，想一步到位不太可能。更实际的做法是从低做起。原本想进个大公司，但______工作经验难以进入，可以先从门槛不高的小公司做起。薪水低也没关系，因为______是你可以在小公司初步接触社会，学到本领，______经验。

A 希望　终于　缺少　核心　取得
B 愿望　终究　不足　重要　争取
C 期望　毕竟　缺乏　关键　积累
D 企望　到底　缺口　重点　获得

第三部分

第71–80题：选句填空。

71–75.

读小学的时候，我的外祖母过世了。外祖母生前最疼爱我，我无法排解自己的忧伤，每天在学校的操场上一圈又一圈地跑着，跑得累倒在地上，扑在草坪上痛哭。那哀痛的日子，（71）__________，爸爸妈妈也不知道如何安慰我。他们知道与其骗我说外祖母睡着了，（72）__________：外祖母永远不会回来了。“什么是永远不会回来？”我问着。“所有时间里的事物，都永远不会回来了。你的昨天过去，它就永远变成昨天，你不能再回到昨天。爸爸以前也和你一样小，现在也不能回到你这么小的童年了；有一天你会长大，你会像外祖母一样老；有一天你度过了你的时间，就永远不会回来了。”爸爸说。

爸爸等于给我一个谜语，这谜语比课本上的“日历挂在墙壁，一天撕去一页，使我心里着急”和“一寸光阴一寸金，寸金难买寸光阴”还让我感到可怕；也比作文本上的“光阴似箭，日月如梭”更让我觉得有一种说不出的滋味。（73）__________，使我的小心眼里不只是着急，而是悲伤。

有一天我放学回家，看到太阳快落山了，就下决心说：“我要比太阳更快地回家。”我狂奔回去，站在庭院前喘气的时候，（74）__________，我高兴地跳跃起来，那一天我跑赢了太阳。以后我就时常做那样的游戏，有时和太阳赛跑，有时和西北风比快，有时一个暑假才能做完的作业，我十天就做完了；那时我三年级，常常把哥哥五年级的作业拿来做。每一次比赛胜过时间，（75）__________。如果将来我有什么要教给我的孩子，我会告诉他：假若你一直和时间比赛，你就可以成功！

A 还不如对我说实话
B 时间过得那么飞快
C 断断续续地持续了很久
D 看到太阳还露着半边脸
E 我就快乐得不知道怎么形容

76-80.

生命在海洋里诞生绝不是偶然的，海洋的物理和化学性质，使它成为孕育原始生命的摇篮。我们知道，（76）__________，许多动物组织的含水量在80%以上，而一些海洋生物的含水量高达95%。水是新陈代谢的重要媒介，没有它，体内的一系列生理和生物化学反应就无法进行，（77）__________。

因此，在短时期内动物缺水要比缺少食物更加危险。水对今天的生命是如此重要，它对脆弱的原始生命，（78）__________。生命在海洋里诞生，就不会有缺水之忧。水是一种良好的溶剂。海洋中含有许多生命所必需的无机盐，如氯化钠、氯化钾、碳酸盐、磷酸盐，还有溶解氧，原始生命可以毫不费力地从中汲取它所需要的元素。水具有很高的热容量，加之海洋浩大，任凭夏季烈日暴晒，冬季寒风扫荡，（79）__________。因此，巨大的海洋就像是天然的“温箱”，是孕育原始生命的温床。阳光虽然为生命所必需，但是阳光中的紫外线却有扼杀原始生命的危险。水能有效地吸收紫外线，（80）__________。这一切都是原始生命得以产生和发展的必要条件。

A 生命也就停止了
B 更是举足轻重了
C 它的温度变化却比较小
D 水是生物的重要组成部分
E 因而又为原始生命提供了天然“屏障”

第四部分

第81-100题：请选出正确答案。

81-84.

有时候，人们为了办一件事情，需要朋友帮忙，如果对方不表态或者拒绝相见，这样的情况，你常常会听到求助者笑着说:“吃了闭门羹啦！”

我们知道，羹在古代是指羊肉制成的糊状食品。后来慢慢地素食也做“羹”。凡是将粮食、果品和蔬菜煮成有浓汁的食品，都可以称为“羹”，如我们吃过的粟米羹、莲子羹等，到如今人们连普通的浓汁食品也称为“羹”了。

“闭门羹”是什么样的“羹”呢？其实，这不是什么特殊种类的食品，而是从古代闭门拒客的一个故事中流传下来的掌故。

相传在中国唐代，宣城女子史凤长得如花似玉，琴、棋、书、画样样精通，于是很多年轻的男子便纷纷慕名来拜访她，希望与她成为朋友，但是不少人却因为很难见到她而不能如愿。

为什么很难见到她呢？因为她会客时，有一条不成文的规矩：她首先要求客人献上一首诗，她看中诗文后，才愿意与客人一见，然后才有可能谈到交朋友。

如果客人不会作诗，或者献上的诗文没被她看中，她就叫家里人在门口以一碗羹相待，婉言拒绝会客。

天长日久，来访的客人们见了羹，也就心照不宣，便主动地告辞了。

以羹待客就是拒绝会见的意思，所以人们便把这羹称为史凤的“闭门羹”。这个故事流传下来之后，人们便把“闭门羹”作为拒绝的代名词，只取“闭门”之意而无羹招待。

81. 以下关于“羹”的说法正确的是：
    A“羹”是含有肉的糊状食品
    B“羹”的意思不断发展扩大
    C“闭门羹”是一种羹类食品
    D 现在还会送“羹”表示拒绝

82. 为什么史凤要送一碗羹给不想见的客人？
    A 是当地风俗
    B 免得对方难堪
    C 慰劳远方来的客人
    D 吸引更多的人献诗

83. 与“心照不宣”意思最接近的是：
    A 心心相印
    B 胸有成竹
    C 心领神会
    D 神色自若

84. 本文的主要内容是：
    A 羹的做法
    B“闭门羹”的用法
    C“闭门羹”的来历
    D“闭门羹”的意思

85-88.

一位来自山区的男青年要去南方上自己梦寐以求的大学。车厢里异常闷热，男青年口渴难耐。当乘务员推着售货车来到身边时，他望着读高中时只有有钱的同学才喝得起的健力宝，犹豫再三，终于从衣兜里摸出一张皱巴巴的5元钱递了过去。健力宝拿在手中了，可如何开启呢？他尝试了好几次，都没有成功。正当一筹莫展之际，坐在对面的中年妇女对儿子说："童童，快把健力宝给妈妈！"小男孩儿说："妈妈，你刚喝过水，怎么又渴了？""快，听话！"小男孩儿把健力宝递给了妈妈。中年妇女眼睛盯着拉环，余光扫了一眼男青年，只听"嘭"的一声，健力宝打开了。随之，车厢里又传出"嘭"的一声。妇女微微一笑，只喝了一小口便把健力宝放在了茶几上，显然她并不渴。

男青年在心里默默地感激着：生活在这个世界上，有人关心着，有人爱着，毕竟是美好的，即使这种关爱来自陌生人。

后来，男青年成了一名教师。他班上有一个可爱的小女孩儿，因为身患重病而进行化疗，美丽的头发全掉光了，每天要顶着光秃秃的脑袋来上学。这对小女孩儿来说，无疑是太残酷了。

于是他热情而郑重地在班上宣布："从下周一开始，我们要学习认识各种各样的帽子。所有的同学都要戴着自己最喜欢的帽子到学校来，越新奇越好！"

周一到了。小女孩儿正为自己戴了一顶帽子而犹豫时，却发现老师和同学们都戴着帽子。和他们五花八门的帽子比起来，自己的显得那样普普通通，几乎没有引起任何人的注意。她轻松地笑了，笑得那样甜，那样美。

爱是可以传承的。男青年把当年乘车时获得的小小的关爱，传承到了社会的角角落落，给整个世界带来了无限的温馨。

85. 中年妇女为什么要儿子拿出健力宝？

A 展示她们也有健力宝　　**B** 刚喝过水但又口渴了

C 给儿子示范拉环的用法　　**D** 教男青年怎么打开健力宝

86. 男青年在火车上：

A 买了从未喝过的健力宝　　**B** 向中年妇女表示了感谢

C 自己研究出了拉环的用法　　**D** 决定更加关爱自己的学生

87. 小女孩儿上学时看到大家都戴帽子之后的反应是：

A 兴奋　　**B** 好奇　　**C** 开心　　**D** 犹豫

88. 以下选项最适合做本文标题的是：

A 日行一善　　**B** 爱的传承　　**C** 温馨的世界　　**D** 陌生人的关爱

89-92.

在现代社会交际中，人来客往间免不了互赠礼品，赠送的礼品可能已包括珠宝了，尤其是以海外朋友为馈赠对象的就更多了。不过，由于我们对珠宝的认识一般都很有限，很多人对如何赠送宝石的一些事项了解得不多，不知如何做到有礼有情有意。下面就介绍一些赠送珠宝的注意事项。

首先，赠送宝石之类的首饰，要明确受赠对象，避免不合情理的现象出现。例如，女性向男性赠送珍珠首饰或者向海外朋友赠送象牙饰品，这种情况都被视为很不礼貌和不合情理的，因为珍珠首饰是女性化的首饰，而象牙首饰在很多国家是被禁止进口和使用的，那是为了保护野生动物。如果要赠送宝石，最好是受赠者喜欢的，或者是有纪念意义的，如生辰宝石、结婚周年宝石等。例如向日本朋友赠送欧泊宝石首饰最为适宜，一是价廉物美，二是日本人很喜欢这种宝石，这种宝石的丰富闪色效果简直使他们着迷。

另外，赠送宝石要注意其含义，因为某些宝石具有特殊的象征意义，不可毫无理由地乱献殷情。例如，铂金钻石首饰只能由新郎赠送给新娘，而其他身份的人只能赠送其他种类珠宝首饰，否则会被看作超越常规，疑为有不轨想法。同样对西欧国家的朋友，尽量不要赠送欧泊宝石首饰，因为在西方，有人认为欧泊宝石的闪色像魔鬼一样，会给人带来不吉利的后果。如果要赠送宝石，一定要先了解受赠者的情况，并懂得宝石的特殊象征意义。如兄长送弟妹可选择翡翠首饰，因为翡翠是中国玉文化的典范，具有东方人那种坚韧、朝气、细腻的象征意义，而且这种绿色宝石又是那么悦目、优雅。

其次，赠送宝石要注意形式，要了解受赠者的文化风俗，因为珠宝首饰的馈赠和使用也是一种文化现象，否则，礼贵义轻，很为可惜。

89. 第一自然段的主要目的是：

A 介绍赠送珠宝的重要性　　**B** 说明文章的背景和内容

C 说明赠礼要有礼有情有意　　**D** 介绍赠送珠宝的注意事项

90. 欧泊宝石：

A 不适合送日本人　　**B** 适合送给欧洲人

C 有很丰富的闪色　　**D** 是魔鬼或不吉利的象征

91. 赠送宝石不需要考虑的因素是：

A 宝石的寿命　　**B** 宝石的意义

C 受赠对象的国籍　　**D** 受赠对象的性别

92. 关于珠宝赠送，下列做法正确的是：

A 送男性好友珍珠饰品　　**B** 送女性好友铂金钻戒

C 送欧洲朋友象牙项链　　**D** 送中国朋友翡翠饰品

93-96.

饺子是我国人民喜爱的传统食品。它的做法是先用面粉做成薄而软的饺子皮，再将鲜肉、白菜等切碎，拌以佐料为馅，包成后下锅煮至饺子浮上水面即可。其特点是皮薄馅嫩，味道鲜美，形状独特，百食不厌。

饺子原名“娇耳”，是我国医圣张仲景首先发明的。

东汉末年，各地灾害严重，很多人身患疾病。南阳有个名医叫张机，字仲景，自幼苦学医书，博采众长，成为中医学的奠基人。张仲景不仅医术高明，什么疑难杂症都能手到病除，而且医德高尚，无论穷人和富人，他都认真施治，挽救了无数的性命。

张仲景在长沙为官时，常为百姓除疾医病。有一年当地瘟疫盛行，他在衙门口垒起大锅，舍药救人，深得长沙人民的爱戴。张仲景从长沙告老还乡后，走到家乡白河岸边，见很多穷苦百姓忍饥受寒，耳朵都冻烂了。他心里非常难受，决心救治他们。张仲景回到家，求医的人特别多，他忙得不可开交，但他心里总记挂着那些冻烂耳朵的穷百姓。他仿照在长沙的办法，叫弟子在南阳东关的一块空地上搭起医棚，架起大锅，在冬至那天开张，向穷人舍药治伤。

张仲景的药名叫“祛寒娇耳汤”，其做法是用羊肉、辣椒和一些祛寒药材在锅里煮熬，煮好后再把这些东西捞出来切碎，用面皮包成耳朵状的“娇耳”，下锅煮熟后分给乞药的病人。每人两只娇耳，一碗汤。人们吃下祛寒汤后浑身发热，血液通畅，两耳变暖。吃了一段时间，病人的烂耳朵就好了。

张仲景舍药一直持续到大年三十。大年初一，人们庆祝新年，也庆祝烂耳康复，就仿娇耳的样子做过年的食物，并在初一早上吃。人们称这种食物为“饺耳”、“饺子”或扁食，在冬至和年初一吃，以纪念张仲景开棚舍药和治愈病人的日子。

1800年过去了，张仲景舍“祛寒娇耳汤”的故事一直在民间广为流传。每逢冬至和大年初一，人们吃着饺子，心里仍记挂着张仲景的恩情。今天，我们用不着用娇耳来治冻烂的耳朵了，但饺子却已成了人们最常见、最爱吃的食品。

93．本文的主要内容是：

A 娇耳的做法　　**B** 饺子的来历

C 医圣张仲景　　**D** 祛寒娇耳汤

94．第四段里“在长沙的办法”指的是：

A 舍“祛寒娇耳汤”　　**B** 为百姓除疾医病

C 垒起大锅，舍药救人　　**D** 搭起医棚，免费看病

95．张仲景：

A 教人们怎样包饺子　　**B** 亲自架起大锅熬药

C 提倡大年初一吃饺子　　**D** 免费给穷人治冻烂的耳朵

96．下列俗语出自本文的是：

A 头伏饺子二伏面　　**B** 饺子就酒，越喝越有

C 吃了饺子汤，胜似开药方　　**D** 舒服不如倒着，好吃不如饺子

97-100.

有时候，在太阳或月亮周围出现一道光圈，色彩艳丽，人们叫它“风圈”，气象上称晕。晕，是由于悬浮在大气中的冰晶把太阳光或月光折射或反射而形成的光学现象。晕通常呈环状或弧状，有红、橙、黄、绿、蓝、靛、紫七种颜色。由太阳照射冰晶反射至人类眼睛称为“日晕”，而月球照射冰晶反射至人类眼睛则称为“月晕”。大气中的冰晶通常是由卷状云带来，当太阳光射入冰晶时，则反射于人类眼睛，产生环状或弧状的卷圈，通常内圈为红光，而外圈为紫光。

晕可分为“小晕”和“大晕”，小晕即22度晕，大晕即46度晕。小晕是以发光体为圆心，角半径为22度的一种内圈呈淡红色，外圈偶尔为紫色或白色的光环，光环内的天空明显较光环外的暗。而大晕则是角半径为46度的晕环，十分少见，一般比小晕暗。

当光环半径的对应视角在22～46之间的角度时，人们可以肉眼观察到“日晕”现象。云层中冰晶含量越大，阳光产生折射后所呈现的日晕形状就越小，光环也就越显著，容易使人观察到；反之，则无法形成日晕，或者即使形成也无法在地面上清楚地观察到这一现象。

日晕多出现在春夏季节。产生晕的冰晶结构的云常常是冷暖空气相遇而生成的云层，以后云层增厚，发展成雨层云，所以晕是风雨将临的征兆。民间有“日晕三更雨，月晕午时风”的谚语，其意思就是若出现日晕的话，夜半三更将有雨，若出现月晕，则次日中午会刮风。当天空中出现晕时本地离这层云有六七百公里，按每小时四五十公里移速来估算，一般在晕出现后十几个小时风雨才会到来，这便是“日晕三更雨，月晕午时风”的道理。但并不是每次出现晕以后必定刮风下雨，还要根据云的发展情况去分析。一般出现月晕时，下雨的可能性比出现日晕时小，而多是刮风天气。

日晕在一定程度上可以成为天气变化的一种前兆，出现日晕天气有可能转阴或下雨。但说这种现象可以预兆一年气候的旱涝是没有科学依据的。古代有人认为日晕是灾难或战争的象征，更是牵强附会。

97. 日晕的形成条件不包括：

A 冰晶　**B** 云层　**C** 太阳光　**D** 春夏季节

98. 小晕和大晕：

A 成因不同　**B** 角半径不同

C 亮度和颜色一致　**D** 并非总能被肉眼看到

99. 对“日晕三更雨，月晕午时风”的认识正确的是：

A 只要有日晕，夜半就会下雨　**B** 若有月晕，只会刮风不会下雨

C 晕出现后，不会立刻刮风下雨　**D** 三更下雨，说明白天出现过日晕

100. 最后一段中“牵强附会”的意思是：

A 没有科学依据的猜测　**B** 错误地领会某件事情

C 不会做的事情硬说会做　**D** 把无关的事物勉强联系起来

三、书写

第 101 题：缩写。

（1）仔细阅读下面这篇文章，时间为 10 分钟，阅读时不能抄写、记录。

（2）10 分钟后，监考收回阅读材料，请你将这篇文章缩写成一篇短文，时间为 35 分钟。

（3）标题自拟。只需复述文章内容，不需加入自己的观点。

（4）字数为 400 左右。

（5）请把作文直接写在答题卡上。

1993 年，我大学毕业后，在一家公司的策划部工作。部长对我们几个新人说："公司要做个全国促销方案的策划，时间是一周，董事长要亲自过目。大家都是年轻人，好好儿抓住这个机会。"冥思苦想之后，我决定在策划方案的数量上超过别人。在规定的时间里，我把 4 份文案交给了部长。几天后，部长告诉我，董事长要我去他办公室。屋里坐着一个和蔼的老人。"坐下来，小伙子，我有个故事要讲给你听。'森林之王'老虎一胎产下两个宝宝，所有的动物都来祝贺，唯有老鼠不以为然，因为它刚刚产下 10 只老鼠，觉得'森林之王'不如它。猴子知道了它的心思，说：'老鼠呀，10∶2 是客观存在，但你忘了，人家的品种比你好得多呀！'我的故事讲完了，你的4个策划方案我看了，也看出你尽了 100% 的努力。但你忘了，当你把 100% 的努力投入到 4 个策划方案中的时候，每个方案你只有 25% 的努力，而你把 100% 的努力投入到一个策划方案的时候，你得到的是一个 100% 的策划方案！"

"数量只是一个标志，质量才是根本，我要的是精品，而不要庸作，哪怕你有很多。"两年后当我坐上策划部主任位子的时候，我对手下也经常如是说。当我由策划部调到经营部的这一年，公司董事会决定，由现任中层各自率领自己的团队开展为期一年的工作，自负盈亏，做得好，年终奖励，做得不好，末位淘汰。很快，公司将分管的城市名单分配下来，看到分到我手里的几个城市，心里不禁凉了半截，全是偏远不发达地区，这不明摆着是为难人吗？第二天，我就向公司递交了辞职申请。董事长又一次把我叫进了办公室。"盘子里有 3 块西瓜，一块 300 克，另两块均 200 克，你要哪块？""我要大的，要 300 克的。"我赌气地说。"好！那我要 200 克的，我们一起吃，我的相对小些，所以我先吃完，那么盘里剩下的应该给我吧。你刚才赌气要大的，想占便宜，但是结果呢？是我吃了亏吃到小的，但是我两块可是400克呀，比你要占便宜呀！同样，你并没有了解那些城市的本质，为什么就断定那里没有市场前景呢？表面的东西可以迷惑人，但是一个成功的商人不会被表面的大小好坏迷惑，市场是做出来的，不分大小好坏的。这是你的辞职信，你可以选择重新递交或者收回。”

在我被破格提升为公司高级管理人员的当天，董事长在办公室给我讲了第三个故事：“在一个仓库里，几个人把一块手表弄丢了，大家竭力寻找，却怎么也找不到，后来……”我没想到的是这样一个老掉牙的故事，就插言道：“后来一个小孩儿趁这几个人休息的时候来到仓库，趴在地下，找到了那个手表，因为他用耳朵听到手表滴答滴答的声音。”“很好，看来你听过这个故事，但是你明白这个故事吗？”“当然知道，就是要我们学会倾听，倾听可以发现许多意想不到的事情！”

“没错，但是你在倾听我说吗？孩子，自信是商人成功的标志，但自信和自负是不同的。你现在是公司的高级管理人员，如果你不去倾听来自员工的话，你将和市场脱节，懂吗？”从此，这个故事一直跟随着我，我要求自己具备自信的同时，更要具备亲和力。

新汉语水平考试

HSK（六级）

仿真试题五

注　意

一、HSK（六级）分三部分：

1. 听力（50题，约35分钟）

2. 阅读（50题，50分钟）

3. 书写（1题，45分钟）

二、听力结束后，有5分钟填写答题卡。

三、全部考试约140分钟（含考生填写个人信息时间5分钟）。

一、听 力

第一部分

第1–15题：请选出与所听内容一致的一项。

1. A“睡眠骆驼”喜欢睡觉
   B“睡眠骆驼”生活在都市
   C“睡眠骆驼”缺乏文化知识
   D“睡眠骆驼”的生活方式较健康

2. A 女人喜欢孩子撒娇
   B 男人的心理压力很大
   C 本质上男人比女人脆弱
   D 丈夫撒娇是为了让妻子开心

3. A 飞机越新越安全
   B 有些人害怕坐小飞机
   C 飞机安全跟大小有关
   D 很多人不了解飞机型号

4. A“留守儿童”缺乏教育
   B“留守儿童”身体异常
   C“留守儿童”对社会有害
   D“留守儿童”生活在农村

5. A 家长应该信任孩子
   B 一些家长常常欺骗孩子
   C 缺乏沟通会产生家庭问题
   D 95% 的孩子不愿和家人沟通

6. A 经理很粗心
   B 助手想偷东西
   C 经理很信任助手
   D 保险柜的钥匙坏了

7. A 不少女性缺乏自信心
   B 骂妻子丑属于家庭暴力
   C 家庭暴力的受害者是妻子
   D 家庭暴力主要是身体暴力

8. A 成功的标准是物质的多少
   B 成就感来自精神需要的满足
   C 拼命工作是为了获得价值感
   D 高收入人群容易缺乏成就感

9. A 母子关系对恋爱有影响
   B 父子关系比母子关系重要
   C 孩子会以父母为榜样谈恋爱
   D 父亲应该增加与孩子的接触

10. A 指纹在手掌中间
    B 指纹由遗传基因决定
    C 指纹的形成与年龄有关
    D 指纹能增加抓物件的力

11. A 餐厅的服务很周到
    B 居民对餐厅有意见
    C 王先生忘带手机了
    D 服务员认识很多居民

12. A 这项业务很便宜
    B 这是邮局的一项业务
    C 这项业务每个月都有
    D 这项业务有年龄限制

13. **A** 小赵第一次来
B 小赵要去的地方很近
C 服务员嫌小赵加的油太少
D 加 5 块钱的油不能得到地图

14. **A** 别人很难了解自己
B 作者写小说很困难
C 想了解人性要读小说
D 作者心情影响小说质量

15. **A** 鸟儿飞得很快
B 人生很难满足
C 过程比结果重要
D 只要努力就会成功

第二部分

第16–30题：请选出正确答案。

16. **A** 待遇太低
    B 受名气所累
    C 厌倦原来的生活
    D 看到电视业的下滑

17. **A** 智慧
    B 时间
    C 艺术品
    D 名牌商品

18. **A** 自身积蓄
    B 朋友资助
    C 银行贷款
    D 风险投资

19. **A** 融资困难
    B 人才流失
    C 团队的融合
    D 盈利能力差

20. **A** 每月举行一次
    B 有助于实现盈利
    C 第一次拍了89万
    D 提升了优米网知名度

21. **A** 银行业
    B 互联网
    C 电视业
    D 房地产

22. **A** 没经过深思熟虑
    B 引起了很大争议
    C 得到了政府的支持
    D 符合其一贯的经营策略

23. **A** 发展新媒体
    B 面向整个世界
    C 关注珠三角地区
    D 开设普通话频道

24. **A** 资金
    B 名气
    C 方向
    D 信心

25. **A** 年轻人
    B 中老年人
    C 香港观众
    D 内地观众

26. **A** 当医生
    B 发展家乡
    C 做大学教授
    D 成为商业巨子

27. **A** 修钟表
    B 办工厂
    C 当木匠
    D 当理发师

28. A 机遇
B 天赋
C 性格
D 努力

29. A 能吃苦
B 有理想
C 有责任感
D 特别团结

30. A 要量力而行
B 与专业化矛盾
C 用制度降低风险
D 关键是培养人才

第三部分

第31–50题：请选出正确答案。

31. A 对年轻人的印象
B 绿洲的真实情况
C 对家乡的遥远回忆
D 年轻人对家乡的态度

32. A 不要盲从于他人
B 人生目标需明确
C 看待问题要积极
D 做事要有始有终

33. A 时机
B 场所
C 平衡性
D 个人喜好

34. A 摇滚乐
B 流行乐曲
C 古典交响乐
D 无歌词的轻音乐

35. A 古典乐曲
B 交响乐曲
C 充满激情的
D 明快的乐曲

36. A 音乐与养生
B 音乐与人生
C 音乐的重要性
D 如何欣赏音乐

37. A 影响企业形象
B 有损身心健康
C 影响同事关系
D 降低工作效率

38. A 面红耳赤
B 四肢乏力
C 精神不集中
D 持续心跳过快

39. A 人的情绪不可控
B 微笑也会伤害身体
C 假装笑脸易被识破
D 不应长期克制情绪

40. A 要拒绝顾客的无理要求
B 给服务业人员更多尊重
C 微笑服务不必硬性规定
D 顾客应改变对笑脸的认识

41. A 脉搏加快
B 血压升高
C 四肢乏力
D 情绪稳定

42. A 放松
B 警觉
C 波动
D 很微弱

43. **A** 色彩的明度
B 色彩的纯度
C 色彩的彩度
D 色彩的种类

44. **A** 反对对方的言论
B 乐于表达自身看法
C 善于处理人际关系
D 同意说话人的观点

45. **A** 紧盯对方
B 皱着眉头
C 面带微笑
D 咬着嘴唇

46. **A** 控制你的表情
B 表情的生理机制
C 表情与人际交往
D 表情的心理解读

47. **A** 脸庞发红
B 眼神闪烁
C 眼神不定
D 不易发觉

48. **A** 先向上，再往左转
B 先向上，再往右转
C 先向下，再往左转
D 先向下，再往右转

49. **A** 简单的问题
B 需回忆的细节问题
C 问他说的是不是真话
D 问话人知道答案的问题

50. **A** 儿童撒谎的表现
B 成年人如何撒谎
C 人类为何要撒谎
D 利用眼睛来测谎

二、阅 读

第一部分

第 51–60 题：请选出有语病的一项。

51. **A** 我们并不否认这部作品尚存在不尽人意，比如某些细节不够真实、个别人物的语言还不够性格化。
    B 现代医学证明，当一个人精力衰退，对事物缺乏好奇心与兴趣时，其循环系统功能也会随之退化。
    C 人们无论走到哪里，都没法不时常感怀身后的一片热土，因为那里有他的亲友，至少也有他的过去。
    D 知识经济学，主要研究知识与经济发展的关系，探索如何依靠知识的进步实现经济的发展和财富的增加。

52. **A** 清晨树上的蝉声显得分外轻逸，似远似近，若有若无。
    B 考古学家对两千多年前在安阳曹操高陵新出土的文物进行了多方面的研究。
    C 经常吃一些富含纤维素的食物，如水果、蔬菜等，可以有效降低大肠癌的发病率。
    D 坚持是一个人生命意志的表达，如果最初你没有成功，不妨用不同的方法再试一次。

53. **A** 这办法既卫生又方便，深受广大群众所喜爱。
    B 时机判断得正确与否，往往直接关系到事业的成败。
    C 所谓“感受”是被动的，是容许自然界事物感动我的感官和心灵。
    D 那些红的桃花，白的梨花，很快就会飘散零落，留下的将是初结的果实。

54. **A** 臭豆腐是一种流传于全中国的豆腐发酵制品。
    B 他未按公司的决定，把谈判日期提前告诉给对方，以致产生了误会。
    C 在生育年龄，女子的内分泌激素能使她们具有天然的抵御心脏病的能力。
    D 当人类还未有家的意识与家的形式之前，祖先们是在几乎无休止的迁徙中生活的。

55. **A** 东西方在饮食习惯上存在着很大的差异。
B 我们不知不觉就已经走了十里路左右的路程。
C 马缰套在马的口角上，牛缰挽在牛的鼻子上，是因为这些地方痛觉点分布最多。
D 蚂蚁的头上有一对触角，这对触角不但是触觉器官，而且还是十分灵敏的嗅觉器官。

56. **A** 写作不仅要有好的构思，还要具备积极的修辞意识。
B 由于历代动乱和气候的潮湿，所有当时的绘画都遭到了灭绝。
C 大雁飞行排成“人”字或“一”字，是为了长途飞行而借用前面大雁的翅膀扇动时的气流。
D 到了近现代，马戏的性质发生了很大的变化，除了马上项目外，相继增添了几十种动物参加的杂技表演。

57. **A** 有些网站可以申请免费的个人主页，你只有将自己的个人信息放在指定的位置上，全世界的人就可以了解你的情况。
B 担当重任的人不但应该能正确进行逻辑推理，决定取舍，做出决定，而且还必须能清楚地表达出来，这样才能宣传他的主张并被他人接受。
C 动物并不像人那样，借助于语言进行交谈，它只是利用自己各种不同的情感，向同伴或共生的朋友发出危险警报，或者通知它们哪儿有食物，等等。
D 较大的雨滴，它们的形状很像小小的圆面包，这是因为较大的雨滴在下落时由于受到空气阻力的作用，所以雨滴的下部是平坦的，上部却成球形。

58. **A** 序言，是置于著作正文之前，说明写作或出版意图、著作体例和作者情况等内容。
B 他感觉被困在一个牢固的茧里，高高悬挂在人们能够仰望的地方，上不着天、下不着地。
C 原始纺织的出现，从根本上改变了中国先民的着衣状况，为服饰形式的完善奠定了基础。
D 我们的媒体有责任做出表率，在使用语言文字时要增强规范意识，杜绝用字不规范的现象。

59. **A** 藻类是生长在海洋里的含叶绿素和其他辅助色素的低等生物。
B 北京故宫博物院收藏的中国古代绘画非常丰富，在世界上可以说是登峰造极了。

C 人的手指是很灵敏的。哪怕是五千万分之一米的轻微振动，手指也可以感觉出来。

D 唐代杜甫的“读书破万卷，下笔如有神”两句诗，很好地说明了阅读与写作之间的关系。

60. A 应用这种罗盘，即使是在阴云密布，还是早晚看不见太阳的时候，都不会迷失方向。

B 无论怎么光怪陆离的梦境，都是大脑活动的反映，总是和人的经历、想象有所关联的。

C《全宋文》的出版，对填补宋代文化研究的空白、完善宋代的学术文献具有重要的作用。

D 在使人类获得社会教养方面，没有什么东西比艺术和科学的力量更奇妙、更富有创造力。

第二部分

第 61–70 题：选词填空。

61. 水果是人们心目中最健康的食品之一，______有些人吃的水果比主食还要多几倍。但你是否______，吃水果是有讲究的，否则不仅无法______保健的目的，反而会带来多种疾病。

A 况且　掌握　到达　　**B** 而且　把握　完成
C 甚至　了解　达到　　**D** 因而　理解　实现

62. 火把节是彝、白、纳西等少数民族的古老而重要的节日，有着______的民俗文化内涵，被称为“东方的狂欢节”。不同的民族______火把节的时间也不同，大多是在农历的六月二十四。在新时代，火把节被赋予了新的民俗功能，产生了新的______。

A 深刻　举办　能力　　**B** 深厚　举行　形式
C 深入　参与　过程　　**D** 深远　参加　方式

63. 剪纸，又叫作窗花。它作为喜庆之日的装饰品，贴在窗户上或墙壁上，给人们______吉祥欢乐的气氛。河北民间有着______的剪纸历史，而且遍布城乡各地。而蔚县的剪纸在民间艺术的百花园里，更是独树一帜，具有______的民族特色和河北地方特色。

A 增进　灿烂　显著　　**B** 增强　长久　明显
C 增添　悠久　鲜明　　**D** 增加　永久　新鲜

64. 孔子一生中有一大半的时间是从事教育工作。他______了卓有成效的教育、教学方法；总结、______了一整套正确的学习原则；______了比较完整的教学内容体系；提出了一系列有______影响的教育思想；树立了良好的师德典范。

A 创造　倡导　形成　深远
B 创办　提倡　成立　深刻
C 创立　主张　组成　深入
D 创建　倡议　构成　深刻

65. 大事是由众多的小事积累而成的，______了小事就难以成就大事。从小事开始，______长才干、增智慧，日后才能干大事，而眼高手低者，是______干不成大事的。从干小事中见精神、得认可，“以小见大”、“见微知著”，赢得人们的______，你才能得到干大事的机会。

A 忽然　慢慢　长期　信心

B 忽略　逐渐　永远　信任

C 忽视　渐渐　长远　信念

D 轻视　逐步　长久　信誉

66. 在这个快餐满地的世界里，要______一个健康、合理的饮食习惯实在太难了。饮食______是我们日常生活的一项重要内容，现在人们却不太留意。“吃”已成为“生活______病”的主要诱因之一，现代人缺的不是吃好，______怎样科学合理地吃。

A 坚持　历来　形式　可是

B 保持　原先　过程　但是

C 维护　原来　方法　就是

D 维持　本来　方式　而是

67. 大家都说李宁是天生的“体操王子”，李宁自己______很清楚，之所以能在赛场上______成功，与自己的适应能力及平和心态分不开。他创立的李宁品牌是一个______的中国自主品牌，______几年的发展，李宁品牌已经走出国门，走向世界。

A 但是　争取　妇孺皆知　路过

B 可是　积累　尽人皆知　经历

C 却　取得　家喻户晓　经过

D 然而　获得　举世闻名　通过

68. 有人认为打哈欠是因为身体感到疲倦，______补充氧气，所以直接以口鼻大量地吸入空气，以获得氧气；也有人认为，打哈欠______不只表示人累了，它还有更为______的意义，那就是体内状况的改变。研究______，当人累了、醒来，或当警觉状态有所改变时，都会打哈欠。

A 需求　仿佛　平凡　表明

B 需要　似乎　普遍　显示

C 希望　好像　平常　表示

D 要求　可能　普通　表现

69. 倘若将人生形容为一场竞赛，“起跑线”的比喻是______的。但是，“输在起跑线”上只______短程竞赛。如果是马拉松那样的长跑，就不存在输在起跑线上的______。相反，马拉松比赛赢在起跑线上的运动员，______由于没有保存体力，______起个大早，赶了晚集。

A 正好　合适　伤心　常常　因此
B 适当　适应　操心　经常　导致
C 恰当　适合　担忧　往往　致使
D 恰好　符合　担心　总是　引起

70. 在这个世界上，凡事不可能______，事事如意，总会有______和忧愁。当不顺心的事______萦绕着我们的时候，我们该______，不怨恨，不躁进，不过度，不强求。

A 一举两得　烦闷　偶尔　小心翼翼
B 称心如意　苦闷　经常　想方设法
C 急功近利　苦恼　常常　从容不迫
D 一帆风顺　烦恼　时常　顺其自然

第三部分

第 71–80 题：选句填空。

71–75.

王献之是书圣王羲之的第 7 个儿子，天资聪颖，机敏好学，7 岁时就开始练习书法，师承其父。王羲之曾对儿子说，（71）__________，他的字才会有筋有骨、有血有肉、直立稳健。献之心中颇有些不以为然，他勤奋地练了 5 年，写完了 3 缸水，自认为书法已小有所成，（72）__________。谁知王羲之一张张掀过后，却频频摇头，直到看见一个“大”字，（73）__________，随手在“大”字下点了一个点。小献之心中不服，又将自己写的字拿去给母亲看，母亲认真地翻看，最后指着王羲之在“大”字下加的那一点，说：“吾儿磨尽三缸水，唯有一点似羲之。”献之此时才知道与父亲的差距，又锲而不舍地练了下去。当他真的用尽 18 大缸水，（74）__________。后王献之的字也达到了力透纸背、炉火纯青的程度，（75）__________。

A 其书法果然突飞猛进
B 只有写完院里 18 缸水
C 王羲之才露出了较满意的神色
D 遂将自己十分满意的习字拿给父亲过目
E 其书法与其父并列，被人们称为“二王”

76-80.

鸟类是唯一始终利用风力升腾的动物，双翼是它们的飞行工具。翼前端的羽毛称为前列羽毛，主要起到推动鸟向前的作用，翼的其他部分则为鸟提供升力。但是，仅有双翼是不够的，使双翼运动的动力源于胸部的两组肌肉，对于大多数鸟，（76）__________。

此外，不同种类的鸟的双翼形状也不同。长翼飞行效率高，如信天翁，可以连续飞行数千公里。（77）__________，所以长翼的鸟通常飞得很高，作长距离飞行。短翼的鸟体力较差，如麻雀，起飞与降落很容易控制，（78）__________。但短翼的鸟类不能长时间长距离飞行。

除了鸟类，动物中飞行技能最高的是蝙蝠，（79）__________。经过 5000 万年的进化，蝙蝠成功地加入了飞翔者的行列。千百年来，人们对它的身体产生了极大的疑问：这种可以在漆黑的夜间飞行且悄无声息的动物，究竟是鸟还是兽？

蝙蝠的翼实际上是连接长长的指和后腿之间的肉质膜，肉翼完全展开是蝙蝠身体面积的好几倍。蝙蝠就是依靠这对肉翼飞上了天，可是大多数蝙蝠起飞时依然要从高处滑翔起飞，（80）__________，蝙蝠们就只有望天兴叹了！因为大多数蝙蝠无法从地面上飞到空中。

A 如果不幸掉在地上
B 但长翼拍动困难，起飞不易
C 并且能在很短的时间内加速
D 这两组肌肉占了体重的 30% 以上
E 蝙蝠也是地球上唯一具有飞行能力的哺乳动物

第四部分

第81-100题：请选出正确答案。

81-84.

对于职场人士来说，一周中每个人的心理周期、工作节律、生理指标都会有细微的差别。周一的血压比一周当中的任何其他时段都要高，这也许可以解释为什么由心脏病发作和中风引起的死亡率总会在周一早上达到顶峰。双休日之后，人体的生物钟往往还没有调节过来，一下子从休闲状态切换到工作状态，总感觉有很多的事忙也忙不完，却偏偏又丢三落四。

星期二是主导性最高的时候。星期二工作效率最高，产出最大，尤其是上午10点到中午这个时间段内，人的头脑最好使。

星期三是一周的转折，延续了星期二的忙碌，周三职场人士已经完全适应了忙碌的工作状态，星期三的职场人士可以和“超人”媲美。同时，周三处在一周工作日的正中间，上一个周末的快乐已经远去，而下一个周末似乎还遥遥无期，人们仿佛坠入到“工作泥沼”中，心理兴奋度会出现下滑。这一天是制订战略、开展“头脑风暴”的最佳时间，也是决策技能最能得到发挥的时候。此时的人都会寻求一种平衡。在处理了两天内部事务之后，在星期三人们或许更希望和外界做一种交流以达到平衡。

在经过了前三天高效率的工作后，职场人士都已经身心疲惫，生理和心理都受到挑战，但周末也临近了，所以有人说，星期四属于“黎明前的黑暗”。星期四的时候，人的顺从性最高、最好说话、比较通融，这种时候去找客户，客户向你妥协也最有可能。

星期五了，你不妨留意一下，这一天里你完成的工作，在数量、质量上是否比平时都要高？如果你是个最不情愿加班的人，碰到这天你会不知不觉地干过了点，直到有电话邀请才把你唤醒，你还会惊叹：“时间过得真快啊！”

每个人的心理节律、工作节律各不相同，如果留心，你总可以找到适合你一周的周期规律，应时而动，从而将效率发挥至极致。

81. 星期一：

A 死亡率最高　　**B** 工作量最大

C 人的血压最高　　**D** 工作状态最佳

82. 根据上文，星期三适合：

A 去找客户谈判　　**B** 安排高层会议

C 安排员工加班　　**D** 处理个人事务

83. “黎明前的黑暗”意思是：

A 时间过得太慢　　**B** 身体状况糟糕

C 天色最暗的时候　　**D** 成功前最难熬的时候

84. 本文的主要内容是：

A 怎样合理安排工作　　**B** 职场人的繁忙一周

C 星期几工作效率最高　　**D** 工作与心理的周期规律

85-88.

正月是农历的元月，古人称夜为“宵”，所以称正月十五为元宵节。正月十五日是一年中第一个月圆之夜，也是一元复始，大地回春的夜晚，人们对此加以庆祝，也是庆贺新春的延续。元宵节又称为“上元节”。

元宵节也称灯节，元宵燃灯的风俗起自汉朝，到了唐代，赏灯活动更加兴盛，皇宫里、街道上处处挂灯，还要建立高大的灯轮、灯楼和灯树，唐朝大诗人卢照邻曾在《十五夜观灯》中这样描述元宵节燃灯的盛况：“接汉疑星落，依楼似月悬。”

“猜灯谜”又叫“打灯谜”，是元宵节后增的一项活动，出现在宋朝。南宋时，首都临安每逢元宵节时制谜、猜谜的人众多。开始时是好事者把谜语写在纸条上，贴在五光十色的彩灯上供人猜。因为谜语能启迪智慧又饶有兴趣，所以流传过程中深受社会各阶层的欢迎。

民间有过元宵节吃元宵的习俗。元宵由糯米制成，或实心，或带馅。馅有豆沙、白糖、山楂、各类果料等，食用时煮、煎、蒸、炸皆可。起初，人们把这种食物叫“浮圆子”，后来又叫“汤团”或“汤圆”，这些名称与“团圆”字音相近，取团圆之意，象征全家人团团圆圆，和睦幸福，人们也以此怀念离别的亲人，寄托了对未来生活的美好愿望。

一些地方的元宵节还有“走百病”的习俗，又称“烤百病”、“散百病”，参与者多为妇女，他们结伴而行，或走墙边，或过桥，走郊外，目的是驱病除灾。

随着时间的推移，元宵节的活动越来越多，不少地方节庆时增加了耍龙灯、耍狮子、踩高跷、划旱船、扭秧歌、打太平鼓等传统民俗表演。这个传承已有两千多年的传统节日，不仅盛行于海峡两岸，就是在海外华人的聚居区也年年欢庆不衰。

85. 元宵节最早的庆祝活动是：

A 燃灯　**B** 打灯谜　**C** 耍狮子　**D** 打太平鼓

86. 元宵：

A 做法多样　**B** 里面都有馅

C 因元宵节而得名　**D** 象征离别的亲人

87. 根据上文，下列说法正确的是：

A 元宵节赏灯起源于唐代　**B** 海外华人也庆祝元宵节

C 耍龙灯已传承了两千多年　**D** “走百病”让人一年无病无灾

88. 这篇文章主要内容是：

A 元宵节的来历　**B** 猜灯谜和吃元宵

C 元宵节的习俗活动　**D** 传统节日的庆祝方法

89-92.

“狗不理”包子是天津的风味名点，它创始于1858年，距今已经有150余年的历史。

清咸丰年间，河北武清县杨村有个年轻人，名叫高贵友，因其父四十得子，为求平安养子，故取乳名“狗子”，期望他能像小狗一样好养活。狗子14岁来津学艺，在天津南运河边上的刘家蒸吃铺做小伙计，因心灵手巧又勤学好问，做包子的手艺不断长进，练就一手好活儿，很快就小有名气了。

三年满师后，高贵友自己开办了一家专营包子的小吃铺——“德聚号”。他用肥瘦鲜猪肉3:7的比例加适量的水，佐以排骨汤或肚汤，加上各种佐料，精心调拌成包子馅料。包子皮用半发面，擀成直径为8.5厘米左右、薄厚均匀的圆形皮。包入馅料，用手指精心捏折，每个包子有固定的15个褶，褶花疏密一致，如白菊花形，最后上炉用硬气蒸制而成。

由于高贵友手艺好，做事又十分认真，从不掺假，制作的包子口感柔软，鲜香不腻，形似菊花，色香味形都独具特色，引得十里百里的人都来吃包子，生意十分兴隆，名声很快就响了起来。由于来吃他包子的人越来越多，高贵友忙得顾不上跟顾客说话，这样一来，吃包子的人都戏称他“狗子卖包子，不理人”。久而久之，人们喊顺了嘴，都叫他“狗不理”，把他所经营的包子称作“狗不理包子”，而原店铺字号却渐渐被人们淡忘了。后来“狗不理”包子名声大振，逐渐在许多地方开设了分号。

现在的“狗不理”的菜品以津菜为主，充分利用天津地方特有原材料，体现出“精包津菜”的经营特色。在服务方面，注重把饮食文化、企业文化有机结合，将一首“狗不理”店歌、一个传奇故事、一段天津快板贯穿于餐中文化，营造出一种喝着“狗不理”老烧酒，品着“狗不理”传统包子，尝着天津风味菜，尽情感受天津地域文化的氛围。“狗不理”本身已经形成了一种文化，这种文化已经和天津的历史“捏到了一个褶里了”。

89. 父亲给高贵友起“狗子”的乳名是因为：

A 他在狗年出生　　**B** 他爱跟小狗玩儿

C 希望他健康成长　　**D** 他像小狗一样聪明

90. 为什么“狗子卖包子，不理人”？

A 顾客太多来不及说话　　**B** 呼应“狗不理”的名称

C 这是“狗不理”的特色　　**D** 高贵友不愿意和客人说话

91. “捏到了一个褶里”意思是：

A 完全一致　　**B** 完美融合

C 一样耐人寻味　　**D** 都做成“狗不理”

92. 本文的标题应该是：

A 好吃不如“包子”　　**B** 高贵友的成长传奇

C 天津小吃的发展史　　**D** 天津名点“狗不理”

93-96.

有人路过一片茂密的竹林，打算在这儿过一夜，他随手把帽子挂在一株青嫩的竹子尖上。夜里，竹林里不时传来“叭叭”的声音，仿佛是一首催眠曲。第二天，这个人一觉醒来，想接着赶路，却发现帽子被竹子顶得高高的，必须跳起来才能够着。是谁跟他开玩笑，把帽子给抛上去的吗？不是，原来是那棵青竹开的玩笑，它长个儿了，一夜之间竟高了40多厘米，难怪那个人够不着帽子了。而夜里听到的“叭叭”之声，竟是竹子拔节时发出的声音。竹子真不愧是长个儿最快的植物了，有时一昼夜间它就能蹿1米多，如果耐心地观察，你可以看到竹子像钟表的指针一样移动着向上生长。

自然界里有不少植物都长得很迅速。像树中“巨人”杏仁桉，能长到150米，简直可以和星星交朋友了。当它栽种后的第一年就可长五六米，五六年后，就已是近20米的巨树了。

海岸边的先锋木麻黄负有抵御台风、防止风沙的任务，为了适应海滩恶劣的环境，木麻黄一边深深扎根，一边迅速长高，如果条件较好，一年就能长高3米！这惊人的长个儿速度，使一些去远海捕捞，数月后才能回来的渔民，居然不敢认自己的渔村了。是啊，出海时光秃秃的沙滩，现在已成了一片郁郁葱葱的木麻黄的天下。

绿化城市时，人们也爱选用一些速生树种。在我国的北方，白杨树是比较普遍的，它笔直的树干高高伫立，浓密的树荫遮蔽了夏日炎热的阳光。它的生长速度就比较快，七八年就有10多米高，十几年就能用材了。人们称赞它是“5年成椽，10年成檩，15年成柁”。

93. 为什么那个人够不着帽子了？

A 竹子长高了　　**B** 地势升高了

C 青竹会变戏法儿　　**D** 有人跟他开玩笑

94. 根据上文，长个儿速度最快的是：

A 青竹　　**B** 杏仁桉　　**C** 木麻黄　　**D** 白杨树

95. “5年成椽，10年成檩，15年成柁”的意思是白杨树：

A 每5年生长一次　　**B** 成材速度非常快

C 是很好的建筑材料　　**D** 主要用于造椽、檩、柁

96. 本文的主角是：

A 绿化植物　　**B** 防沙植物　　**C** 速生植物　　**D** 长个儿快的竹子

97-100.

从前有一个商人，事业比较成功，但他是个大烟鬼，烟抽得非常非常凶。

有一次，他开车出去度假，天降滂沱大雨，开了几小时车后，他在一个小城的旅馆过夜。吃过晚饭，疲惫的他很快就进入了梦乡。

清晨两点钟，他醒来了一会儿，烟瘾又犯了，很想抽一根烟。打开灯，他自然地伸手去抓睡前放在桌上的烟盒，不料里头却是空的。他下了床，搜寻衣服口袋，毫无所获，他又搜寻行李，希望能发现他无意中留下的一包烟，结果又失望了。这时候，旅馆的餐厅、酒吧早关门了，他唯一可能得到香烟的办法是穿上衣服，走出去，到几条街外的火车站去买。

越是没有烟，想抽的欲望就越大，有烟瘾的人大概都有这种体验。他脱下睡衣，穿好了出门的衣服，在伸手去拿雨衣的时候，他突然停住了。他问自己：我这是在干什么？

他站在那儿寻思，一个所谓的知识分子，而且相当成功的商人，一个自以为有足够理智对别人下命令的人，竟要在三更半夜离开旅馆，冒着大雨走过几条街，仅仅是为了得到一支烟。这是一个什么样的习惯，这个习惯的力量有多么强大啊？

没过多会儿，商人下定了决心，把那个空烟盒揉成一团扔进了纸篓，脱下衣服换上睡衣回到了床上，带着一种解脱甚至是胜利的感觉，几分钟就进入了梦乡。

从此以后，他再也没有抽过香烟。后来，他的事业也越做越大，成为世界顶尖的富豪之一。

97. 从本文可见，这个商人：

A 烟瘾越来越大　　**B** 每天都很疲惫

C 有知识和理智　　**D** 有很多坏习惯

98. 商人最终没有出去买烟的原因是：

A 烟瘾消失了　　**B** 怕被雨水淋湿

C 觉得出去麻烦　　**D** 决定克服烟瘾

99. 为什么商人有一种解脱甚至是胜利的感觉？

A 戒烟非常顺利　　**B** 觉得自己很成功

C 不需要出去买烟了　　**D** 战胜了坏习惯的影响

100. 本文给我们的最大启示是：

A 一切皆有可能　　**B** 不要被坏习惯左右

C 烟瘾并非不可战胜　　**D** 勤思考才能发现问题

三、书 写

第 101 题：缩写。

（1）仔细阅读下面这篇文章，时间为 10 分钟，阅读时不能抄写、记录。

（2）10 分钟后，监考收回阅读材料，请你将这篇文章缩写成一篇短文，时间为 35 分钟。

（3）标题自拟。只需复述文章内容，不需加入自己的观点。

（4）字数为 400 左右。

（5）请把作文直接写在答题卡上。

那是一个老师告诉我的故事，至今仍珍藏在心里，让自己明白在人世间，其实不应该放过每一个能够帮助别人的机会。

多年前的一天，这位老师正在家里睡午觉，突然，电话铃响了，她接过来一听，里面却传来一个陌生粗暴的声音："你家的小孩儿偷书，现在被我们抓住了，你快来啊！"在话筒里传来一个小女孩儿的哭闹声和旁边人的呵斥声。

她回头看着正在看电视的唯一的女儿，心中立即就明白过来是怎么回事了。

她当然可以放下电话不理，甚至也可以斥责对方，因为这件事和她没任何关系。但自己是老师，说不定她就是自己的学生呢？通过电话，她隐约可以设想出，那个一念之差的小女孩儿，一定非常惊慌害怕，正面临着尴尬的境地。犹豫了片刻之后，她问清了书店的地址匆匆忙忙赶了过去。

正如她预料的那样，在书店里站着一位满脸泪痕的小女孩儿，而旁边的大人们，正恶狠狠地大声斥责着。她一下子冲上去，将那个可怜的小女孩儿搂在怀里，转身对旁边的售货员说："有什么事就跟我说吧，我是她妈妈，不要吓着孩子。"在售货员不情愿的嘀咕声中，她交清了 28 元的罚款，才领着这个小女孩儿走出了书店，并看清了那张被泪水和恐惧弄得一塌糊涂的脸。她笑了起来，将小女孩儿领到家中，好好儿清理了一下，什么都没有问，就让小女孩儿离开了。临走时，她还特意叮嘱道，如果你要看书，就到阿姨这里，阿姨有好多书呢。惊魂未定的小女孩儿，深深地看了她一眼，便飞一般地跑掉了，从此便再也没有出现。

时间如流水匆匆而过，不知不觉间，多少年的光阴一晃而过，她早已忘了这件事，依旧住在这里，过着平稳安详的生活。有一天中午，门外响起了一阵敲门声。当她打开房门后，看到了一位年轻漂亮的陌生女孩儿，露着满脸的笑容，手里还拎着一大堆礼物。“你找谁？”她疑惑地问着，但女孩儿却激动得一句话也说不出来。好不容易，她才从那陌生的女孩儿的叙述中恍然明白，原来她就是当年的那个偷书的小女孩儿，刚从某名牌大学毕业，已找了份令人羡慕的工作，现在特意来看望自己。

女孩儿眼睛泛着泪光，轻声说道：“当年情急之下的那个电话，幸亏打到您的家里。虽然我至今都不明白，你为什么愿意充当我的妈妈，解脱了我，但这么多年来，我一直想了一桩心愿：喊您一声‘妈妈’。”话音刚落，女孩儿已泪流满面。老师的眼睛也开始模糊起来，她有些好奇地问道：“如果我不帮你，会发生怎样的结果呢？”女孩儿的脸上立即变得忧郁起来，轻轻摇着头说：“我说不清楚，也许就会去做傻事，甚至去死。”

老师的心猛地一颤。

望着女孩儿脸上幸福的笑容，她也笑了。

参考答案、听力材料及题解

- 新汉语水平考试 HSK（六级）仿真试题一
- 新汉语水平考试 HSK（六级）仿真试题二
- 新汉语水平考试 HSK（六级）仿真试题三
- 新汉语水平考试 HSK（六级）仿真试题四
- 新汉语水平考试 HSK（六级）仿真试题五

新汉语水平考试 HSK（六级）仿真试题一

参考答案

一、听力

第一部分

1. D	2. B	3. D	4. A	5. A
6. A	7. B	8. B	9. C	10. C
11. D	12. D	13. C	14. C	15. D

第二部分

16. C	17. C	18. D	19. A	20. C
21. C	22. C	23. D	24. C	25. C
26. B	27. C	28. A	29. A	30. D

第三部分

31. B	32. C	33. B	34. C	35. D
36. D	37. D	38. C	39. B	40. B
41. B	42. C	43. A	44. C	45. D
46. D	47. D	48. C	49. D	50. B

二、阅读

第一部分

51. B	52. A	53. C	54. B	55. A
56. C	57. B	58. B	59. C	60. B

第二部分

61. A	62. B	63. C	64. D	65. B
66. C	67. D	68. A	69. A	70. C

第三部分

71. A	72. C	73. B	74. D	75. E
76. B	77. D	78. A	79. C	80. E

第四部分

81. A	82. B	83. B	84. D	85. B
86. D	87. D	88. C	89. C	90. C
91. B	92. B	93. B	94. D	95. C
96. D	97. D	98. D	99. A	100. A

三、书写

101.

生命中的柠檬茶

一对情侣在咖啡馆中发生了争吵，男孩儿生气地走开了，女孩儿心烦意乱，胡乱搅动着面前的柠檬茶，杯中的柠檬片也被捣得不成样子，柠檬片散发的苦味让人难以下咽。女孩儿又叫了一杯剥掉皮的柠檬茶，没想到端上来的还是带皮的，女孩儿对服务员大为光火。服务员却非常平静，他告诉女孩儿柠檬片虽苦，一旦经过长时间的浸泡，就会产生清爽甘甜的口感，不要指望着 3 分钟的时间就能把柠檬的香味儿全挤压出来，那样只会使事情变遭。

女孩儿对服务员的话产生了浓厚的兴趣，追问究竟需要浸泡多长时间。“你需要经过 12 个小时的忍耐才能得到一杯无比美味的柠檬茶。其实人生也如同饮茶，只要你肯付出 12 个小时忍耐和等待，任何烦恼都不像你想象的那么糟糕。”服务员回答道。

女孩儿回家后如法炮制，12 个小时以后，她品尝到了有生以来最为美味的柠檬茶。女孩儿明白，因为柠檬的灵魂完全渗入其中，才会有如此完美的滋味。后来男孩儿捧着玫瑰花前来道歉，女孩儿早就原谅他了，还把柠檬茶的故事说给他听，两人约定今后再闹别扭的时候先想想柠檬茶。

后来女孩儿将柠檬茶的秘诀运用到她的生活中去，在品尝着柠檬茶美妙滋味的同时，也品味着生命的甘甜。

听力材料及听力部分题解

（音乐，30 秒，渐弱）

大家好！欢迎参加 HSK（六级）考试。
大家好！欢迎参加 HSK（六级）考试。
大家好！欢迎参加 HSK（六级）考试。

HSK（六级）听力考试分三部分，共 50 题。
请大家注意，听力考试现在开始。

第一部分

第 1-15 题：请选出与所听内容一致的一项。

1

一位贵妇人来到展室，站在一幅画儿前面端详了许久说："我要是能认识这画儿的作者，该有多好啊！"站在一旁的画家走过来说："夫人，我就是作者。"贵妇人说："这幅画儿太妙了！你能告诉我，给画儿里这位小姐做裙子的裁缝是谁吗？"

A 画家很谦虚
B 妇人想买下那幅画儿
C 妇人想和画家做朋友
D 妇人想要画儿里的裙子

【题解】D　这是个幽默故事，幽默类短文的题眼一般都在文章的最后。

短文在最后说"你能告诉我，给画儿里这位小姐做裙子的裁缝是谁吗"，所以贵妇人要找的是裁缝，因为她想要画儿里那个人的裙子。

2

"庖丁解牛"比喻经过反复实践，掌握了事物的客观规律，做事得心应手，运用自如。做事不仅要掌握规律，还要抱着一种谨慎小心的态度，收敛锋芒，并且在懂得规律的同时，更要去反复实践，这样终究会悟出事物的真理所在。

A 真理普遍存在
B 做事要掌握规律
C 要端正做事态度
D 实践能够检验真理

【题解】B　这道题是解释词语题，这类题的第一句话很重要。

短文在开头说"……比喻经过反复实践，掌握了事物的客观规律，做事得心应手……"，所以符合这个词语意思的是 B"做事要掌握规律"。

3

青茶又叫乌龙茶，属于半发酵茶，即制作时适当发酵，使叶片稍有红变，是介于绿茶与红茶之间的一种茶类。它既有绿茶的鲜爽，又有红茶的浓醇。饭后饮用一杯乌龙茶，可以防止齿垢和蛀牙的发生。

A 青茶不需要发酵

B 青茶不如红茶香浓

C 青茶的颜色是红色的

D 喝青茶有助于牙齿健康

【题解】D 这是一个介绍说明类的短文。这样的短文要抓住介绍对象的特点。

短文开头说“青茶又叫乌龙茶”，最后说“饭后饮用一杯乌龙茶，可以防止齿垢和蛀牙的发生”，所以喝青茶可以防止齿垢和蛀牙，即有助于牙齿健康。

4

风筝起源于中国，最早的风筝是由古代哲学家墨子制造的。中国的风筝已有两千多年的历史。中国风筝问世后，很快被用于传递信息、飞越险阻等军事需要。唐宋时期，由于造纸业的出现，风筝改由纸糊，很快传入民间，成为人们娱乐的玩具。

A 中国风筝历史悠久

B 风筝一直都是用纸做的

C 风筝最早是由孔子发明的

D 风筝最早是人们娱乐的玩具

【题解】A 这也是介绍说明类的短文，要抓住介绍对象的特点，比如时间、作用，等等。

短文开头说“风筝起源于中国，最早的风筝是由古代哲学家墨子制造的”，所以风筝是从古代就有的，然后又说“已有两千多年的历史”，所以说风筝历史悠久。

5

某公司有一女子，不仅性情温柔，容貌出众，还能歌善舞，是众多男人倾慕的对象。不久前她突然昏倒住进医院时，人们才知道她患有严重的先天性心脏病。当同事们前去探望她时，她含着泪说：“我羡慕你们每个人，因为你们拥有健康。”

A 健康是根本

B 女子很悲观

C 女子长相一般

D 女子以前知道自己有病

【题解】A 这类题型有一定教育意义，通常最后一句最为重要。

短文在开头说有个女的很漂亮，很有才能，大家都喜欢她，但她生病了，短文最后女的说“我羡慕你们每个人，因为你们拥有健康”，所以女的觉得健康很重要。因此 A 是正确答案。

6

京津城际铁路开通后，周末去天津吃小吃、听相声成了越来越多的北京人休闲的方式。京津两地居民上午 11 点前交寄中国邮政文件类快递件搭乘京津城际列车，当天下午 6 点前就能送到收件人手上。

A 京津两地往来很便捷

B 天津人到北京听相声

C 两地不需要邮递快件

D 北京人喜欢吃天津小吃

【题解】A 短文的主题是“京津铁路”，说铁路开通以后周末很多北京人去天津玩儿，而且上午 11 点快递邮件，下午 6 点就能到，可见现在两地交通很方便，A 是对的。

7

代沟，简单地说就是不同年龄层次的人因思想观念上的差距造成的心理距离。在新世纪，代沟不仅存在于上一代与下一代之间，而且在年龄相隔十年、八年的人们之间，甚至在大学的高年级与低年级之间，都会有令人惊叹的明显差异。

A 18岁时常出现代沟
B 代沟指的是心理差距
C 大学生之间不存在代沟
D 代沟只存在于两代人之间

【题解】B 这个题是解释词语的。所以第一句话很重要。短文第一句说“代沟，简单地说就是不同年龄层次的人因思想观念上的差距造成的心理距离”，所以代沟是一种心理差距。

8

张东被牙疼折磨了几天，终于下决心去找牙医了。他战战兢兢地按了门铃，护士说：“对不起，大夫不在家。”张东如释重负地喘了口气问：“您能否告诉我，下次他哪天不在家，我可以再来？”

A 张东很失望
B 张东不想看牙医
C 张东想把牙拔掉
D 张东要和医生预约

【题解】B 这是个笑话故事，最后一句话很重要。短文开头说张东牙疼，终于下定决心去找牙医，但是牙医不在，张东最后说“您能否告诉我，下次他哪天不在家，我可以再来”，说明他根本不想见到牙医。

9

在现实生活中，人总有一种潜能不能被激发，这种潜能只有在一些非常的情况下才能被激发。对于学生而言，当其遭受挫折时，便容易激发学生的潜能，越不容易找到答案，就越能激发学生的潜能和探究精神，从而进行研究性学习，切实掌握知识。

A 挫折越多越好
B 学生有很多潜能
C 要激发学生的潜能
D 学生要进行研究性学习

【题解】C 短文开头就谈到“潜能”，说这种潜能只有在一些非常的情况下才能被激发，然后讨论对于学生也要激发这种潜能，所以答案是C。

10

周末睡懒觉不是懒散放任，它可能对健康至关重要。偶尔睡懒觉是抑制因睡眠影响健康的重要的“解毒剂”。长期缺乏睡眠之后早晨多睡一两个小时对于恢复行动的灵活性有重要益处。

A 睡懒觉不是好习惯
B 缺乏睡眠的人不灵活
C 偶尔睡懒觉对身体有利
D 足够的睡眠有益于大脑

【题解】C 短文一开头就说周末睡懒觉可能对健康至关重要，最后说“对于恢复行动的灵活性有重要益处”，所以偶尔睡懒觉对身体有利。

11

据生物学家观察，一条鱼放在鱼缸中，没几天就死了，而三条鱼放在鱼缸中，却可以活一年多。因为它们在一种“竞争氛围”中，越活越有“战斗力”。生活就是这样，需要经受磨难，需要参与竞争。

A 生存很艰难

B 环境可以造就人

C 生活不能太孤独

D 越竞争越有活力

【题解】D 短文开头说一条鱼放在鱼缸里没几天就死了，三条鱼放在鱼缸里可以活一年多。然后解释说“因为它们在一种‘竞争氛围’中，越活越有‘战斗力’”，所以D是正确的。

12

空调让我们总是待在恒温的环境里，所以我们不用调节自己体内的热量。但如果气温很低，我们的身体就会自动消耗脂肪，以保持温暖；如果天气很热，我们的食欲就会降低。所以使用空调的人，热量调节机制受阻，更容易肥胖。

A 空调让生活很舒适

B 夏天脂肪容易消耗

C 要多散发体内的热量

D 使用空调不利于减肥

【题解】D 短文开头说在空调环境里“我们不用调节自己体内的热量”，最后说“使用空调的人……更容易肥胖”。可见使用空调不利于减肥。答案是D。

13

工作占人生最大而且最重要的一部分，假如你对工作厌倦，整个人生就缺少乐趣。一个人工作时所具有的态度，不但对于工作的效率有很大关系，而且对于本人的品格，也有重要影响。

A 态度决定人品

B 工作充满了乐趣

C 态度影响工作效率

D 要在工作中享受人生

【题解】C 短文一开头就说到“工作”，然后用到了“不但……而且……”，说工作的态度，“不但对于工作效率有很大关系，而且对于本人的品格，也有重要影响”。所以说工作态度会影响工作效率。

听力或阅读中要注意“不但……而且……”这些关键词。

14

人运动时容易出汗，身体有很多水分流失，人就会感觉口渴，同时也会流失很多盐分。如果口渴时喝进大量的水，体液的浓度就会显著下降。人体内的水和盐是有一定比例的。为了保持原有的体液浓度，身体就得排出多余的水，于是汗水就会流得更多。

A 喝水很解渴

B 出汗对身体有好处

C 运动后不宜大量喝水

D 口渴时要及时补充盐水

【题解】C 短文第一句话说运动时容易出汗，就会口渴想喝水。然后第二句话说如果喝进大量的水，体液的浓度就会下降，结果是出的汗更多。所以运动后不宜大量喝水。

D不对，因为不是所有的口渴都要补充盐水。

15

他对创作十分严谨，每天只能写两千字。他在生活中并不像他的作品那么幽默、风趣。他十分好客，有很多朋友，特别能与贫苦人民友好相处。这些都给我们做出了榜样。他的读者多，他去世之后，他的书的出版数量呈上升趋势。他就是著名作家老舍。

A 他很幽默

B 他不喜欢交朋友

C 他的作品出版的不多

D 他的创作态度很认真

【题解】D　这是介绍人物的短文，这样的文章要抓住所介绍人物的特点。一般第一句很重要。短文第一句说他对创作十分严谨，可见他创作的态度很认真。答案是D。

第二部分

第16-30题：请选出正确答案。

16–20.

男：今天的嘉宾是著名模特吕燕，欢迎你。最初你是怎么进的模特这一行？那时你多大？是自己考进来的吗？

女：那时我只有18岁，就是跟4个人凑数来北京参加一个不是很大的模特比赛。当然我什么名次也没得到。（16）可比赛刚完，我一下T型台，就有几个人过来对我讲：你蛮有个性的，如果到国外，你一定会成为很不错的模特。我感觉很惊讶，也不太敢信。就这样待了一个多月，我对北京和这一行都感觉挺喜欢，就想继续等着试一下运气。

男：稍一出名，你是不是就开始对自己以后的发展有点儿梦想了？

女：一点儿都不敢有。（17）就想着拍杂志封面，越多越好，因为出一个封面，我就能得300块钱呀！在当时，再有名、再没名的模特，都一样是300块钱劳务费。

男：在你没出国发展之前，身边的同行或别人，（18）有没有因为你这张不合国人审美的脸相而议论和奚落过你？

女：当然有，而且很多很多，特别是那些在大公司里的职业模特。可都只是在背后讲，没人当着我的面说过。

男：可以说巴黎是你事业真正起步的福地，能谈一谈你刚到巴黎时是怎么适应那里的生活的吗？

女：（19）当时唯一支撑自己的就是对将来的希望。因为我当时才18岁，可能是因为我这种性格，很容易适应另一种环境。

男：好多人后来都说幸运一次又一次就像天上掉馅饼一样不断砸到吕燕的头上，你个人认为事实真是这样吗？

女：天上的馅饼根本就没老往我头上掉。好的机会我是有过。比如说还没走进这行，就碰见了东田和冯海，那的确是我的幸运。但后来我一个人去巴黎，日子那么难，我天天盼着天上掉馅饼，可结果一个也没有。（20）后来我的所有获得，都是凭力气和本事，一点儿一点儿争取来的。

16 女的最初是怎样进入模特圈的？

A 考进来的

B 老师推荐

C 偶然进入

D 比赛赢的

【题解】C　这道题的问题和短文中男的提出的第一个问题是差不多的。男的问女的"你最初是怎么进的模特这个行业？"女的回答说她去参加一个比赛，没有获得名次，但是有人过来跟她说她不错，如果到国外，一定会成为一个成功的模特，女的很惊讶。所以她进入模特圈不是因为赢了比赛，而是偶然被几个人发现的。

17 稍微出名之后，女的想做什么？

A 找个工作

B 想出国发展
C 拍封面赚钱
D 当个专业模特

【题解】C　这个问题跟男的问的第二个问题差不多。男的问她稍微出名后，是不是对自己的发展有点儿梦想。女的回答说没有，就想着拍封面，因为拍封面可以赚钱。

18 为什么会有人在背后议论她？
A 运气好
B 性格很怪
C 能够出国
D 长得不好看

【题解】D　这个问题和男的问的第三个问题差不多。在对话中，男的问有没有人因为她这张不合国人审美的脸相议论她，所以男的的意思是她的脸不符合中国人的审美观，可见女的长得不是很好看。

19 女的能够适应巴黎艰苦生活的动力是什么？
A 希望
B 成功
C 赚钱
D 父母的期望

【题解】A　这个问题和男的问的第四个问题意思差不多。在对话中，男的问她刚到巴黎是怎么适应生活的，女的说支撑自己的是对未来的希望。所以答案 A 是对的。

20 女的的所有成功是靠什么得来的？
A 运气
B 机会
C 努力
D 长相

【题解】C　在对话中，男的在第五个问题中说有的人认为吕燕有很多幸运的机会，女的认为不是这样的。女的在最后说她所有的获得都是凭力气和本事挣来的，所以女的的成功是靠自己的努力。

21–25.

女：我们今天的嘉宾是著名导演吴宇森，欢迎你。回顾你 40 年的电影生涯，你会如何划分自己的电影时代？

男：我不想人家单纯以“动作”来形容我的电影。第一个 10 年应该是喜剧时代，第二个时代可以说是一个浪漫时代，虽然那个时候香港电影比较注重动作，但是我那份情怀都是很浪漫的，不能够单纯用一个动作概括的。我为什么要拍动作片呢，(21)因为我很喜欢中国古代的仁人侠士的精神，但我又不愿意拍一个武侠片。

女：现在你最想拍些什么电影？

男：因为我以前拍的电影比较注重个人化，也是喜欢拍一些悲剧英雄的故事，但是到我现在的年纪，我的人生感受和艺术感受可以说是比较成熟了，(22)现在我更关注大多数人的感受，要寻找一些创新的理念和拍摄的方式，希望拍一些让更多人产生共鸣的电影。

女：除了功夫片之外，你觉得中国电影哪些部分可以当成我们的卖点？

男：我觉得中国有很多题材在外国是可以受欢迎的，(23)比如说我们古代的神话故事，问题在于我们怎么去做，怎么样去拍。很多好莱坞公司开始注意中国的题材，《花木兰》已经做成卡通了，《功夫熊猫》也很卖座，他们已经开始注意或者是购买我们一些故事。

女：中国电影还缺什么？

男：(24)长远的计划。我们现在电影很发达，但是在技术上、在创作的技巧上还是不够好，我们的电影类型太少。我们不要时时刻刻盯着票房，计算现实的回报，只跟着电影的潮流，什么流行、什么票房好就拍什么。不管是政府的公司也好，民营公司也好，我们应该看到长远的将来。

女：你现在还有什么梦想？

男：（25）我现在最大的梦想是尽量多拍一些中国人的电影。在外国生活了十几年，在好莱坞工作了那么久，他们对我非常地礼遇，给了我很多创作的机会，我也很感激。但是我觉得在国外，有很多人对我们的文化、精神不够了解，尤其对中国人做人做事的方式，还有中国人的性格，他们还是知道得不多。所以我才会回大陆去拍《赤壁》这样的故事。

21 **男的为什么喜欢拍动作片？**

A 有票房

B 时代要求

C 喜欢侠义精神

D 适应电影潮流

【题解】C 男的在回答女的的第一个问题时说了自己作品的两个时代。然后自己问了自己一个问题，“我为什么要拍动作片呢”，然后接着说因为他喜欢中国古代仁人侠士的精神，所以男的拍动作片是因为他喜欢侠义精神。

22 **男的现在拍电影比较注重什么？**

A 个人化

B 英雄主义

C 大众感受

D 拍摄方式

【题解】C 男的在回答女的的第二个问题时说他现在更关注大多数人的感受。可见他现在拍电影比较注重大众感受。

23 **中国的什么电影题材在外国比较受欢迎？**

A 卡通

B 军事

C 历史故事

D 古代神话

【题解】D 这个问题和女的问的第三个问题差不多，女的在第三个问题中问他现在中国的哪些电影是卖点。男的回答说古代神话故事题材的电影比较受欢迎。

24 **中国电影现在主要缺什么？**

A 创新理念

B 先进技术

C 长远规划

D 观众支持

【题解】C 这个问题和女的问的第四个问题是一样的。男的回答说是长远的计划。答案是C。

25 **男的拍电影最大的梦想是什么？**

A 多拍历史电影

B 让观众记住自己

C 让世界了解中国

D 壮大中国电影事业

【题解】C 这个问题和女的问的第五个问题是一样的。男的在回答时说他现在最大的梦想就是多拍一些中国人的电影。然后解释说国外很多人对我们的文化、精神还不了解。所以男的拍中国的电影是想让外国人了解中国。要注意原文中“但是”后面的句子。

26–30.

女：各位朋友下午好！今天做客我们节目的是来自北京中坤集团的董事长黄怒波先生。中坤集团作为地产商，为什么放弃了住宅市场？

男：5年前（26）住宅市场就已经显示出过大的张力，超越了经济问题，不符合市场供求关系，这个时候我们意识到需要转移战场。

女：是什么原因促使您选择了旅游产业呢？

男：最近，中国政府提出国民休闲

计划，度假休闲就成为我们整个市场内需的一个非常重要的产品。(27)我们过去还停留在旅游的概念上，还没有意识到要休闲放松度假。因此度假地产市场还是一个竞争不那么激烈的领域。

女：现在投资旅游的企业不少，你们胜出的法宝是什么？

男：(28)我的开发与别人不同，我有我的文化理念，搞开发不能只考虑挣钱，不能只投资不经营。比如我开发北京的延庆，就要跨越原始旅游做成休闲度假基地。沿妫河两岸建草棚式的酒吧、咖啡厅、音乐会，在那里举行最豪华的婚礼、最时髦的时装发布会，汽车展示都到景点去，变成北京度假休闲聚集的地方。孩子在湖边玩儿，看野鸭子，大人在一旁品咖啡，不是很好吗？

女：现在各地旅游节很多，你们近期主办的南疆旅游节如何做得有特色？

男：各地旅游节是很多，但都是政府掏钱，(29)唯独南疆旅游节是我们企业出钱。从2004中外市长论坛、幕士塔哥登山节、中国最大热气球节，到建立北大、同济、南大等大学的南疆实习基地，我们不用政府操心全做起来了，而且得到了全市国家级单位的配合。(29)这些成果都显示出了企业的力量。

女：您能介绍一下南疆的旅游价值吗？

男：南疆60万平方公里有大漠戈壁、雪山草原、河流森林、雅丹地貌，有数不清的古国文明，是东西方文明的交流枢纽、打开世界文化大门的钥匙。(30)中坤集团已经决定投资13亿元人民币开发新疆南部旅游资源，把现在偏僻遥远的新疆南部变成中国与欧洲旅游的前沿。

26 住宅市场有什么问题？

A 竞争激烈

B 张力过大

C 经济低迷

D 市场混乱

【题解】B 这个问题和女的提出的第一个问题差不多。女的问他为什么放弃了住宅市场。男的回答说“5年前住宅市场就已经显示出过大的张力，超越了经济问题，不符合市场供求关系”，也就是说男的认为住宅市场的张力过大。

27 过去的旅游产业是什么样子的？

A 缺少竞争

B 由政府规划

C 忽视度假休闲

D 重视市场产品

【题解】C 男的在回答女的提出的第二个问题时说“我们过去还停留在旅游的概念上，还没有意识到要休闲放松度假”，可见过去的旅游不重视休闲度假。

28 男的开发旅游有什么诀窍？

A 既投资又经营

B 建设度假基地

C 在景点办婚礼

D 吸引大人和孩子

【题解】A 这个问题和女的提出的第三个问题是差不多的。男的在回答的第一句话中说“我的开发与别人不同，我有我的文化理念，搞开发不能只考虑挣钱，不能只投资不经营”，所以男的不是只投资不经营，他是又投资又经营。

29 企业的力量体现在什么地方？

A 出钱办旅游节日

B 配合政府管理旅游

C 开发新疆旅游资源

D 建立企业实习基地

【题解】A 女的在第四个问题中问为什么他们的旅游节这么有特色。男的回答说他们的旅游节是他们自己出钱，举办了很多活动，这体现了他们企业的力量。

30 **中坤集团开发南疆有什么打算？**

A 投资 13 万元

B 展示古国文明

C 发展南疆经济

D 变成旅游前沿

【题解】D　男的在最后说“把现在偏僻遥远的新疆南部变成中国与欧洲旅游的前沿”，所以他们想把南疆变成旅游前沿。

第三部分

第 31-50 题：请选出正确答案。

31–33.

有一家旅馆，（31）生意一直不是很景气，老板无计可施，只等着关门了事。后来，老板的一位朋友指着旅馆后面一块空旷的平地给他出了个主意。次日，旅馆贴出了一则广告：“亲爱的顾客，您好！本旅馆山后有一块空地（32）专门供旅客种植纪念树之用。如果您有兴趣，不妨种下 10 棵树，本店为您拍照留念，树上可留下木牌，刻上您的大名和种植日期。当您再度光临本店的时候，小树定已枝繁叶茂了。本店只收取树苗费 20 元。”广告打出后，立即吸引了不少人前来，旅馆应接不暇。没过多久，后山树木葱郁，旅客漫步林中，十分惬意。（33）那些种树的人更是念念不忘自己亲手所植的小树，经常专程来看望。一批旅客栽下了一批小树，一批小树又带回一批回头客，旅馆自然也就顾客盈门了。

31 **旅馆为什么要关门了？**

A 要拆迁

B 生意不好

C 准备装修

D 老板想改行

【题解】B　这个问题是针对短文的开头部分的。短文在第一句话中说“有一家旅馆，生意一直不是很景气，老板无计可施，只等着关门了事”，所以旅馆要关门是因为生意不好。

32 **朋友的建议是什么？**

A 赠送树苗

B 大力做宣传

C 让旅客种树

D 提供拍照服务

【题解】C　这个问题是针对短文的中间部分的。短文在中间说有个朋友让老板提供一片空地给旅客种树，这样可以招揽顾客。

33 **旅客为什么经常光顾旅馆？**

A 环境优美

B 看望小树

C 住宿便宜

D 服务周到

【题解】B　短文在最后说“那些种树的人更是念念不忘自己亲手所植的小树，经常专程来看望”。B 是正确的。

34–36.

人的心脏就像是一个不知疲倦的“永动机”，只要生命不息，它就跳动不止。它这样日夜不停地工作，难道真的感觉不到累吗？其实，心脏是非常注意自身保护的，它（34）为自己制订了劳逸结合的工作“制度”，即心动周期，就是心脏一缩一舒的规律。这种工作规律，使它的休息方式非常巧妙，在一昼夜中，工作不到12小时，休息超过12小时。同时，心脏还靠它本身的（35）冠状动脉不停地供给血液，以保证自己有足够的营养和氧气来跳动。正因为如此，心脏才能始终保持强大的工作能力，使血液循环永不停息。

34 关于心脏，下列哪项正确？

A 负担很重

B 构造很巧妙

C 会自动休整

D 工作比休息时间长

【题解】C　注意听力短文中的“其实”，这个词后面往往是说话人真正想要表达的意思。文中说“其实，它为自己制订了劳逸结合的工作‘制度’”，可见心脏会自动休整。

35 心脏靠什么供给血液？

A 氧气

B 营养

C 静脉

D 动脉

【题解】D　文中说“同时，心脏还靠它本身的冠状动脉不停地供给血液”。我们要注意“同时”这样的连词。

36 这段话主要谈的是什么？

A 怎样保护心脏

B 心脏跳动的规律

C 心脏是怎样工作的

D 心脏永不停跳的奥秘

【题解】D　这个问题是问短文的主题。短文的主题一般在文章开头或者最后。文章在开头说人的心脏似乎是永动机，跳动不止。在最后说“心脏才能始终保持强大的工作能力，使血液循环永不停息”。可见这篇短文说的是心脏永不停跳的奥秘。

37–40.

农夫家里养了三只小白羊和一只小黑羊。三只小白羊常常因为有雪白的皮毛而骄傲，而对那只小黑羊不屑一顾，你一言我一语地说：“（37）你自己看看身上像什么，黑不溜秋的，像锅底。”“依我看呀，像炭团。”“像用了几代的旧被褥，脏死了！”

不但小白羊，连农夫也瞧不起小黑羊，常常给它吃最差的草料，时不时还抽上它几鞭。小黑羊过着寄人篱下的日子，（38）也觉得自己比不上那三只小白羊，常常伤心地独自流泪。

初春的一天，小白羊与小黑羊一起外出吃草，走得很远。不料寒流突然袭来，下起了鹅毛大雪，它们躲在灌木丛中相互依偎着。不一会儿，灌木丛和周围全铺满了雪，雪天、雪地、雪世界。它们打算回家，但雪太厚了，无法行走，只好挤作一团，等待农夫来救它们。农夫发现四只羊羔不在羊圈里，便立刻上山找，但（39）四处一片雪白，哪里有羊羔的影子。正在这时，农夫突然发现远处有一个小黑点，便快步跑去。到那里一看，果然是他那濒临死亡的四只羊羔。农夫抱起小黑羊，感慨地说：“多亏小黑羊呀，不然，羊儿可都要冻死在雪地里了！”

37 小黑羊因为什么被小白羊看不起？

A 很自卑

B 很懒惰

C 没有妈妈

D 毛色不好看

【题解】D　这个问题是针对短文的开头部分。在短文开头小白羊说“你自己看看身上像什么，黑不溜秋的，像锅底”，所以小白羊是因为小黑羊毛色不好看才看不起它的。

38 **小黑羊为什么会伤心？**

A 觉得孤独

B 吃不到食物

C 觉得自己不行

D 小白羊经常打它

【题解】C 这个问题针对短文的中间部分。小黑羊“也觉得自己比不上那三只小白羊，常常伤心地独自流泪”，它觉得自己很差，所以很伤心。

39 **是什么救了小羊们？**

A 大雪

B 小黑羊

C 主人的机智

D 山上的黑石头

【题解】B 短文说有一天下雪了，农夫找不到小羊们，因为雪和小白羊都是白色的，农夫看到了一个小黑点才找到小羊们，这个小黑点就是小黑羊。

40 **这段话主要想告诉我们什么？**

A 不要轻视别人

B 天生我材必有用

C 努力是不会白费的

D 每个人都有优缺点

【题解】B 这个问题是问短文的主要意义。这是一个寓言故事，它不仅仅是说白羊和黑羊。它的主要意义是说即使是像黑羊这样的，毛色不好看，但是也有有用的时候，所以这个故事的意义用“天生我材必有用”概括最合适。

41-43.

眼泪是一种液体，人在伤心难过或者过于激动高兴时从眼睛里流出的液体，味道略咸。据研究表明，眼泪是缓解精神负担最有效的“良方”，受了委屈或被悲痛折磨时挥泪痛哭，能把心中的痛苦发泄出来，对改善情绪非常有益。

（42）另外，流眼泪还有助于排出人体的某些毒素。所以说，无论是悲伤垂泪，还是喜极而泣，流眼泪其实都是一件对身体有好处的事情。如果你遇到了无法解决的难题。不要太过于难为自己，实在承受不了的时候就大哭一通吧，只要不太丢人也别吓到别人就行。还要注意，（41）有时候哭得太久会有损记忆力和注意力，甚至降低免疫力，还是要“见好就收”。

41 **流眼泪要注意什么？**

A 情绪变化

B 适可而止

C 保护眼睛

D 不要当众大哭

【题解】B 这个问题针对的是短文最后的部分。短文最后说“有时候哭得太久会有损记忆力和注意力，甚至降低免疫力，还是要‘见好就收’”，可见哭得太久对身体不好，应该适可而止。

42 **关于眼泪，下列哪项正确？**

A 无色无味

B 不要轻易流泪

C 流眼泪可以排毒

D 眼泪流得越多越好

【题解】C 短文中间说“另外流眼泪还有助于排出人体的某些毒素”，所以流眼泪可以排毒。

43 **这段话主要谈的是什么？**

A 眼泪的作用

B 眼泪与情感

C 人为何会流泪

D 怎样控制流泪

【题解】A 这个问题问的是短文的主题。短文在前半部分说眼泪可以缓解精神负担，后半部分说眼泪可以排除人体的某些毒素，所以这段话说的是眼泪的作用。

44–47.

从前，有一个海岛，岛上有很多沉积了多年的大颗的珍珠，价值都非常昂贵。可谁也无法接近这个海岛，只有栖息在海岸附近的海鸟能飞行往来于这个岛上。

很多人慕名而来，带有枪支弹药，捕杀飞回岸边的海鸟。（44）因为这种海鸟每到白天都会飞到岛上去吃光如明月的珍珠。时间长了，海鸟渐渐地灭绝，即使剩下的几只也过得胆战心惊，只要一闻到人的气息，看到人的踪影，就会早早地逃走。

后来，来了一个很有智慧的商人，他在海岸附近买下大片的树林，并在树林周围围上栅栏，不让闲杂人走进他的树林。同时，他严厉告诫他的仆人，不许在树林里捕捉或驱赶海鸟，更不许放枪。于是，当海岸其他地方的枪声一响，就会有海鸟在惊慌逃窜中不经意闯进他的树林。（45）时间一长，海鸟渐渐地都留在他的树林里栖息。它们也因此不必再为安全问题而战战兢兢。等海鸟在他的树林里逐渐安定下来的时候，他开始用各种粮食果实等，做成味道鲜美的百味食物，撒给这些海鸟吃。（46）海鸟贪吃百味食物，吃得十分饱，就把肚中的珍珠全部吐了出来。日复一日，这个商人就成了百万富翁。

44 **为什么有人来捕杀海鸟？**

A 海鸟太多了

B 海鸟很值钱

C 想得到珍珠

D 海鸟扰乱人们生活

【题解】C 这篇短文是一个故事。故事的开头说“很多人慕名而来，带有枪支弹药，捕杀飞回岸边的海鸟。因为这种海鸟每到白天都会飞到岛上去吃光如明月的珍珠”，所以人们去捕杀海鸟是为了获得珍珠。

45 **商人为什么会买下海边大片树林？**

A 准备捉海鸟

B 树林很安静

C 想在海边安家

D 给海鸟一个家

【题解】D 短文接下来说有个商人买下一片树林，不让别人靠近，“时间一长，海鸟渐渐地都留在他的树林里栖息。它们也因此不必再为安全问题而战战兢兢”，所以这个商人买下这片树林是为了给海鸟一个安全的地方。

46 **商人为什么天天喂海鸟美味食物？**

A 海鸟没东西吃

B 是种放松方式

C 特别喜爱海鸟

D 想让海鸟吐珍珠

【题解】D 短文接下来说商人喂给海鸟各种食物，“海鸟贪吃百味食物，吃得十分饱，就把肚中的珍珠全部吐了出来”，所以商人想让海鸟吐出珍珠。

47 **这段话主要想告诉我们什么？**

A 要爱护动物

B 不能太盲目

C 做事不能太绝

D 思路决定结果

【题解】D 这个故事主要是说这个商人和其他商人不一样，其他商人只知道捕杀海鸟，结果海鸟看见人就逃跑了，而这个商人采取了一个很巧妙的方法得到了很多珍珠。所以说思维不同结果也不同。

48–50.

在社会交往中，送花已越来越成为一种时尚。鲜花是一种高雅的礼品，鲜花象征着美好、吉祥、幸福、友谊，（50）赠送鲜花要特别注重礼仪。送花，在一般场合是送一束，如探慰病人、拜会朋友、参加宴会等。有一定的私交，而仅仅只是表示友谊时，可以送一枝。在比较重大或正式的场合下，如对方开业典礼、庆祝仪式等，可以送花篮，以示隆重。送花既可以是自己亲自送，也可以是请花店代送，附上你口授而请花店代笔的贺信或贺卡。送时令鲜花最好，也可以送绢花，但不能送塑料做的假花。送花时需要考虑“花卉语”，即花卉及其色彩、香味的象征和含义，所送的鲜花应当符合你所要表达的感情。看望长辈，送桃花表示祝愿长寿幸福。与姑娘交往，第一次可赠送红冠花，表示爱慕之情；第二次可送红郁金香，表示宣布求爱；第三次送紫丁香，表示进入初恋；（48）如感情进一步加深，便赠送红蔷薇或深红色的玫瑰花。

因此，在送花时一定要精心选择，因人因事而异，做到恰到好处地组合，使鲜花作为美丽的使者，准确地表情达意。

48 **热恋时要送什么花？**

A 紫丁香

B 红冠花

C 红蔷薇

D 红郁金香

【题解】C　短文在后半部分说“如感情进一步加深，便赠送红蔷薇或深红色的玫瑰花”，所以热恋时应该送红蔷薇或者红玫瑰。

49 **关于送花，下列哪项正确？**

A 要亲自送

B 可以送塑料花

C 宴会可以送花篮

D 能很好地表达感情

【题解】D　根据短文的意思，A、B、C 都不对，送花不一定要自己送，文中说不能送塑料做的假花，文中开头说参加宴会可以送一束花。D 是对的，送花可以表达各种感情。

50 **这段话主要谈的是什么？**

A 不同的花语

B 送花的礼仪

C 送花的作用

D 送花的场合

【题解】B　这个问题问的是短文的主题。短文在开头说“赠送鲜花要特别注重礼仪”，然后接下来谈了送花的各种礼仪，所以答案是 B。

阅读部分题解

第一部分

第 51-60 题：请选出有语病的一项。

51

A 中国是世界公认最早发明用酒曲酿酒的国家。
B 我们只要领略到知识的价值，才能从书本中找到乐趣。
C 决定一种文明生死存亡的，是这种文明有无开辟新路的能力。
D 在人类文明史上，曾有过四大古文字，如今唯有汉字硕果仅存。

答案： B。
病因： 关联词“只要……才……”使用错误，应为“只有……才……”。
修改： 我们只有领略到知识的价值，才能从书本中找到乐趣。

52

A 通过这几天的接触，我们都加深了对于彼此的了解。
B 只有地球运行到月球和太阳之间时才会发生月食现象。
C 通过劳动模范们的感人事迹，我们明白了许多做人的道理。
D 细菌和病毒都是可以致病的微生物，但两者之间区别很大。

答案： A。
病因： 介词“对于”使用错误，应为“对”。
修改： 通过这几天的接触，我们都加深了对彼此的了解。

53

A 能处处领略到趣味的人绝不至于岑寂，也绝不至于烦闷。
B 稀有物种的国际贸易对物种灭绝起到了推波助澜的作用。
C 要想搞好学科渗透和融合，并非易事，需要下一番工夫不可。
D 春秋时期鲁国天文学家留下世界上关于哈雷彗星的最早记录。

答案： C。
病因：“需要下一番工夫不可”表义不正确，一般“不可”前需用“非”。
修改： 要想搞好学科渗透和融合，并非易事，非要下一番工夫不可。

54

A 一旦他开口布置任务，那便是命令，别人只能是听命和执行。
B 为了企业的发展，他总是处心积虑，几乎达到了废寝忘食的地步。
C 自由当然重要，但是首先还得有规矩，有纪律，否则社会无法运转。
D 说到烹饪的历史，夏商周时代就已经是中国烹饪文化真正形成的时期。

答案： B。
病因：“处心积虑”用词不当，为贬义词。
修改： 为了企业的发展，他总是殚精竭虑，几乎达到了废寝忘食的地步。

55

A 在草原深处的一条河旁，牧童牵着牛在喝水。
B 假如蜜蜂消失，人们将告别大多数的粮食和蔬菜瓜果。

C 文人与民间创作结合的创作方式，使得中国古典小说呈现了重视情节的特点。
D 微波炉用交流电产生的微波，可以造成分子之间巨大的摩擦，从而使食物迅速加热。

答案： A。
病因： 歧义句，“喝水”的可以是“牧童”也可以是“牛”。
修改： 在草原深处的一条河旁，牧童牵着牛，牛在喝水。

56

A 国画中绝少穷山恶水，纵使孤峰插云，仍不会给人险恶的感觉。
B 我们在人类语言中所看到的最初的分类，并没有严格的理论目的。
C 武汉钢铁厂去年生产总值突破 2500 万元，今年翻了一番，增加了 5000 万元。
D 电脑在给现代生活带来便捷的同时，也不知不觉地改变着人们原有的认知方式和习惯。

答案： C。
病因： 数字错误，“翻一番”的结果应该是“增加到 5000 万元”而非“增加了 5000 万元”。
修改： 武汉钢铁厂去年生产总值突破 2500 万元，今年翻了一番，增加到 5000 万元。

57

A 庐山风景，是以山水景观为依托，渗透着人文景观的综合体。
B 今年公司业绩取得重大突破的原因是全体员工共同努力的结果。
C 空气阻力会对运行中的足球产生对抗的阻力，使足球运行速度减慢。
D 水土流失是土壤在水的浸润和冲击下，结构发生破碎和松散，随水流动而散失的现象。

答案： B。
病因：“……的原因是……的结果”为两种句式杂糅。
修改： 今年公司业绩取得重大突破是全体员工共同努力的结果。

58

A 在古代，人们对皇帝是不能直呼或直书其名的，否则就有丢脑袋的危险。
B 文艺作品语言的好坏，不在于它用了一大堆华丽的词藻，而在于它的词语用的是地方。
C 王维在继承传统的基础上，努力创造的具有鲜明个性的意境，丰富了山水诗的表现技巧，对诗歌发展作出了贡献。
D 在小道上散步，风忽然送来一阵扑鼻的清香。环顾四周，我看见一枝露出高墙的腊梅，原来那幽香就是从那儿释放出来的。

答案： B。
病因：“好坏”表示两个方面，与后面陈述的一面不对应。
修改： 文艺作品语言的好坏，不在于它是否用了一大堆华丽的词藻，而在于它的词语用的是不是地方。

59

A 家乡的山川草木、风土人情和血浓于水的亲情，连同那关于故土的传说，都是我们成长的精神滋养。
B 水果本身营养非常丰富，但是其表面常常黏附着对人体有害的细菌和农药，所以食用水果前应该洗净或削皮。
C 随着全球气温升高，飓风、洪水、干旱等极端气象事件发生的概率正逐渐加快，全球气候变暖已经成为全人类必须共同面对的挑战。

D 汉族服饰在文化交流中吸收胡装的很多形式，各民族服饰在自身传统的基础上融合改进，对中国古代服饰的发展产生了积极的影响。

答案： C。

病因：“概率”用词不当，应该是“发生的频率正逐渐增加”。

修改： 随着全球气温升高，飓风、洪水、干旱等极端气象事件发生的频率正逐渐增加，全球气候变暖已经成为全人类必须共同面对的挑战。

60

A 中国是茶的故乡，在产茶、饮茶的同时还特别讲究礼仪——古代婚礼中的“三茶六礼”就是很好的例子。

B 艺术欣赏中的审美体验往往只可意会不可言传，一经点破，那含蓄蕴藉的美感常常会遭到破坏的危险。

C 编钟是我国古代的一种打击乐器，多用青铜铸成，一般是由大小不同的扁圆钟按照音调高低的次序排列而成。

D 通过对一些古树年轮的分析，人们可以获得许多珍贵的资料，其中包括在古树生长的漫长岁月中，该地区气候变化的规律等。

答案： B。

病因：“那含蓄蕴藉的美感常常会遭到破坏”和“那含蓄蕴藉的美感常常会有遭到破坏的危险”两种句式杂糅。

修改： 艺术欣赏中的审美体验往往只可意会不可言传，一经点破，那含蓄蕴藉的美感常常会有遭到破坏的危险。

第二部分

第 61-70 题：选词填空。

61

宽容本身就是一种美德。生活中我们______会受到不公正待遇，千万不要生气，而应学会宽容。生气是人类最坏的毛病之一，它是在用别人的过错______自己，是一种______的、于己于人都无益的行为。

A 常常　惩罚　徒劳
B 经常　攻击　无谓
C 通常　伤害　无聊
D 往常　打击　错误

【题解】A 首先，第一空处，A 项“常常”表示动作屡次发生，并强调动作有间断，侧重于表示动作、行为发生的次数多；B 项的“经常”指较长时间接连地、比较有规律地反复出现，强调一贯性；C 项的“通常”表示平常，普通；D 项的“往常”表示“以往”，是已过去的日子，突出的是过去一段时间内的情况。根据句意，句中强调的是在日常生活中的事情，不是过去的日子，所以可以排除 D 项。其次，从第二空看，B 项的“攻击”是指进攻，或对人进行恶意的评论，如“攻击敌人”、“人身攻击”，与题意不符合，所以可以排除 B 项。最后，第三空中 A 项的“徒劳”是指“白白地耗费精力”；C 项的“无聊”是由于清闲而烦闷的意思。通观全句，第三空处选填“徒劳”比较合适，所以这道题的正确答案是 A。

62

要学会忍受孤独，这样才会成熟起来，才能在孤独中______，在思考中成熟，在成熟中升华。不要因为______而乱了方寸，而去做无聊无益的事情，白白______了宝贵的时间。

A 考虑　孤独　花费
B 思考　寂寞　浪费
C 揣摩　孤单　消耗
D 思索　单独　使用

【题解】B　“……才能在孤独中……，在思考中成熟，在成熟中升华”，考生通过观察这句话，不难发现其中的特点，即前一句的结尾是后一句的开头，所以第一空应该首选B项的“思考”。如果考生没有发现这个规律，也可以从第三空入手，从词的常用搭配来解答此题。“浪费时间”是一个固定的搭配，其他词的常用搭配有“花费金钱”、“消耗体力”、“使用方法”。因此这道题的正确答案是B。

63

喜马拉雅山脉在世界上海拔最高，是世界上最高大最______的山系。它______8000米以上高峰14座。“珠穆朗玛”是雪山女神的意思。她银装素裹，______于地球之巅，时而出现在湛蓝的天空中，时而隐藏在雪白的祥云里，更显出她那圣洁、端庄、美丽和______的形象。

A 雄壮　具有　玉树临风　奇特
B 强壮　占有　落落大方　神奇
C 雄伟　拥有　亭亭玉立　神秘
D 强大　具有　出水芙蓉　秘密

【题解】C　首先，第三空中，A项的“玉树临风”是形容男人风度潇洒，秀美多姿；B项的“落落大方”是举止潇洒自然的样子，形容言谈举止自然大方、不拘谨；C项的“亭亭玉立”形容女子身材细长，也形容花木等形体挺拔；D项的“出水芙蓉”指刚开放的荷花，也形容天然艳丽的女子。根据题意，可以知道这段话把珠穆朗玛峰比喻成一位女子，所以“玉树临风”首先排除。而能加“于……”作补语的只有“亭亭玉立”，所以此处选“亭亭玉立”最合适。所以这道题的正确答案是C。

64

小分子功能饮水是一种健康的饮水方式，指饮水经适当方法______，使水的性质和功能发生改变，从而使人体的生命活动和生理功能得到______。功能水之所以能全面促进人体健康，其______就在于它的水分子团小，其活性大、渗透力强，有利于各种营养素的吸收、运送和______。

A 料理　协调　奥妙　使用
B 解决　调整　神秘　运用
C 处置　调理　秘密　应用
D 处理　调节　奥秘　利用

【题解】D　首先，从第一空看，A项的“料理”作动词时，是指办理、处理，如“料理家事”；B项的“解决”表示处理事情使有结果，如“解决问题”；C项的“处置”是指处理、处罚，一般指不好的事情，如“依法处置”；D项的“处理”指用特定的方法对工件或产品进行加工，以获得需要的性能，如“热处理”。通观全句可以知道，小分子功能饮水是经过特殊的方法改变水的性质以达到有利于身体健康的一项技术，所以此处用“处理”最合适。这道题的正确答案是D。

65

情绪会影响人的健康。愤怒和压抑会______我们生病，甚至死亡。相反，像乐观、好奇和狂喜之类的感觉，不仅

> 使人生值得______，而且会使寿命极大地延长。他们认为，欢笑可以______紧张感对人体产生的锈蚀性影响，欢乐的人比好发脾气和喜欢______的人活得更长。

A 引起　回忆　驱赶　埋怨
B 导致　留恋　驱除　抱怨
C 致使　挂念　清除　生气
D 造成　依恋　清理　痛苦

【题解】B　首先，第二空中，C 项的“挂念”是指想念，牵挂；一般我们都会说“挂念亲人、朋友”，而不会说挂念一种感觉，所以考生从这点出发可以排除 C 项。其次，从第三空看，A 项的“驱赶”是赶走，迫使撤退的意思；B 项的“驱除”是指赶走或除掉（人或动物），如：驱除蚊虫、驱除敌人；D 项的“清理”指彻底整理或处理。此题中，叙述者强调的是欢笑可以消除人的紧张感，没有迫使撤退和彻底清理的意思，所以此空应该填“驱除”，即赶走的意思。这道题的正确答案是 B。

66

> 社会是一个大舞台，也是一个______场。人生是表演，也是奋斗。每个人都需要别人的______、喝彩和鼓掌，就像需要______一样。如果只有______，那生活就一定会索然无味。

A 体育　关心　打击　成功
B 比赛　爱护　劝阻　顺利
C 竞技　关注　批评　沉默
D 竞争　赞美　警告　平静

【题解】C　根据句意，可以知道，第二空处应该填一个与“喝彩”和“鼓掌”并列的词，而“喝彩”和“鼓掌”又恰巧是“赞美”的两种表达方式，因此可以排除 D 项。其次，第四空处，应该填一个使生活索然无味的词，而 A 项的“成功”和 B 项的“顺利”显然不合题意。因此考生可以排除A、B两项。所以此题的正确答案是C。

67

> 放风筝并不难，但要想把风筝放得高，______就会高一些。首先，风筝的质量要上乘，甚至要______，材质和结构______，至于颜色式样只是观赏的需要，与飞得高低没有关系；其次，还需要风筝线要结实耐用，______就是选择适合放飞的天气。

A 难度　追究　首屈一指　之后
B 需求　讲究　重中之重　随后
C 条件　高档　当务之急　其后
D 要求　考究　至关重要　然后

【题解】D　通读全文，可以知道，第三空处需要一个表示材质和结构都很重要的词。而 A 项的“首屈一指”指居第一位，引申为最好的；B 项的“重中之重”表示重点中的重点，即特别重要；C 项的“当务之急”是指当前任务中最急切要办的事；D 项的“至关重要”表示非常重要。虽然 B、D 两项从意思上看，都可以填在此处，但是用“重中之重”时需要注意，它前面要加“是”，不能直接用作谓语动词。因此从这四个成语的意思和用法来看只有 D 项适合填在此处。所以这道题的正确答案是 D。

68

> 如果使学生处于被动状态，让学生______，死记硬背，即使在学生的头脑里______了一大堆知识，也不可能增进他们的思考力。相反，当学生对所学内容______了兴趣，他们就会主动地去思考，积极主动地______各种知识，去发现问题，并在解决问题的过程中展现出令人______的创造性。

A 囫囵吞枣　填塞　产生　利用　惊叹

B 狼吞虎咽　充实　生产　背诵　欣慰
C 一知半解　占据　产出　记忆　激动
D 细大不捐　充满　拥有　学习　满意

【题解】A　从第一空看，A 项的“囫囵吞枣”比喻在学习上不加分析、选择，笼统地加以接受；B 项的“狼吞虎咽”形容吃东西又猛又急的样子；C 项的“一知半解”表示知道得不全面，理解得也不透彻；D 项的“细大不捐”指小的大的都不抛弃，形容包罗一切，没有选择。第一空处应该填一个表示学生学习不细心的词，所以考生可以排除 B、D 两项。其次，第四空处，人们应该“利用”知识去发现问题，而不是“记忆”知识去发现问题，所以此空应该填“利用”。因此这道题的正确答案是A。

69

当人们使用手机时，手机会向发射基站______无线电波，而无线电波或多或少地会被人体______，这些电波就是手机辐射。一般来说，手机______时辐射较小，通话时辐射大一些，而在手机号码已经拨出而______接通时，辐射最大。这些辐射有可能改变人体______，对人体健康造成不利影响。

A 传送　吸收　待机　尚未　组织
B 传递　接收　损坏　已经　功能
C 输送　吸入　停电　正在　性能
D 播送　遮挡　关闭　等待　结构

【题解】A　首先，第一空中，D 项的“播送”指广播传送，但此处并没有广播的意思，考生可以排除D项。其次，第二空中，B 项的“接收”是一种有意识的行为，而电波应该是被人体吸收，是不知不觉中进行的，不是有意识地进行的，从这点看，考生可以排除 B 项。最后，从第三空看，一般我们说手机“待机”或手机“没电”，但不会说手机“停电”。综上所述，这道题的正确答案是 A。

70

现在节能是一种时尚，如何降低电器对能源的______是人们一直探索的问题。一种新型空调已经研制出来，它制冷效率高，______耗电也少。更加______的是，一种不用电的空调也已经问世，它能将太阳能转化成电能供空调运转使用。尽管新的节能的电器______出现，但是养成节电的习惯才是最______的。

A 使用　但是　激动人心　连续　主要
B 损耗　并且　欢欣鼓舞　持续　重大
C 消耗　而且　振奋人心　不断　重要
D 利用　反而　可喜可贺　不停　现实

【题解】C　首先，从第二空看，考生可以发现“制冷效率高”和“耗电少”都是低耗能电器的特点，所以这两句是并列的关系，而 A 项的“但是”和 D 项的“反而”是表示转折关系的连词，所以考生可以大胆地排除 A、D 两项。其次，从第三空看，B 项的“欢欣鼓舞”形容高兴而振奋；C 项的“振奋人心”指使人们振作奋发。一般我们说“令人（或使人）欢欣鼓舞的是……”，不能直接说“更加欢欣鼓舞的是”，所以从语法的角度我们可以排除 B 项。所以此题答案是 C。

第三部分

第 71-80 题：选句填空。

71-75.

一个农夫进城卖驴和山羊。山羊的脖子上系着一个小铃铛。三个小偷看见了，一个小偷说："我去偷羊，叫农夫发现不了。"另一个小偷说："我要从农夫手里把驴偷来。"第三个小偷说："这都不难，我能把农夫身上的衣服全部偷来。"

第一个小偷悄悄地走近山羊，把铃铛解下来，拴到了驴尾巴上，然后把羊牵走了。农夫在拐弯处四处环顾了一下，(71)________，就开始寻找。这时第二个小偷走到农夫面前，问他在找什么。农夫说他丢了一只山羊。小偷说："我见到你的山羊了，刚才有一个人牵着一只山羊向那片树林里走去了，现在还能抓住他。"农夫恳求小偷帮他牵着驴，自己去追山羊。第二个小偷趁机把驴牵走了。农夫在树林里没找到山羊，回来一看，驴子也不见了，(72)________。走着走着，他看见池塘边坐着一个人，也在哭。农夫问他发生了什么事。那人说："人家让我把一口袋金子送到城里去，我实在是太累了，(73)________，睡着了，睡梦中把那口袋推到水里去了。"农夫问他为什么不下去把口袋捞上来。那人说："我怕水，因为我不会游泳。(74)________，我就送他 20 锭金子。"

农夫大喜，心想："正因为别人偷走了我的山羊和驴子，上天才赐给我幸福。"于是，他脱下衣服，潜到水里，(75)________。当他从水里爬上来时，发现衣服不见了。原来是第三个小偷把他的衣服偷走了。这时，农夫才懊悔不及：大意让他失去了山羊，轻信让他把驴拱手让人，最终的贪婪把他仅有的遮羞之物也赔进去了。

A 发现山羊不见了
B 就在池塘边坐下来休息
C 就在路上一边走一边哭
D 谁要把这一口袋金子捞上来
E 可是他无论如何也找不到那一口袋金子

【题解】

(71) A　根据上文，羊已经被小偷偷走了，而下文则提到农夫"就开始寻找"，说明此时农夫已经发现山羊丢了，故选项 A 正确。

(72) C　根据下文"走着走着……也在哭"表明农夫在连续丢了羊和驴之后，边走边哭，故选项 C 正确。

(73) B　上文小偷说自己实在太累了，而下文又说自己睡着了，说明此人在走累后便停下来休息了，并且在休息的时候睡着了，故选项 B 正确。

(74) D　根据下文"我就送他 20 锭金子"，显然这是一种酬劳，而上文中已知他的金子是掉进河里了，他又不会游泳，故可以推知他这是在引诱农夫下河帮他"捞金子"，且选项 D 中的"要"与下文的"就"搭配形成了假设复句。

(75) E　根据第一段我们已经知道，这是第三个小偷在设计骗农夫，所以农夫潜到水里自然就找不到那一口袋根本就不存在的金子，故选项 E 为正确答案。

76–80.

小学的时候，有一次我们去海边远足，妈妈没有做便饭，给了我10块钱买午餐。好像走了很久，很久，终于到海边，大家坐下来便吃饭，（76）________，我一个人跑到防风林外面去，级任老师要大家把吃剩的饭菜分给我一点儿。有两三个男生留下一点儿给我，还有一个女生，她的米饭拌了酱油，很香。我吃完的时候，她笑眯眯地看着我，短头发，脸圆圆的。她的名字叫翁香玉。每天放学的时候，（77）________，带着一位比她小的男孩儿，可能是弟弟。小路边是一条清澈见底的小溪，两旁竹阴覆盖，我总是远远地跟在后面。夏日的午后特别炎热，（78）________，拿手帕在溪水里浸湿，为小男孩儿擦脸。我也在后面停下来，把肮脏手帕弄湿了擦脸，再一路远远地跟着她回家。

后来我们家搬到镇上去了，过几年我也上了中学。有一天放学回家，在火车上，看见斜对面一位短头发、圆圆脸的女孩儿，一身素净的白衣黑裙。我想她一定不认识我了。火车很快到站了，我随着人群挤向门口，她也走近了，叫我的名字。这是她第一次和我说话。她笑眯眯的，和我一起走过月台。（79）________。这这篇文章收在我出版的《少年心事》这本书里。书出版后半年，有一天我忽然收到出版社转来的一封信，信封上是陌生的字迹，但清楚地写着我本名。信里面说她看到了这篇文章心里非常激动，没想到在离开家乡，漂泊异地这么久之后，（80）________，她自己也深深记得这其中的每一幕，只是没想到越过遥远的时空，竟然另一个人也深深记得。

A 走到半路她会停下来
B 荒凉的海边没有商店
C 以后就没有再见过她了
D 她走的是经过我们家的一条小路
E 会看见自己仍然在一个人的记忆里

【题解】

（76）B　文章开头已交代，妈妈给了“我”10块钱买午餐，因此当大家坐下来吃饭的时候，“我”自然是要买午餐，根据下文“我一个人跑到防风林外面去”可以推知，他们所在的海边是没有商店的，故选项B正确。

（77）D　文章下一句是对“小路边”景色的描写，且指出“我总是远远地跟在后面”，据此可以推知放学的时候“我”跟她走的是同一条路，选项D正暗含了这一层意思。

（78）A　这里写的是夏天走在路上的她为小男孩儿擦汗的场景，根据下文“我也在后面停下来”可以推知，上文中她也是在半路上停下来的，故选项A正确。

（79）C　根据下文可知，文章到这里回忆基本已经讲完，故这里很有可能最后交代一下两个人以后的情况，选项C正是这个内容。

（80）E　根据上下文可知，这是她在看到了这篇文章之后给“我”的来信，而且上文的“没想到”表明看到这篇文章她感到很意外，而文章里又都是对以前那个“她”的回忆，亦即她是留在一个人的记忆中的，故选项E最为合适。

第四部分

第 81-100 题：请选出正确答案。

81-84.

从前有一户人家的菜园里摆着一块大石头，宽度大约有 40 公分，高度有 10 公分。(81)到菜园的人，不小心就会踢到那一块大石头，不是跌倒就是擦伤。儿子问："爸爸，那块讨厌的石头，为什么不把它挖走？"爸爸这么回答："(82)你说那块石头？从你爷爷时起一直放到现在，它的体积那么大，不知道要挖到什么时候，没事无聊挖石头，不如走路小心一点儿，还可以训练你的反应能力。"过了几年，这块大石头留到下一代，当时的儿子娶了媳妇。有一天媳妇气愤地说："爸爸，菜园那块大石头，我越看越不顺眼，改天请人搬走好了。"爸爸回答说："算了吧！那块大石头很重的，可以搬走的话在我小时候就搬走了，哪会让它留到现在啊？"媳妇心里非常不是滋味，(83)那块大石头不知道让她跌倒多少次了。

有一天早上，媳妇带着锄头和一桶水，将整桶水倒在大石头的四周。十几分钟以后，媳妇用锄头把大石头四周的泥土搅松。媳妇早有心理准备，可能要挖一天吧，谁都没想到几分钟就把石头挖起来了，看看大小，这块石头没有想象的那么大，都是被那个巨大的外表蒙骗了。

你抱着下坡的想法爬山，便无从爬上山去。如果你的世界沉闷而无望，那是因为你自己沉闷无望。改变你的世界，必先改变你自己的心态。阻碍我们去发现、去创造的，仅仅是我们心理上的障碍和思想中的顽石。

81 关于那块石头，可以知道：

A 特别碍事

B 放在花园里

C 家人很喜欢它

D 有十几年的历史

【题解】A　这个问题是针对短文开头的部分。短文在开头说石头在菜园里，所以 B 不对。然后说来的人"不小心就会踢到那一块大石头，不是跌倒就是擦伤"，可见这个石头很碍事。D 不对，因为这个石头从他爷爷的时候起就有了，所以不是十几年，是几十年了。

82 儿子要求挖石头时，爸爸有什么看法？

A 要有耐心

B 觉得很费事

C 要把石头打碎

D 没事的时候再挖

【题解】B　这个问题针对短文中间的部分。儿子想把石头挖掉，爸爸说"它的体积那么大，不知道要挖到什么时候"，所以爸爸觉得石头太大，挖它很费时间，很费事。

83 第一段画线短语"不是滋味"最有可能是什么意思？

A 不耐烦

B 不高兴

C 没有感觉

D 没有味道

【题解】B　这个问题要求解释"不是滋味"这个词，那么我们要观察这个词前面和后面句子的意思。这个词后面说"那块大石头不知道让她跌倒多少次了"，所以媳妇应该是不高兴。

84 **短文主要想告诉我们什么？**

A 成功离不开自信心

B 毅力是成功的关键

C 要善于主动去发现

D 不要被表象所迷惑

【**题解**】D 这个问题是问短文的意义。短文是一个故事，在最后告诉我们这块石头并不像爷爷、爸爸、儿子认为的那么大，媳妇挖了几分钟就挖出来了。短文中说“这块石头没有想象的那么大，都是被那个巨大的外表蒙骗了”。所以这个故事告诉我们不要被外表欺骗、迷惑了。

一般故事短文的意义都可以在短文的最后部分找到。在讲完一个故事后，作者会说一些感想、启发之类的话，这些话就是这个故事的意义。

85–88.

五台山是中国佛教四大名山之一，位于山西省东北部忻州地区，距太原市230公里。由东台、西台、南台、北台和中台五座山峰环抱而成。五座山峰，峰顶都像个平台，故名五台山。(85)北台最高，主峰海拔3058米，号称“华北屋脊”。整个五台山面积为2837平方公里，纵横绵亘100余公里。

五台山地区峰峦叠嶂，沟壑纵横，河流遍布，林木苍翠，景色秀丽。这里有奇险的峰崖，有挺拔的古松劲柏，有弥漫沉浮的云山雾海，有金碧辉煌的殿宇楼台，更有神秘莫测的“五台宝光”。(86)五台山不光风景奇丽，气候也奇特诱人。整个五台山温差很大，最冷的地方，终年坚冰不化；较冷的地方，9月积雪，翌年4月解冻；最暖处，冬不封河，常年无霜。有时，还会出现难得的奇景，山下大雨倾盆，山上却红日高照；山下春暖花开，柳绿桃红，山顶却白雪皑皑，滴水成冰。另外，由于五台山五峰耸立，海拔高，盛夏时，山外酷暑难当，山中却气候凉爽，环境清幽，是消夏避暑的好地方，故五台山又称清凉山，并被人们誉为“清凉圣境”。

五台山是佛教圣地，佛国仙山。相传这里是文殊菩萨的道场，因此寺庙林立，香烟缭绕。精美的建筑，玲珑的雕刻，逼真的塑像和彩画遍及各寺。五台山塔院寺内的舍利大白塔，是五台山的标志；最大的寺庙是显通寺，各种建筑400余间，寺内有铜殿3间，铸造极为精美，铜塔2座，造型秀丽；(87)南禅寺是中国现存最早的唐代木结构建筑，大殿斗拱硕大，出檐深远，屋顶平缓，具有中唐时期的建筑风格。

五台山历史悠久，北魏孝文帝、隋炀帝、宋太宗、元英宗、清圣祖、清高宗等都曾驾幸五台山，五台山还是中国唯一兼有汉地佛教和喇嘛教的佛教道场。(88)五台佛国诞生了一大批高僧名师，盛唐时期，这里成了海外信徒留学听经的高等佛教学院，千百年来，印度、日本、蒙古、朝鲜、尼泊尔、斯里兰卡等地的佛教徒，很多人都不远万里到五台山来朝圣求法，有些甚至留在五台山修行终身。

85 **五台山被称为“华北屋脊”是因为它的：**

A 险　　**B 高**　　C 美　　D 位置

【**题解**】B 这个问题问的是“华北屋脊”，那么我们应该在短文中找到含有这个词的句子。短文中说“北台最高，主峰海拔3058米，号称‘华北屋脊’”，所以称它为“华北屋脊”是因为它高。

86 **第二段主要介绍的是什么？**

A 五台宝光

B 奇险的峰崖

C 宏伟的殿宇楼台

D 奇特诱人的气候

【题解】D　在第二段中，A、B、C 都只是用一句话来说明，而 D 气候则用了大部分的文字来说明。所以第二段主要介绍的是气候。

87 **在五台山的众多寺庙中，南禅寺的主要特点是：**

A 规模最大

B 历史最悠久

C 铜器铸造精美

D 文物价值极高

【题解】D　这个问题问的是“南禅寺”，短文在第三段提到了它，说“南禅寺是中国现存最早的唐代木结构建筑”，所以最早的唐代木结构建筑是南禅寺的特点，也就是说它具有很高的文物价值。

88 **盛唐时期来五台山的留学生主要是为了学习什么？**

A 语言文化

B 气功武术

C 佛学佛法

D 健身养生

【题解】C　这个问题问的是来五台山的留学生。短文在最后说“这里成了海外信徒留学听经的高等佛教学院，千百年来，印度、日本、蒙古、朝鲜、尼泊尔、斯里兰卡等地的佛教徒，很多人都不远万里到五台山来朝圣求法”，所以这些留学生来五台山是为了学佛学佛法。

89–92.

对绝大多数人而言，母亲是一生中最重要的人。但你也许有所不知，母亲的面庞会对人的脑部活动产生独特作用。研究团队招募 20 名志愿者接受实验，受试者平均年龄 35 岁。受试者分别观看自己父母照片、社会名人照片和陌生人照片。研究人员利用磁共振成像技术（MRI）记录下受试者看到不同照片时的脑部活动。研究人员发现，受试者看到自己母亲照片时，脑部关键部位细胞活动变得活跃，而这个部位与脑部认知和情感功能相联系。（90）父亲的面容能使受试者大脑深处产生反应，但强烈程度与受试者看到母亲面庞时产生反应的强烈程度相比“稍逊一筹”。（89）“名人脸”对受试者大脑刺激远不如父母面容刺激的强烈程度，但相比于“路人”的脸，社会名人的面容有一些刺激作用。

研究小组成员表示，受试者脑部对母亲面庞强烈的反应可以归因于受试者在童年时期频繁见到母亲。事实上，即使孩子长大成人，多年远离父母，这种脑部反应依旧存在，说明它具有持久性。研究人员相信，这一发现将阐释为何许多动物幼仔会对出生后见到的第一个生物产生强烈依附性。这种依附作用使得刚出生的幼仔跟随母亲左右，很快学会它的特征和行为。这就是生物学中的“铭印”现象。(91) 研究人员认为，人出生时的大脑就像一个被格式化的磁盘，里面没有储存任何信息。孩子与出生后第一个护理者之间的互动对他们的大脑发育和情感发展至关重要，而这个护理者通常是孩子的母亲。由于母亲陪伴孩子成长，两代人之间形成的亲密关系会使孩子脑部产生一种复杂、持久的情感和认知反应。

与此同时，研究人员还发现，母亲的声音能够安抚孩子的紧张情绪。他们把若干名 7 岁至 12 岁的女孩儿分成三组，让她们在陌生人面前演讲和做数学题，从而使女孩儿们感到紧张。第一组孩子的母亲在现场安抚她们，第二组孩子的母亲和她们通电话，第三组孩子则被安排看一场电影。(92)研究人员发现，第一组孩子很快平静下来。但令他们惊讶的是，第二组孩子不到一个小时就和第一组孩子一样平静。这一结果说明，母亲的声音和拥抱所起作用类似。即便母亲不在现场，从电话中传来的声音依然能够使孩子紧张的情绪平复。

89 **在实验中，谁的照片对受试者大脑刺激的强度最低？**

A 母亲

B 父亲

C 陌生人

D 社会名流

【题解】C　这个问题是针对短文的第一部分问的。第一部分说研究人员让受试者看自己父母照片、社会名人照片和陌生人照片，结果发现看父亲、母亲照片的反应大，而“名人脸”对受试者大脑刺激远不如父母面容刺激的强烈程度，但相比于“路人”的脸，社会名人的面容有一些刺激作用，所以根据这句话，“路人”的脸的刺激作用最小。

90 **与文中“稍逊一筹”意思接近的词语是：**

A 略胜一筹

B 大相径庭

C 稍有逊色

D 相去甚远

【题解】C　“稍逊一筹”这个词在第一段。短文中说父亲的面容能使受试者大脑深处产生反应，但强烈程度与受试者看到母亲面庞时产生反应的强烈程度相比“稍逊一筹”。注意这句话中的“但”，根据这个“但”我们可以知道，父亲的面容所产生的大脑的反应要比母亲的差，“稍逊一筹”中的“稍”是稍微的意思，所以是差一点儿而不是差很多。所以答案C对，选项D不对。

91 **关于受试者脑部对母亲面庞强烈的反应，说法不正确的是：**

A 属于“铭记”现象

B 脑部正被格式化

C 长大后仍具有持久性

D 源于出生后强烈的依附性

【题解】B　这个问题是针对短文的第二部分问的。A、C、D在短文中都提到了。短文中说“人出生时的大脑就像一个被格式化的磁盘，里面没有储存任何信息”，所以这里的格式化是说人出生的时候，而不是说见到母亲面容的时候。

92 **根据最后一段，让紧张的孩子最快平静下来的办法是：**

A 做数学题

B 面对母亲

C 看一场电影

D 听母亲的电话

【题解】B　这个问题是针对短文的最后一段。短文中说“第一组孩子很快平静下来”，然后说第二组、第三组，所以第一组孩子平静得最快。所以让孩子最快平静下来的方法是面对母亲。

93–96.

(93)时下不少时尚女性将米饭、面条等富含碳水化合物的主食视为身材“大敌”，尤其在运动健身后对它们敬而远之，实际上，这样的做法是错误的。“运动与膳食营养补给中，除了适量的蛋白质、脂肪和水之外，最重要的就是碳水化合物的补充。”专家推荐的适宜膳食能量构成是：来自碳水化合物的能量为55%~65%；来自脂肪的能量为20%~30%；来自蛋白质的能量为

11%~15%。运动时肌体主要依靠碳水化合物来参与供能、维持运动强度，（94）并为肌肉和大脑提供能量。

（95）与蛋白质和脂肪不同，身体中的碳水化合物贮备非常有限，如运动时人体得不到充足的碳水化合物供应，将导致肌肉出现疲乏而无动力。（94）不仅如此，如果膳食中长期缺乏主食还会导致血糖含量降低，产生头晕、心悸、脑功能障碍等问题，严重者会导致低血糖昏迷。

而美国一项最新医学研究指出，女性如果不摄取碳水化合物食品，还可能造成失忆。调查发现，不食用意大利面、面包、比萨饼、马铃薯等高能量食品达一周的女性，出现记忆与认知能力受损。负责这项研究的心理系教授泰勒指出，这是因为脑细胞需要葡萄糖作为能量，但脑细胞无法贮存葡萄糖，需要透过血液持续供应，碳水化合物食品摄取不足，可能造成脑细胞所需要的葡萄糖供应减少，因此，对学习、记忆及思考力造成伤害。

93 **很多女性对主食“敬而远之”，是因为：**

A 要运动

B 保持身材

C 很难消化

D 出于礼貌

【题解】B 这个问题针对短文的第一段。应该找到文章中“敬而远之”所在的句子。短文的开头说“时下不少时尚女性将米饭、面条等富含碳水化合物的主食视为身材‘大敌’，尤其在运动健身后对它们敬而远之”。所以她们是为了保持身材。

94 **碳水化合物的功能不包括：**

A 为肌肉提供能量

B 为大脑提供能量

C 提高血糖的含量

D 缓解过度运动造成的酸痛

【题解】D 短文在第一段的最后说“为肌肉和大脑提供能量”，所以A、B是碳水化合物的功能，在第二段说“如果膳食中长期缺乏主食还会导致血糖含量降低”，意思就是主食可以提高血糖含量，所以C也是对的。D文中没有提到。

95 **碳水化合物与其他营养成分的不同之处是：**

A 参与供给能量

B 可从食物中摄取

C 不容易在体内储存

D 是人体的必需成分

【题解】C 短文在第二段的开头说“与蛋白质和脂肪不同，身体中的碳水化合物贮备非常有限”，所以与其他营养成分的不同之处是它不容易在体内储存。

96 **根据本文，以下哪种说法不正确？**

A 碳水化合物主要来自主食

B 脑细胞的能量来源是葡萄糖

C 长期缺乏碳水化合物影响记忆力

D 缺乏运动导致碳水化合物摄入不足

【题解】D A在第一段中可以找到，B、C在最后一段中可以找到。D是错误的，短文中并没有这个意思。

97–100.

很久以前，在一个偏远的岛上，生存着一个部落。（98）岛上少有作物，他们只能以渔猎为生。这个岛几乎是光秃秃的。原来，岛的结构物几乎全是黄金，既不能食，又不能用。而普通岛屿上的沙子、石头和泥土之类的“寻常物”，在这里却极为稀少。在这样一座黄金岛上，土壤的出产物极少，部落成员大多以鱼为食，有限的果蔬食物仅够酋长、族长们享用。在这里，黄金多，是贫困的标志；(97)有泥土，才是富贵的象征。当然，黄金在岛上也不是一无是处，可以用它打造金砖砌的低矮住屋，以抵御海风。

有一次，乘皮艇出海捕鱼的部落成员被飓风刮到一个不知名的小岛上。他们发现全岛皆石头和泥土，如获至宝，欣喜若狂，遂装满一艇泥土而归。这些泥土成为岛上最大的财富，使岛上生机大发。但之后，酋长多次组织人员寻找泥石岛而不得。数百年后的一天，有探险者被飓风刮至黄金岛。离开时满载黄金而去。3个月后，他们雇了30个人，开来一艘大船，带来满满一船泥土。(99)部落成员见外人运来贵重的泥土而运走无用的黄金，大惑不解。由于黄金比泥土重多了，才装满小舱，船就到了吃水位。(100)为了能带走更多的黄金，探险者把能丢的东西都丢了，甚至丢掉了船上的部分淡水和食物。对他们来说，还有什么比黄金更贵重的呢！满载黄金的大船驶离小岛。部落全体成员都祈祷大船平安离去，下次再能带来泥土。但大船才航行数里，由于严重超载，不幸沉没。船上的人在部落成员的援救下返回了小岛。这些外来者几无回去的可能，只得与土著们共同生活。他们也住上了黄金屋，脚踏黄金路，满目都是金山。从前对金子狂热追求的人，如今也像部落成员一样追求泥土，期望像酋长、族长们那样能吃上青菜。

97 **在这个偏远岛上，什么是最贵重的？**

A 鱼　　B 水　　C 黄金　　**D 泥土**

【题解】D　短文的第一段中说“有泥土，才是富贵的象征”，所以珍贵的是泥土。

98 **关于偏远小岛，可以知道：**

A 石头很多

B 没有蔬菜

C 比较缺水

D 很少有树木

【题解】D　短文第一段说“岛上少有作物，他们只能以渔猎为生。这个岛几乎是光秃秃的”，所以岛上的树木很少。选项B不对，因为在第一段中说“有限的果蔬”，所以岛上不是完全没有蔬菜。

99 **部落成员为什么感到很困惑？**

A 外人运走黄金

B 泥石岛不见了

C 探险者丢掉食物

D 运黄金的船沉没了

【题解】A　短文的第二段说“部落成员见外人运来贵重的泥土而运走无用的黄金，大惑不解”。可见他们因为别人运走黄金而困惑。

100 **关于外来者，可以知道：**

A 非常贪心

B 受土著歧视

C 仍然喜爱黄金

D 喜欢住在小岛上

【题解】A　短文的第二段说“为了能带走更多的黄金，探险者把能丢的东西都丢了，甚至丢掉了船上的部分淡水和食物”，所以可以知道这些探险者很贪心。

新汉语水平考试 HSK（六级）仿真试题二

参考答案

一、听力

第一部分

1. D	2. A	3. D	4. A	5. D
6. D	7. C	8. B	9. C	10. B
11. C	12. D	13. B	14. A	15. B

第二部分

16. B	17. C	18. D	19. B	20. C
21. B	22. C	23. D	24. C	25. A
26. D	27. A	28. D	29. D	30. C

第三部分

31. D	32. C	33. C	34. C	35. C
36. D	37. B	38. A	39. B	40. B
41. D	42. D	43. C	44. D	45. B
46. D	47. A	48. D	49. B	50. C

二、阅读

第一部分

51. C	52. B	53. A	54. A	55. B
56. A	57. A	58. A	59. A	60. B

第二部分

61. A	62. A	63. C	64. A	65. A
66. B	67. B	68. C	69. A	70. B

第三部分

71. A	72. E	73. D	74. B	75. C
76. E	77. B	78. C	79. A	80. D

第四部分

81. D	82. D	83. D	84. B	85. A
86. C	87. B	88. C	89. B	90. B
91. B	92. D	93. B	94. C	95. A
96. B	97. C	98. D	99. D	100. A

三、书写

101.

推销大师的“最后一课”

推销大师即将告别他的职业生涯，应行业和社会各界的邀请，他将在体育馆作一场盛大的告别演说。那天，庞大的会场座无虚席，人们都在期待着。

幕布拉开，舞台中央吊着一个巨大的铁球。不久，大师在人们热烈的掌声中出场。这时，主持人让工作人员抬上来一个大铁锤，要求两名观众分别用大铁锤去敲打那个吊着的铁球，直到把它荡起来。两名年轻人各自用力敲打，但是吊球一动不动。用铁锤把这么大的铁球敲打直至荡起来，这几乎是不可能的。

大师什么也没说，只是从兜里拿出一把小锤子，对着铁球敲打起来。10分钟过去了，20分钟过去了，会场出现了骚动，很多人无法理解大师的行为，纷纷离席而去。大师还是认真地敲打，毫不理会下面的观众。

渐渐地，会场安静下来，大师敲打了约40分钟的时候，突然，一位前排的妇女喊道：“球动了！”人们都安静地注视着那个铁球，铁球以很小的幅度动起来，随着大师的敲打，动的幅度越来越大，最终，它荡了起来，巨大的威力震撼了每个人。

面对着会场如雷般的掌声，大师只说了一句话：“在成功的道路上，你如果没有耐心去等待成功的到来，那么，你只好用一生的耐心去面对失败。”

听力材料及听力部分题解

（音乐，30 秒，渐弱）

大家好！欢迎参加 HSK（六级）考试。
大家好！欢迎参加 HSK（六级）考试。
大家好！欢迎参加 HSK（六级）考试。

HSK（六级）听力考试分三部分，共 50 题。
请大家注意，听力考试现在开始。

第一部分

第 1-15 题：请选出与所听内容一致的一项。

1

一位飞行员和助手在降落时历尽艰险，终于把飞机停稳，飞机冲出跑道很远。飞行员叫道："这是什么糟糕机场，跑道这么短？"助手打开舱盖站起来看了看，说："跑道的确很短，不过挺宽的，有 3000 多米呢！"

A 这条跑道的确很宽
B 飞机降落时出现了故障
C 机场跑道的设计有问题
D 飞行员降落时弄错了方向

【题解】D　跑道不可能宽 3000 多米，也不可能是跑道很短，一定是飞行员降落时弄错了方向，把跑道的长和宽弄反了，把宽当作长了。

2

酸奶和很多食物搭配起来都很不错，特别适合与面包等淀粉类食物搭配。酸奶和加工肉类搭配会产生致癌物，所以千万别和香肠、腊肉等食物一起吃。另外，酸奶还不宜和某些药物同服，药物会破坏酸奶的营养。

A 吃药时最好不要喝酸奶
B 加工肉类中含有致癌物质
C 加工肉类会破坏酸奶的营养
D 酸奶只适合搭配淀粉类食物

【题解】A　最后一句说"酸奶还不宜和某些药物同服，药物会破坏酸奶的营养"，可见吃药的时候不适合喝酸奶。

3

目前，科学家发明了一种"电子鼻"，通过对受测者呼吸的分析，检测病人是否患有肺癌、乳腺癌等多种癌症。这种设备投入使用后，可以简化癌症诊断步骤，节约医疗成本。经初步测试，"电子鼻"的准确率达到 100%。

A "电子鼻"适合家用
B "电子鼻"能测出所有癌症
C "电子鼻"的价格十分昂贵
D "电子鼻"主要检测人的呼吸

【题解】D　听力的第一句提到了"电子鼻"，然后解释说"通过对受测者呼吸的分析，检测病人是否患有肺癌、乳腺癌等多种癌症"，所以电子鼻是先检测人的呼吸，然后分析病人的病情。

4

饭店里，有位女士一直盯着附近一位绅士。绅士感到很尴尬，他客气地问她，以前是否在哪里见过面。“啊，没有，”她回答，“可是你的样子很像我的第三任丈夫。”“你结过三次婚？”他问。“不，只结过两次。”

A 女士想和这位绅士结婚
B 女士和绅士以前见过面
C 女士的丈夫长得像绅士
D 这位绅士已经结过两次婚

【题解】A 关键的句子在最后。女士结过两次婚，但她说绅士像她的第三任丈夫，说明她很想和他结婚。这类笑话题答案往往在最后一句，要特别注意。

5

生活中，大多数人其实并不在意你。无论对你说过什么，他自己很快就忘了，而你却常常记着，特别是赞美自己和批评自己的话。记着赞美还可以让自己开心，但过分在意批评会给自己带来糟糕的心情，这很不值得。

A 我们应该只听别人赞美的话
B 别人会很在意你平时的表现
C 不在意你的人常常会批评你
D 不要在意别人对自己的看法

【题解】D 短文开头说，对你说过什么，别人很快就会忘了；最后又说，过分在意别人对自己的批评是很不值得的事。考试时，要特别注意含有“但”的句子。

6

调查发现，80%的大学毕业生找工作时都很看重专业对口，这是造成毕业生就业困难的主要原因之一。专家指出，毕业生专业对口情结不要太重。专业对口可能让你更容易进入某一行业，但这一行业也许并不是最适合你的。

A 80%的毕业生工作有困难
B 专业对口的工作比较容易找
C 毕业生职业方向选择不重要
D 应该选择最适合自己的工作

【题解】D 短文开头说看重专业对口是造成就业困难的原因，最后说专业对口的工作不一定就适合自己。所以找工作应该选择最适合自己的，而不一定要和专业对口。

7

人们在没有外界压力的情况下作出选择时，会对这一选择负起责任，形成坚定的信念。这种信念将成为今后发展的强大动力。因此，在自由宽松的环境里成长起来的孩子，远比在师长们控制下成长起来的孩子要有潜力。

A 发展的动力来源于压力
B 压力会让孩子产生信念
C 要给孩子一个宽松的环境
D 要从小培养孩子的责任感

【题解】C 注意“因此”后面的句子。短文最后说“在自由宽松的环境里成长起来的孩子，远比在师长们控制下成长起来的孩子要有潜力”，所以要给孩子一个宽松的环境。

8

一个人给医生打电话：“求您帮帮我！我的邻居是个歌剧迷，总觉得自己在演戏，没日没夜地唱！”一周后，他又打来电话：“他不唱了，您把他的妄想症治好了吗？”医生说：“没有，我只是让他换了一个角色。”

A 歌剧迷并没有得妄想症
B 医生没治好歌剧迷的病
C 歌剧迷的邻居喜欢唱歌
D 歌剧迷经常参加歌剧表演

【题解】B 笑话类的短文，最后的一句最重要。医生说没有治好歌剧迷的妄想症，只是让他改扮了一个角色。

9

有人认为盐水有益于身体健康，每天晨起后喝一杯盐水，这种做法是错误的。喝盐水有利于健康不假，这对于夏天出汗后补充水分是必要的，可对于早晨补充水分来说非但无益，还会使血压升高，危害健康。

A 喝盐水因人而异
B 早上起床血压比较高
C 夏天出汗后应该喝盐水
D 喝盐水对身体健康无益

【题解】C　短文中间说喝盐水对夏天出汗后补充水分是必要的，所以 C 是对的。

10

拉萨雪顿节是藏族人民仅次于藏历新年的盛大传统节日。雪顿节最初是一种宗教节日，到了 17 世纪，逐渐演变成以藏戏汇演和展佛为主、娱乐与宗教相结合的综合节日，又被称为“藏戏节”、“展佛节”。

A 雪顿节在冬季
B 雪顿节有传统藏戏表演
C 雪顿节最早始于 17 世纪
D 雪顿节是藏族最重要的节日

【题解】B　短文最后说，17 世纪后的雪顿节以藏戏汇演和展佛为主要内容，可见雪顿节有传统藏戏的表演。

11

调查显示，受雇职员平均每天工作 7.5 小时，男性比女性的工作时间要长 56 分钟。这一差异部分反映出从事兼职的女性比男性要多。在全职雇员中，男性工作时间也更长，平均每天 8.3 小时，而女性为 7.5 小时。

A 做兼职的男性比较多
B 女性每天工作 7 小时
C 男性工作时间比较长
D 全职雇员中女性比较多

【题解】C　短文第一句话中说男性比女性的工作时间要长 56 分钟，所以 C 是对的。

12

暑假期间，大学生打工族在街头和各类餐厅、咖啡厅内随处可见。与以往打工者多为赚取生活费的家庭困难学生不同，无论家境好坏，越来越多的学生把利用节假日、尤其暑期打工看作就业的“必修课”。

A 大学生打工与家境有关
B 大学生打工还不太普遍
C 打工的主要目的是赚钱
D 大学生主要在假期打工

【题解】D　短文最后说学生主要利用节假日、特别是暑期打工，所以 D 是对的。

13

西红柿原产于南美洲，19 世纪开始在中国大规模种植。小西红柿的种植则在最近十多年，品种主要来自荷兰、日本等国。小西红柿比大西红柿的糖度要高 2~3 度。目前，我国已经培育出自己的小西红柿品种。

A 小西红柿源自南美洲
B 小西红柿比大西红柿甜
C 小西红柿 19 世纪传入中国
D 小西红柿在荷兰种植规模最大

【题解】B　短文后面说小西红柿比大西红柿的糖度要高 2~3 度，所以小西红柿要更甜。

14

黄酒是世界上最古老的酒类之一，为中国独有。它以稻米、玉米、小麦等粮食为原料酿造而成，酒精含量为14%~20%，属于低度酿造酒。黄酒的口味以“柔和温润”著称。除了饮用外，日常生活中还可用于烹调菜肴。

A 黄酒的口味比较温和

B 黄酒的酒精度数很高

C 黄酒主要用于烹调菜肴

D 黄酒主要由大米酿造而成

【题解】A　短文中说黄酒的口味以“柔和温润”著称，意思就是黄酒的口味比较温和。

15

科学家通过研究发现：铁元素虽然不是造成脱发的根本原因，但当人体中铁元素的含量过低时，掉头发的现象会很严重。人们每天只能从摄取的食物中吸收不到25%的铁元素，这就需要维生素C来帮助提高人体的吸收能力。

A 是否脱发由维生素C决定

B 铁元素的含量对脱发有影响

C 食物中的铁元素很容易吸收

D 维生素C会降低人体内铁的含量

【题解】B　注意含有“但”的句子。短文开头部分说“但当人体中铁元素的含量过低时，掉头发的现象会很严重”，所以铁元素的含量对脱发有影响。

第二部分

第16-30题：请选出正确答案。

16-20.

男：大家好！今天来到我们演播室的是更香茗茶总经理朱丽俐。欢迎朱经理！

女：大家上午好。

男：茶在我们国家源远流长。朱经理，您能不能先说说您对茶的理解呢？

女：（16）我与茶打交道16年了，每天都跟茶在一起，对茶有很深的感情。茶已经融入到我的生活中了。虽然它只是小小的一片树叶，但它包含了中国5000多年茶文化的历史，而且茶对人的身体健康是非常有益的。我把茶叶当成我的孩子一样来呵护，我是非常喜欢茶的。

男：您为什么会创立“更香茗茶”这样一个品牌呢？

女：我和我的先生是1995年5月4日来北京创业的。当时主要是看到家乡山上很多茶叶卖不出去，那时候茶叶远不像现在这么好卖。我们带了2000块钱到北京，到前门那里花了50块钱买了一辆旧的自行车，然后就这么出去卖茶叶、推销。

男：如您所说，“更香茗茶”经历了16年的发展历程，最开始可以说是白手起家。而现在的发展规模已经相当大了。

女：是的。（17）现在“更香茗茶”的年销售额已经超过4亿了。从当初的两个人发展到现在有1000多个固定的职工，我们更香茶叶公司在全国15个省有200多家茶叶连锁店，还有3个茶叶生产基地。一个在浙江金华；一个在安溪，是加工铁观音的；（18）还有一个在中国“茉莉花之都”，广西横县。

男：这么长时间肯定经历了不少酸甜苦辣，有没有想放弃的时候呢？

女：在2008年的时候我们遇到过想放弃的事情，是审批我们注册的一个新公司。整个过程经历了8个月，需要2600万的资金。当时我真的很想放弃，只要放弃了，资金就可以拿出来用于企业的发展。（19）这时候我们夫妻两个人就相互鼓励、相互支持。

男：对一个企业来说，人才非常重要。能不能给我们谈一下更香的用人策略呢？

女：我们公司对员工是非常重视的。（20）我们公司员工平均年龄只有23岁，普遍都是年轻人，其中85%是女性。在培养人才方面，我们今年下半年首先要拿出500万搞一个我们公司的青年创业基金，还有就是给他们股份。我们这些年培养了很多非常优秀的管理层高管。看到他们成长起来了，我觉得非常开心。

男：就像看着自己的孩子一样。

女：我的儿子叫庚庚，我的女儿叫香香。我觉得管理一个企业、带着一个团队就像带着自己的孩子一样，所以我也会呵护他们。

16 关于女的对茶的看法，下面哪项不正确？

A 有很深的感情

B 每天都应该喝茶

C 对人的身体健康很有好处

D 包含了中国的茶文化历史

【题解】B　这道题的问题和短文中男的提出的第一个问题是差不多的。男的第一个问题问女的她能不能先说说对茶的理解。女的回答说她与茶打交道16年了，每天都跟茶在一起，对茶有很深的感情。茶已经融入到她的生活中了。虽然它只是小小的一片树叶，但它包含了中国5000多年茶文化的历史，而且茶对人的身体健康是非常有益的。她把茶叶当成自己的孩子一样来呵护她，她是非常喜欢茶的。从这段话中可以知道，女的对茶的看法中没有提到人们每天都应该喝茶，所以这道题的正确答案是B。

17 对于公司的情况，下面说法正确的是：

A 年销售额超过3亿

B 有4个茶叶生产基地

C 有200多家茶叶连锁店

D 有5000多个固定的职工

【题解】C　根据女的对公司的介绍：现在“更香茗茶”的年销售额已经超过4亿了。从当初的两个人发展到现在有1000多个固定的职工，更香茶叶公司在全国15个省有200多家茶叶连锁店，还有3个茶叶生产基地。所以这家公司年销售额已经超过了4亿，现在有1000多名固定的职工、200多家茶叶连锁店、3个茶叶生产基地，所以这道题的正确答案是C。

18 中国的“茉莉花之都”是：

A 北京

B 安溪

C 浙江金华

D 广西横县

【题解】D　根据女的的话“还有一个在中国‘茉莉花之都’，广西横县”可以知道，中国的“茉莉花之都”是广西横县，所以这道题的正确答案是D。

19 在女的想放弃的时候，谁给了她支持和鼓励？

A 员工

B 丈夫

C 儿子

D 女儿

【题解】B　这个问题和男的问的第三个问题差不多。在听力材料中，男的问女的有没有想放弃的时候，女的说有，在这时候他们夫妻两个人就相互鼓励、相互支持，说明在女的想放弃的时候，是丈夫给了她支持与鼓励，因此这道题的正确答案是B。

20 公司的员工有什么特点？

A 没有股份

B 男性比女性多

C 大部分是年轻人

D 缺乏有经验的高管

【题解】C　这道题和男的问的第四个问题差不多。在听力材料中，男的问能不能谈谈公司的用人策略。女的回答说，公司员工平均年龄只有23岁，普遍都是年轻人，其中85%是女性，所以这道题的正确答案是C。

21–25.

女：各位好，（21）今天的嘉宾是著名作家余华先生，我们聊的话题是余华先生的新作——《兄弟》。我发现这本书上面有一个“上”字，为什么只有上册就出版了？

男：（22）这是出版社的要求，因为他们想赶在上海书展前出版这本书。

女：市场需要？

男：不是，其实是我没有达到他们满意的速度。我最早告诉他们今年1月份就可以出版，最晚到上海书展。我原来以为会在30万字以内，现在看来要超过40万字，是我自己没有控制好。

女：那么下册现在怎么样了？

男：下册基本上写完了，我正在修改，但是5月底定稿以来到现在一个字也没有动过，这个月把零碎的事情做完以后，下个月我会开始认真修改了。

女：我简单介绍一下这本书的内容：（23）这本书主要是描述一对兄弟，哥哥叫宋钢，弟弟叫李光头，他们两个人并没有血缘关系，由于父母离异，重新组合了家庭，成为了兄弟。这本书讲了两兄弟在“文革”中的经历。

男：这是上册，下册就进入今天的时代了，兄弟两个人的关系也会变得复杂起来。

女：这本书主要说六七十年代的事情，很多读者看了觉得特别亲切。您是用了一种“正面强攻”的手法来写这个年代，是吗？

男：是的。我过去写作的时候，都是寻找一种角度去写，像《活着》和《许三观卖血记》。这是我第一次正面去写那个时代，努力去把这两个时代的特征表现出来。

女：您有10年时间没有出作品了，在做什么呢？

男：我一直在写作，1996年到1999年写了4年的随笔。20世纪刚刚过去，回顾20世纪我也读过很多作品。

女：（24）比如君特格拉斯的《我的世纪》。

男：是的。

女：您原来是医生，现在成为一个很好的作家，您觉得对于一位作家来说，什么是最重要的？

男：要成为作家就要写作，不写作无法成为一个作家。（25）有一些年轻人向我提这个问题，我的回答也只有一个“写”字。这有点儿像学英语，只有背单词，没有捷径可以走。写的时候才能不断地发现自己，不断地发现自己对生活的理解。

女：您怎么看待80后的作家？

男：我对他们不太了解，但是我想以后会多看一点儿他们的作品。

21 男的现在是从事什么职业的？

A 医生

B 作家
C 编辑
D 工人

【题解】B　根据女的的开场白“今天的嘉宾是著名作家余华先生，我们聊的话题是余华先生的新作——《兄弟》”可以知道，男的也就是余华先生，是一位著名的作家，所以这道题的正确答案是B。

22 为什么出版社只出版了上册？
A 市场需要
B 下册还没有开始写
C 想赶在上海书展前出版
D 这本书的字数已经够了

【题解】C　这个问题和女的问的第一个问题差不多。女的问为什么只出版了上册，男的回答说：“这是出版社的要求，因为他们想赶在上海书展前出版这本书”，所以这道题的正确答案是C。

23 关于《兄弟》这本书，下面说法正确的是？
A 弟弟叫宋钢
B 哥哥叫李光头
C 哥哥和弟弟是亲兄弟
D 上册是描述“文革”时代的事情

【题解】D　根据女的对这本书的介绍“这本书主要是描述一对兄弟，哥哥叫宋钢，弟弟叫李光头，他们两个人并没有血缘关系，由于父母离异，重新组合了家庭，成为了兄弟。这本书讲了两兄弟在‘文革’中的经历”可以知道，这本书主要讲了“文革”时两兄弟的经历，所以这道题的正确答案是D。

24 下面哪一部作品不是男的写的？
A《兄弟》
B《活着》
C《我的世纪》
D《许三观卖血记》

【题解】C　《我的世纪》是君特格拉斯写的，而不是男的写的，所以这道题的正确答案是C。

25 男的认为对于一位作家，什么是最重要的？
A 写作
B 提问题
C 背单词
D 阅读作品

【题解】A　这个问题和女的问的倒数第二个问题差不多。女的问男的作为一名作家，什么是最重要的。男的回答说“也只有一个‘写’字。这有点儿像学英语，只有背单词，没有捷径可以走。写的时候才能不断地发现自己，不断地发现自己对生活的理解”，所以这道题的正确答案是A。

26–30.

女：（26）改革开放30年，在各方面资源都极其有限的情况下，深圳市用敢想敢干的创业精神实现了经济的高速增长和财富的最大化，创造了世界工业化、城市化的奇迹。然而人们常说“三十而立”，30年也是深圳这座城市转型升级的关键点。今天我们请到了深圳市的市委书记王荣，来与我们谈谈深圳市的未来发展。

男：大家好。

女：（27）之前南海油脂工业有限公司的总经理李强先生曾向我提过，深圳是个寸土寸金的地方，他们感到发展受到了局限。

男：是的。有不少城市拿这个土地资源丰厚和我们深圳相比较，来让这些企业家们离开我们深圳。土地资源稀缺，我感觉到是相对的。这里就涉及我们对土地利用的规划，我们对产业的选择，我们对生产方式的改进，需要我们和企业家之间有更好的默契，尽量为企业的发展提供更好的服务。同时也来推动我们土地的节约开发，将土地科学发展水平进一步提高。

女：人才引进对深圳的发展也是十分重要的吧？

男：这是肯定的。现在人才竞争相当激烈。深圳作为一个特区，曾经创造了“孔雀东南飞”的现象。（28）我觉得要想吸引人才，其实主要取决于三个方面的条件：第一是发展机会，第二是生活质量，第三是生活成本。

女：（29）在深圳的常住人口可能有1400多万，实际上户籍人口只有200多万，流动人口为1200多万，很多人觉得在深圳待了20年还不是深圳人。

男：这确实是一个问题，针对这个问题我们有两条思路：一个是提高户籍人口的比重，二是弱化和户籍挂钩的一系列的社会福利制度。

女：我听说您曾经上过深圳广播电台的《民心桥》节目？

男：是的，这个节目每周一期，从2004年8月份开播。几乎每一任的领导都会到《民心桥》做客。（30）这个节目试图采取一种便捷的工作方式，尽快地让老百姓的疑难问题得到解决。它对一些工作的推动应该讲是很明显的，也能够现实地解决一些问题。

26 **对于深圳市，下列说法不正确的是：**

A 各种资源有限

B 具有创业精神

C 经济高速增长

D 顺利完成转型

【题解】D 根据女的的介绍，现在是深圳这座城市转型升级的关键点，可以知道深圳还处于城市转型升级阶段，并不是完成阶段，所以这道题的正确答案是D。

27 **南海油脂工业有限公司的总经理指出深圳的哪项局限？**

A 土地

B 人才

C 资金

D 政策

【题解】A 根据听力材料可以知道，南海油脂工业有限公司的总经理李强认为“深圳是个寸土寸金的地方”，这说明深圳的发展受到了土地的限制，所以这道题的正确答案是A。

28 **下面哪一项不属于男的所提出的吸引人才的条件？**

A 发展机会

B 生活质量

C 生活成本

D 社会福利

【题解】D 这个问题和女的问的第二个问题差不多，在听力材料中，女的问“人才引进对深圳的发展也很重要吧”。男的回答说“我觉得要想吸引人才，其实主要取决于三个方面的条件：第一是发展机会，第二是生活质量，第三是生活成本”，所以这道题的正确答案是D。

29 **深圳现在的常住人口有多少？**

A 20多万

B 200多万

C 1200多万

D 1400多万

【题解】D 根据听力材料“在深圳的常住人口可能有1400多万，实际上户籍人口只有200多万，流动人口为1200多万”可以知道，深圳现在的常住人口有1400多万，所以这道题的正确答案是D。

30 **领导参与《民心桥》节目的主要目的是什么？**

A 休闲娱乐

B 增长知识

C 解决问题

D 欣赏音乐

【题解】C 这个问题和女的问的最后一个问题有关，在听力材料中，男的说，领导上《民心桥》节目，是因为“这个节目试图采取一种便捷的工作方式，尽快地让老百姓的疑难问题得到解决。它对一些工作的推动应该讲是很明显的，也能够现实地解决一些问题”，也就是说领导通过上这个节目，可以解决一些问题，因此这道题的正确答案是 C。

第三部分

第 31–50 题：请选出正确答案。

31–34.

（31）你对生活感到满足吗？大多数人给予了否定的回答。心理学家们认为，幸福是一种主观的东西，它的生理机制可能根植于大脑中心，这也是多数神经生理学家们持有的观点。一项研究表明，幸福者的大脑左前方叶显示出的“脑电流”更强，而那些精神抑郁或沮丧的人在其大脑前方叶中显示出较强的“脑电流”。

目前，心理学家们对“主观的幸福”的研究已日渐推翻许多人对其所抱有的神秘性。科学家们提出了许多惊人的新发现，例如：（32）幸福不分性别；幸福不依赖于年龄；财富不能创造幸福。幸福意味着生活在一种“沉醉”的状态中，即完全投入一种活动，无论是工作还是娱乐，他注意到艺术家们常常在工作中忘记了一切。科学家们还研究了“沉醉”的性质，他们以科学家、学生、机械师、舞蹈家、医生等为研究对象，（33）发现在“沉醉”状态下人们能动用自己的大部分技能。研究者同时发现：（34）对幸福最大的威胁就是技能运用得太少，以致产生烦恼和焦虑。

31 大多数人对生活持什么态度？

A 基本满意

B 说不清楚

C 辛苦但幸福

D 不令人满意

【题解】D 注意短文中的“否定”这个词，根据“你对生活感到满足吗？大多数人给予了否定的回答”这句话可以知道，大多数人对生活不满足，所以这道题的正确答案是 D。

32 关于“幸福”，下面哪项正确？

A 是一种客观的东西

B 跟财富有一定关系

C 意味着全身心投入

D 幸福者“脑电流”很活跃

【题解】C 根据“幸福不分性别；幸福不依赖于年龄；财富不能创造幸福。幸福意味着生活在一种‘沉醉’的状态中，即完全投入一种活动”这句话可以知道，幸福是一种完全投入，即全身心地投入，所以这道题的正确答案是 C。

33 哪种人更容易获得幸福感？

A 体力劳动者

B 脑力劳动者

C 热爱工作的人

D 科学家和医生

【题解】C 研究发现“在‘沉醉’状态下人们能动用自己的大部分技能”，这样也就能获得最大的幸福感。所谓“沉醉”状态，也就是把自己的全部心思都投入到在做的事情当中去，而热爱工作的人就会全身心投入到工作当中去，因此这样的人更容易获得幸福感，所以这道题的正确答案是C。

34 幸福的最大威胁是什么？

A 发生灾难性变故

B 失去理想的工作

C 技能运用得太少

D 对事业过于投入

【题解】C　通过“对幸福最大的威胁就是技能运用得太少，以致产生烦恼和焦虑”这句话可以知道，幸福最大的威胁是技能运用得太少，所以这道题的正确答案是C。

35–38.

赞美别人，仿佛用一支火把照亮别人的生活，也照亮自己的心田，有助于发扬被赞美者的美德和推动彼此友谊健康地发展。赞美是一件好事，但绝不是一件易事。赞美别人时如不审时度势，不掌握一定的赞美技巧，即使你是真诚的，也会变好事为坏事。

在日常生活中，人们有非常显著成绩的时候并不多见。因此，（35）交往中应从具体的事件入手，善于发现别人哪怕是最微小的长处，并不失时机地予以赞美。（36）赞美用语愈翔实具体，说明你对对方愈了解，对他的长处和成绩愈看重。让对方感到你的真挚、亲切和可信，你们之间的人际距离就会越来越近。如果你只是含糊其词地赞美对方，说一些“你工作得非常出色”或者“你是一位卓越的领导”等空泛飘浮的话语，可能引起对方的猜度，甚至产生不必要的误解和信任危机。（37）真诚的赞美不但会使被赞美者产生心理上的愉悦，还可以使你经常发现别人的优点，从而使自己对人生持有乐观、欣赏的态度。

35 赞美他人时要注意什么？

A 对方的心情

B 对话场合和时机

C 从小事中发现闪光点

D 关注对方最显著的成就

【题解】C　根据“交往中应从具体的事件入手，善于发现别人哪怕是最微小的长处，并不失时机地予以赞美”这句话可以知道，我们应该善于发现他人哪怕是最微小的长处，也就是说我们要善于从小事中发现他人的闪光点，因此这道题的正确答案是C。

36 赞美他人的话语有什么要求？

A 语速不能过快

B 可运用些客套话

C 突出自己的敬仰

D 尽可能详细具体

【题解】D　根据“赞美用语愈翔实具体，说明你对对方愈了解，对他的长处和成绩愈看重”这句话可以知道，赞美他人时的话语越翔实具体越好，因此这道题的正确答案是D。

37 真诚的赞美可以使对方怎么样？

A 乐观自信

B 心情愉悦

C 压力得以缓解

D 树立新的目标

【题解】B　根据“真诚的赞美不但会使被赞美者产生心理上的愉悦，还可以使你经常发现别人的优点，从而使自己对人生持有乐观、欣赏的态度”从这句话可以知道，真诚的赞美能够让人心情愉悦，所以这道题的正确答案是B。

38 本文主要介绍了什么内容？

A 如何赞美他人

B 不要吝啬你的赞美

C 赞美他人的重要性

D 也要给自己一些赞美

【题解】A 这个问题是问短文的主题。短文的主题一般在开头或者最后出现。文章开头说赞美别人是一件好事，但绝非一件易事，从而引出了如何赞美他人的阐述，因此这道题的正确答案是A。

39–40.

科学家对上万人的个案记录进行了心理分析，(39)结果发现："智慧"、"专门技术"和"经验"只占成功因素的15%，其余的85%取决于良好的人际关系。

人群中有的人很自然地受人欢迎，人人都喜欢与之结交。这种人，人缘特佳，凡事容易成功，(40)其心理特征如下：聆听重于表达，在人们自我表现普遍化的今天，能静下来聆听别人说话，已成为一种美德。多听有助于资料的搜集、人事的观察，还可以避免因多言而造成的差错，是现代人重要的修养之一。要尊重别人的隐私。人们接触的密切，并不表示彼此一定要互诉衷情。适当的互相开放，有助于和谐关系的维持。

39. 成功的关键因素是什么？

A 智力水平

B 人际关系

C 自身技能

D 工作经验

【题解】B 文中说"研究发现，成功的因素中有85%取决于良好的人际关系"，也就是说成功的关键因素是人际关系，因此，这道题的正确答案是B。

40 成功者的心理特征是什么？

A 非常谦虚

B 善于聆听

C 喜爱思考

D 常赞美他人

【题解】B 根据"其心理特征如下：聆听重于表达，在人们自我表现普遍化的今天，能静下来聆听别人说话，已成为一种美德"这句话可以知道，成功者的心理特点是善于聆听，所以这道题的正确答案是B。

41–43.

每个人都有闹情绪的时候。并不是所有事情都能一帆风顺，当你遭遇挫折时，自然会在情绪上出现波动变化。

身体上的痛苦可以忍耐，而心理的痛苦最让人难以忍受。所以，建议大家要多关注自己的心理状况，而不是痛苦的时候才想起。(41)其实很多人感觉很不顺利或者心理情绪波动很大时，就是因为太关注某些东西，但是自己却没有感觉到。(42)这个时候可以多问问自己几个"为什么"，这样可使自己对情绪进行梳理，发现问题的根源。

对于善于思考的人，这样可以帮助自己找到情绪波动的症结，从所谓的苦恼中找到最根本的问题所在，之后集中精力对这个问题进行解决。这样就可以避免因为情绪不好而过分纠缠某些事物，将问题复杂化了。

41 关于心理痛苦的来源，下面哪项正确？

A 糟糕的人际关系

B 身体上的痛苦不适

C 把简单问题复杂化

D 过于关注某些事物

【题解】D 根据"其实很多人感觉很不顺利或者心理情绪波动很大时，就是因为太关注某些东西，但是自己却没有感觉到"这句话可以知道，人们感觉痛苦大多数是因为太过关注某些东西，因此这道题的正确答案是D。

42 **面对烦恼时，作者的建议是什么？**

A 投入到工作中去

B 找亲朋好友倾诉

C 忍一时海阔天空

D 多问几个“为什么”

【题解】D　根据听力材料可以知道，作者建议人们在面对烦恼时可以多问自己几个“为什么”，这样可使自己对情绪进行梳理，发现问题的根源，所以这道题的正确答案是D。

43 **本文主要介绍了什么内容？**

A 痛苦的定义

B 痛苦的来源

C 怎样化解烦恼

D 聪明人为何烦恼

【题解】C　这个问题是问短文的主题。短文的主题一般在开头或者最后出现。本文的开头就提出，在生活中，人们会遇到很多烦恼，然后作者又对怎样解决烦恼给出了自己的建议，所以这道题的正确答案是C。

44–46.

一座大楼建好了，一块外墙砖被贴在最显眼的大门进口处。

这块外墙砖上下左右打量了一番，顿时趾高气扬起来：“看到了吗？（44）一座大楼需要贴成千上万块外墙砖，而我无论哪方面都是最优秀的，是万里挑一的，所以才让我待在这最关键、最重要的岗位上！”

它看看上面的外墙砖：“你们要好好努力呀，勤能补拙嘛，只有那样才有一点儿希望。”

它又看看下面的外墙砖：“别灰心。不过生活就是这样，总是能者上、庸者下，这是怨不得别人的，只能怪自己才智太平庸。”

一位工人走过来，发现了这块外墙砖，认真看了看，大吃一惊：“这块次品的外墙砖怎么也混进来了呢？还居然贴到了这样重要的地方，真是笑话。（45）赶快拆下来，换上合格的好砖！”

（46）机会仅仅是个机会，不行还是不行。

44 **这块外墙砖为什么变得骄傲起来？**

A 质量最好

B 材料最棒

C 外表最漂亮

D 位置最显眼

【题解】D　根据听力材料可以知道，这块外墙砖被贴到了最显眼的大门进口处，所以它是因为显眼的位置才变得骄傲的，因此这道题的正确答案是D。

45 **最后这块外墙砖怎么样了？**

A 变得虚心起来

B 被工人拆掉了

C 被往上挪了位置

D 被往下挪了位置

【题解】B　根据听力材料可以知道，这块外墙砖是一块次品，所以被工人拆下来了，因此这道题的正确答案是B。

46 **本文的主题是什么？**

A 少说话多做事

B 机遇的重要性

C 理性看待挫折

D 成功还得靠实力

【题解】D　这是一道考查短文主题的问题。从最后一句话可以知道成功不仅仅要靠机遇，更重要的是自身要有实力，所以这道题的正确答案是D。

47–50.

眨眼是我们每隔几秒钟便会做的小动作。眨眼有快有慢，有时“目不转睛”，有时“扑闪扑闪”。(47)其实，除了空气湿度等客观因素，眨眼的快慢还与心情密切相关。

等待流星出现许愿，看电影到了精彩时刻，与心爱的人面对面，我们都恨不得眼睛一眨不眨，生怕错过了重点。因此，眼睛眨得越少，说明人们越专心，越不想被打扰。但是，如果眨眼次数变少，并且每次眨眼时闭眼的时间明显延长，则说明主人有些不耐烦了，潜意识里希望对方消失在视线里，是“拒绝”的潜台词。

(49)眨眼频率快且轻巧，也就是眼睛“扑闪扑闪”的，则是感兴趣的标志，说明他的大脑正在积极思考。因此，如果发言时讲得精彩，那么你会观察到，听众们的眼睛都是亮闪闪的。

此外，一个人说谎时，他的眨眼频率首先会下降，因为他想保持冷静，使自己看上去“不留痕迹”，以便“睁着眼说瞎话”；然而，只要说谎，人就会控制不住地感到焦虑、担心，这种情绪下，又会情不自禁地引起快速眨眼。(48)因此，眨眼频率先慢后快，是典型的说谎标志。

值得警惕的是，如果无论什么情况，一个人总爱“挤眉弄眼”，则要担心他是否有“抽动症”等疾病了，最好到相关医院检查一下。

47 关于眨眼，下面哪项正确？

A 速度和心情有关

B 闭眼意味着拒绝

C 不受空气湿度影响

D 是眼睛疲劳的表现

【题解】A 注意听力短文中的“其实”，在这个词后面往往是说话人真正想要表达的意思。文中说“其实，除了空气湿度等客观因素，眨眼的快慢还与心情密切相关”，所以眨眼的速度和心情有密切的关系，因此这道题的正确答案是A。

48 根据本文，人在说谎时会有什么表现？

A 不停地眨眼睛

B 下意识地摸鼻子

C 眼睛扑闪扑闪的

D 眨眼频率先慢后快

【题解】D 注意听力短文中“因此”后面的句子，因为“因此”后往往引出事情的结果，或者是对整件事情的一个总结。在文中，通过“因此，眨眼频率先慢后快，是典型的说谎标志”这句话可以知道，人说谎时眨眼频率是先慢后快的，所以这道题的正确答案是D。

49 眨眼频率快且轻巧说明什么？

A 心情非常激动

B 产生了浓厚的兴趣

C 眼睛疲劳需要休息

D 可能患有“抽动症”

【题解】B 根据“眨眼频率快且轻巧，也就是眼睛‘扑闪扑闪’的，则是感兴趣的标志，说明他的大脑正在积极思考”这句话可以知道，眨眼频率快且轻巧表明此人对面前的事产生了浓厚的兴趣。

50 本文的主要内容是什么？

A 眨眼的好处

B 当心“眨眼病”

C 眨眼的心理解读

D 眨眼的生理机制

【题解】C 这道题主要考查考生对这篇短文的整体把握能力，是一道主题题。一般情况下，考生可以从文章的开头或结尾找出主题。这段话主要在讲不同情况下眨眼的不同解读，因此这道题的正确答案是C。

阅读部分题解

第一部分

第 51-60 题：请选出有语病的一项。

51

A 阳光灿烂的日子里，沙滩上聚集着来海边度假的人们。

B 从一定意义上讲，科学精神是科学理性与人文精神的融合。

C 我们的祖先在利用自然和改造自然的长期过程中，积累了丰富的经验。

D 中国人是天生的哲学家，我们几乎可以从日常一切活动之中提炼出令人感动的意义。

答案： C。

病因：“长期”应该直接修饰“利用自然和改造自然”。

修改： 我们的祖先在长期利用自然和改造自然的过程中，积累了丰富的经验。

52

A 温暖的空气里充满了梨花和忍冬树丛发出的清香。

B 经过老主任再三解释，才使他的怒气逐渐平息下来。

C 女子不易减肥，主要原因在于她们的新陈代谢比男子慢。

D 云有各种形状和大小，它是由在空中飘浮的亿万颗微小的水滴组成的。

答案： B。

病因：“使”的使用使全句缺少主语。

修改： 经过老主任再三解释，他的怒气才逐渐平息下来。

53

A 这种使用清洁能源的小型汽车，最高时速可达 75.6 公里 / 小时。

B 因为植物不会动，我们就以为它们比动物善良，这真是天大的误会。

C 神话是把神人化，传说是把人神化，这两者之间的界限很难确切划分。

D 屋子里很静，只有儿子敲击键盘的“噼噼啪啪”声，为他行云流水的文字伴奏。

答案： A。

病因：“时速”与“……/ 小时”语义重复。

修改： 这种使用清洁能源的小型汽车，最高时速可达 75.6 公里。

54

A 出席会议的除本校的师生员工外，还有市教育局负责人，本市各学校的代表，以及其他有关单位也派人参加了这个大会。

B 只有当劳动与兴趣、爱好乃至理想有机地结合在一起的时候，潜藏在每个人身上的想象力和创造力，才能够最大程度地发挥出来。

C 在中国西藏拉萨的红山之巅，有一座举世闻名的宫堡式古建筑群，这就是建于公元 7 世纪，距今已有 1300 多年历史的布达拉宫。

D 每天清晨起床后喝适量的白开水，能有效地补充肌体所需水分，促进新陈代谢，增强人体的免疫力，是一种方便简捷的美容和养生之道。

答案：A。
病因：“以及其他有关单位也派人参加了这个大会”是“以及其他有关单位派出的代表”和“其他有关单位也派人参加了这个大会”两种句式杂糅。
修改：出席会议的除本校的师生员工外，还有市教育局负责人，本市各学校的代表，以及其他有关单位派出的代表。

55

A 千百年来，关于落花的诗多是伤感的、哀婉的。
B 马大姐今天没来居委会上班，大家断定她大概是生病了。
C 先秦哲学家荀子著有我国第一篇较有系统性的美学论文——《乐论》。
D 人只不过是一根苇草，是自然界最脆弱的东西；但他是一根能思考的苇草。

答案：B。
病因：“断定”与“大概”语义矛盾。
修改：马大姐今天没来居委会上班，大家猜测她大概是生病了。

56

A 早晨五六点钟，在通往机场的大街两旁便站满了数万名欢送的人群。
B 虽然科学给予我们一个永恒世界的信念，但科学并不是单独地在完成这个任务。
C 假如你对生活微笑，上天便会把你所有的辛辣与苦楚酿成这世上最甜美的可乐。
D 瘦西湖的美主要在于蜿蜒曲折，湖面时宽时窄，两岸林木扶疏，园林建筑古朴多姿。

答案：A。
病因：“数万名”与“人群”搭配不当，“人群”为集合名词，不受数量成分修饰。
修改：早晨五六点钟，在通往机场的大街两旁便站满了数万名欢送的群众。

57

A 小刘正在观看飞行表演节。
B 河上起了一阵风，吹得芦苇“沙沙”地响。
C 语文是学习任何文化、科学知识的基础。
D 闪电的极度高热会使沿途空气剧烈膨胀，移动迅速，从而形成声浪并发出声音。

答案：A。
病因：“观看”与“表演节”搭配不当，应该为“观看表演”或者“参加表演节”。
修改：小刘正在观看飞行表演。

58

A 湍急的洪水中，一位遇难者向人们呼救。
B 一个人只有在饮食中摄取了过多的热量才会发胖。
C 手机作为科技进步给人类带来的新工具，其本身并无利弊对错之分。
D 诚然，“发展是硬道理”，但今天我们必须认识到“只有可持续发展才是硬道理”。

答案：A。
病因：“遇难者”一般指在灾难中已经去世的人，本句中用词不当。
修改：湍急的洪水中，一位遇险者向人们呼救。

59

A 面对这样好的景色，我能不无动于衷吗？

B 我身体不好，不能送你下楼，那就目送你走远了再关门吧。
C 语言文字本身是一种工具，日常生活少不了它，学习以及交流各科知识也少不了它。
D 汉族传统绘画形式是用毛笔蘸水、墨、彩作画儿于绢或纸上，这种画种被称为“中国画”。

答案： A。

病因：“能不无动于衷吗”多重否定使用不当，这里此句的意思成为“不能不无动于衷”，即“无动于衷”。

修改： 面对这样好的景色，我能无动于衷吗？

60

A 如果你没有做任何准备，那么先要做好失败的准备。
B 对不起，这次我们对你照顾得不太周全，还请多多包涵。
C 记忆没有重量，但却既可以压得人匍匐在地，又可以鼓舞人在理想的空间飞翔。
D 从苏州现存的具有代表性的木雕作品中，我们可以看出苏州木雕精、细、雅、丽的风格。

答案： B。

病因：“周全”用词不当，“照顾得”应该是“周到”，而非“周全”。

修改： 对不起，这次我们对你照顾得不太周到，还请多多包涵。

第二部分

第 61-70 题：选词填空。

61

人的心态非常重要，我们要有一个积极的心态。影响一个人快乐的，有时并不是______及磨难，而是一个人的心态。如果把自己______在积极、乐观、向上的心态中，快乐必然会______你的每一天。

A 困境　浸泡　占据
B 金钱　调整　跟随
C 名誉　放置　占有
D 困难　投入　充满

【题解】A 首先，第一空应该填一个会令人不快的词，因为 B 项的“金钱”和 C 项的“名誉”不符合句意，所以可以排除 B、C 两项。其次，第二空，虽然 D 项的“投入”是指置身其中、放进去的意思，但其后面不需要接介词，如“投入生产”，而第二空后有介词“在”，所以这个词填在这里不行。A 项的“浸泡”是指沉浸在其中，不论是从意思上还是从语法上，都适合放在这里。所以此题答案是 A。

62

节约是传统美德，是我们每个人的责任。例如，节约水电资源不能______靠科研人员开发出的新技术、新产品，同时也______我们每个人从点点滴滴做起，看似不起眼的简单做法其实能发挥不小的作用，别小看这些努力，你为大家所尽的一份力量就______其间。

A 光　需要　蕴含
B 净　要求　隐藏

C 都　必需　包含

D 只　需求　包括

【题解】A　根据题意可以知道，节约水电资源要靠科研人员和我们的共同努力，所以第一空不能填 C 项的“都”。其次，从第三空看，A 项的“蕴含”是指蕴藏、包含的意思，重在“含”；B 项的“隐藏”指掩盖、掩饰，重在“藏”；D 项的“包括”指包含、总括，通常是列举各部分，或着重指出某一部分。题中强调的是我们每个人的力量也涵盖在节约水电资源的总力量中，重在表达涵盖其中，而不是躲藏其中。答案是 A。

63

中国是风筝的故乡。放风筝作为一项______的民间游戏已走出亚洲，冲向世界，山东潍坊的国际风筝节，每年都______了广大的风筝爱好者。要想把风筝放飞，______具备以下条件：一只做工良好的风筝，一个转动自如的线轴，一根上百米的轮胎线，适当的风力，还有放风筝者______的体力。

A 流行　召集　应该　优秀

B 重要　吸收　可以　稳固

C 传统　吸引　必须　良好

D 有趣　聚集　一定　强大

【题解】C　首先，从第三空处看，“要想把风筝放飞”中的“要想”即“如果”的意思，D 项的“一定”填在此处不行，一般我们说“一定要具备以下条件”，题中没有“要”这个字作为连接，所以可以排除 D 项。其次，第四空应该填一个可以修饰“体力”的形容词，其中 A 项的“优秀”和 B 项的“稳固”都不能与“体力”搭配，所以这道题的正确答案是 C。

64

雪豹因终年生活在雪线附近而得名。雪豹是世界上高海拔的动物的______代表，也是健康的山地生态系统的指示器。但是，人类的活动给这种大型猫科动物带来了______的生存压力，没有人______知道野外现存多少只雪豹，估计种群数量仅有几千只。______的雪豹已被列入国际濒危野生动物红皮书。

A 典型　巨大　确切　孤寂

B 典范　强大　明确　孤独

C 榜样　庞大　确实　寂寞

D 标准　宏大　确凿　孤单

【题解】A　从第一空看，此处应该填一个可以修饰“代表”的形容词，而B 项的“典范”和C项的“榜样”都是指可以作为学习、效仿的对象，是名词；D 项的“标准”作形容词时，是合乎准则，可供同类事物比较核对的意思，如“标准音”。这三个词填在第一空处均不合题意，所以可以排除 B、C、D 三项。这道题的正确答案是 A。

65

当潜水员潜入较深的海底时，______海水的压力很大，吸入体内的氮气，就会有相当一部分在外界的强大压力下，______溶到潜水员的血液中去。当潜水员工作完毕从海底往上升时，随着外界压力的______，这些氮气又______再变成气体往外跑，就像汽水开了瓶盖一样。

A 由于　被迫　降低　争先恐后

B 因为　迅速　增加　你追我赶

C 导致　立刻　变化　前仆后继

D 造成　马上　作用　络绎不绝

【题解】A　根据全文大意可以知道，第一空应该填一个表示原因的连词，C 项的“导致”和 D 项的“造成”后面一般接的是结果，所以可以排除 C、D 两项。通过“在外界的强大压力下”可以知道，第二空处应该填一个表示非主动的、不得已的副词，B项的“迅速”表示速度快的意思，不适合填在此处。所以这一空应填“被迫”。综上所述，可以知道这道题的正确答案是A。

66

孩子随着年龄的增长，消费欲望渐趋______，需要用钱的地方也越来越多。这时如果不______教育和引导，他们就可能会乱花钱，家长要经常______孩子的消费行为，以免孩子过度消费而产生某种不良______。

A 猛烈　进行　留意　结果
B 强烈　加以　关注　后果
C 剧烈　展开　注意　影响
D 强大　开展　留神　反应

【题解】B　首先，第一空中，A项的“猛烈”是指因力量、气势大而表现强烈，如“炮火猛烈”、“攻势猛烈”；B项的“强烈”既可以表示力量很大，又能表示鲜明、程度很高的意思，如“强烈的对比”；C项的“剧烈”是指猛烈，如“饭后不宜做剧烈的运动”。题中是说孩子们随着年龄的增长，消费欲望逐渐变强，这种现象不是因为力量或气势大而表现出来的，所以考生可以排除A、C两项。考生们应该记住，“强烈的欲望”是一个固定的搭配。其次，第三空处，D项的“留神”虽也是注意、提防的意思，但它通常是指防备危险或错误，如“留神火车上的小偷”。家长是为了教育孩子，并不是要提防他们，从这一点看，我们可以排除D项。所以此题答案是B。

67

有一种热带观赏鱼，在小鱼缸里______养多长时间，最多长到3寸来长。______，将这种鱼放到大水池中，两个月就可以长到一尺长。______，这也是每个人都可能遇到的问题：当我们在事业上不如意的时候，不要一味地______，我们没有做到更好也许只是因为我们的“鱼缸”太小了。

A 不能　可是　的确　自怨自艾
B 不管　然而　其实　妄自菲薄
C 无论　不过　确实　萎靡不振
D 无需　但是　的确　垂头丧气

【题解】B　根据句意可以知道，第一空处应该填一个可以表示让步关系的连词，四个选项中只有B、C两项符合这个要求。从第四空看，B项的“妄自菲薄”表示过分看轻自己，形容自卑；C项的“萎靡不振”形容情绪低沉，精神颓废。句中的意思是我们不要自卑，因此“妄自菲薄”应该填在此处。所以这道题的正确答案是B。

68

空调使用一段时间后，过滤网上往往会______大量灰尘。这些灰尘使气流循环受阻，______冷空气吹出，降温的效果就差多了。在这种情况下要将室内的温度降下来，空调就要______工作时间，耗费更多的电能。因此，如果能定期______隔尘网，我们就可以节省大约30%的电力。

A 积攒　阻止　累加　打扫
B 积累　控制　增加　清洁
C 积聚　妨碍　延长　清洗
D 聚集　制止　增长　整理

【题解】C　首先，从第一空看，A项的“积攒”侧重于由少到多的量变，涉及的对象多是钱财、物质；D项的“聚集”多指人的集合。句中需要的是一个可以修饰灰尘的动词，所以可以排除A、D两项。其次，第二空，B项的“控制”，是指对事物起因、发展及结果的全过程的一种把握，能预测和了解并决定事物的结果，多指人控制一些事情，题中是灰尘导致气流循环受阻，而非人为制造。“妨碍”表示用强力阻止，强迫停止，用在第二空处比较合适，所以这道题的正确答案是C。

69

“书”是指文字符号，现在的“书”指的是书法艺术。书法在中国文化中______很重要的位置，是中国汉字______的一种传统艺术，在书体笔法、结构和章法方面的变化______，最终形成富有______的艺术作品。在中国，书法也被看作是人的精神、志趣的______，历来有“字如其人”的说法。

A 占据　特有　出神入化　美感　表现
B 占领　具有　变化多端　文化　体现
C 占有　专有　神出鬼没　情趣　展现
D 拥有　专门　神秘莫测　变化　表达

【题解】A　通观全句，首先，第一空，A项的“占据”是取得或保持的意思；B项的“占领”是指用武装力量取得某个地方；C项的“占有”表示据为己有；D项的“拥有”是指领有、具有，得到或者保持着某种东西。本题中书法在中国一直都有很重要的位置，四个词中只有“占据”和“拥有”适合填在此处。其次，从第三空看，A项的“出神入化”指神妙的境界，形容文学艺术达到极高的成就；C项的“神出鬼没”形容出没无常，不可捉摸；B项的“变化多端”形容变化极多，也指变化很大；D项的“神秘莫测”表示非常神秘，不可推测。从四个成语的意思可以明显得出此空应该填“出神入化”。所以此题正确答案是A。

70

近年来，不少学校开展的感恩教育活动都要求学生给父母洗一次脚。这引发了有关人士的______。中华民族是一个有着数千年文明史的伟大民族，______是我们的传统美德。学校对学生进行感恩教育______是正确的，但是，如果不考虑学生的具体情况，只是______地采取“一刀切”的模式，恐怕不但达不到预期的教育效果，反而会使学生产生抵触______。

A 辩论　见义勇为　恐怕　反复　感情
B 质疑　知恩图报　无疑　简单　情绪
C 争吵　尊老爱幼　曾经　一致　观念
D 商讨　表里如一　当然　全面　思想

【题解】B　第一空中A项的“辩论”是指彼此用一定的理由来说明自己对事物或问题的见解，揭露对方的矛盾，以便最后得到正确的认识或共同的意见；B项的“质疑”是指对某一事件提出疑问，产生疑惑；C项的“争吵”指发生口角，即进行口头上的争论；D项的“商讨”是指商量讨论。一般情况下，“辩论”、“争吵”和“商讨”都是正反两方进行的，题中“有关人士”并未出现分化成两派，只是对学校进行感恩教育的方法产生了疑问。所以这道题的正确答案是B。同时考生也可以从第五空入手解答此题，A项的“感情”是指对人或事物关切、喜爱的心情，如“美好的感情”；B项的“情绪”是指心情、心境，如“不良情绪”；C项的“观念”是指思想意识，如“传统观念”；D项的“思想”表示想法、念头，如“思想先进”。根据全文大意可以知道，教育效果不好，学生会产生不好的情绪，所以最后一空应填B项的“情绪”。

第三部分

第71-80题：选句填空。

71–75.

爸不懂得怎样表达爱，使我们一家人融洽相处的是我妈。爸只是每天上班下班，而妈则把我们做过的错事开列清单，（71）__________。有一次我偷了一块糖果，爸要我把它送回去，告诉卖糖的说是我偷来的，（72）__________。但妈妈却明白我只是个孩子。我在运动场打秋千跌断了腿，在前往医院的途中一直抱着我的，是我妈。爸把汽车停在急诊室门口，他们叫他驶开，说那空位是留给紧急车辆停放的。爸听了便叫嚷道："你以为这是什么车？旅游车？"

在我生日会上，爸总是显得有些不大相称。他只是忙于吹气球，布置餐桌，做杂务。把插着蜡烛的蛋糕推过来让我吹的，是我妈。我翻阅照相册时，人们总是问："你爸爸是什么样子的？"天晓得！他老是忙着替别人拍照。妈和我笑容可掬地一起拍的照片，多得不可胜数。我记得爸有一次教我骑自行车。我叫他别放手，（73）__________。我摔倒之后，妈跑过来扶我，爸却挥手要她走开。我当时生气极了，（74）__________。于是我马上爬上自行车，而且自己骑给他看。他只是微笑。我念大学时，所有的家信都是妈写的。他除了寄支票外，还寄过一封短柬给我，说因为我没有在草坪上踢足球了，所以他的草坪长得很美。每次我打电话回家，（75）__________，但结果总是说："我叫你妈来接。"我结婚时，掉眼泪的是我妈。他只是大声擤了一下鼻子，便走出房间。我从小到大都听他说："你到哪里去？什么时候回家？汽车有没有汽油？不，不准去。"爸完全不知道怎样表达爱。会不会是他已经表达了而我却未能察觉？

A 然后由爸来责骂我们

B 决心要给他点儿颜色看

C 他似乎都想跟我说话

D 但他却说是应该放手的时候了

E 说我愿意替他拆箱卸货作为赔偿

【题解】

（71）A　这里需要合理的推理猜测，即妈妈将我们做过的错事开列清单后会如何处理，根据作者笔下所刻画的爸妈的性格我们知道，我们做错事后一般都会由爸爸来进行责罚，故选项A最为合适。

（72）E　在偷糖果事件中，爸爸除了要求"我"向卖糖的承认错误外，还要对人家有所补偿，选项E中的"拆箱卸货"正是一种补偿。

（73）D　根据下文"我摔倒"了可知爸爸还是放手了，选项D正说明他认为"应该放手"，且转折词"但"表明爸爸的态度跟"我"的要求是截然相反的。

（74）B　这里"我生气极了"，在这种情绪之下，"我"实际上是在赌气，要证明给爸爸看不要他扶，自己照样能骑好，"给他点儿颜色看"正形象地表现了"我"

那时跟爸爸赌气的心理。

（75）C　这里的空格跟下文存在着转折关系，而下文说的是爸爸一般都会把电话交给妈妈让好跟“我”说，故前面与此相对的便是“他似乎都想跟我说话”，选项C填在此处最为合适。

76–80.

南方北方的溶洞，我看过许多处，觉得唯有云南建水县的燕子洞独具特色。洞内景观分水旱两路，水路可由碧流的泸江穿洞而过，（76）__________，姿态万千地展现在灯光之中，让人看得眼花缭乱。旱路有一条绝壁长廊，（77）__________，还有一处天然舞厅，五六十人翩翩起舞是绰绰有余的。常年歌舞在洞中，劳作在洞中的是那许多呢喃穿飞的燕子，它们辛辛苦苦把窝巢建筑在悬崖绝壁，这一向被人们称为神奇的景观。燕子的巢便是山珍美味中的燕窝，与熊掌、鱼翅享有同等声誉。燕窝所以贵重，除其营养价值外，还在于其少，更在于其难采，所以到燕子洞参观的人，（78）__________。

每年春分时节，燕子纷纷飞归洞中，（79）__________，一直到入秋是不允许采燕窝的，入秋后第一代小燕飞去暖和地方过冬，采燕窝的活动才开始。采燕窝要靠人矫健的手脚，在五十多米高的悬崖绝壁间攀缘，抬手动足都随时有险情发生，观看的人也都为采燕窝的人捏着一把汗。采集高手一天能采5公斤燕窝，他们说，那险情自己也担一份心呢！不过需要的是大胆、细心、镇定。采燕窝的绝技，一代代地传下来了，（80）__________。采下燕窝之后，要经过加工才能成为佳品。如今来燕子洞的游人可以品尝到燕窝稀粥，在这里，贵重的燕窝已经是一种普及的食品了。我赞美燕窝，赞美采燕窝人的勇敢和高超技巧，然而我更加赞美建窝筑巢的那些不辞辛苦又具有奉献精神的燕子。

A 为了保护燕子繁衍

B 藏有不少碑文石刻

C 最难得的机缘是观看采燕窝

D 可真是一方水土养一方人啊

E 洞中许多溶岩形成的生动形象

【题解】

（76）E　这里讲的是由水路穿洞而过时的景象，且根据下文可推知空格处是对洞内景色的描写，故选项E为正确答案。

（77）B　这里描写的是长廊上的景观，根据下文的“还有……”可以推知，这里空格处已经交代了长廊上所拥有的一些景观，选项B中提到的“碑文石刻”正是长廊上的景观之一。

（78）C　上文提到燕窝之所以贵重，是在于其少而难采，而燕子洞里又有很多的燕窝，故来此参观的人，若能看到燕子洞里采燕窝自然是件难得的事情，选项C的内容与上文衔接最为自然，故为正确答案。

（79）A　下文提到从春分一直到入秋是不允许采燕窝的，而这个时间正是燕子在窝中繁衍、哺育下一代的时节，因此禁采燕窝显然是为了保护燕子的繁衍，选项A正确。

（80）D　文中讲到采燕窝的绝技一代代地传了下来，纵观全文我们知道，正是因为有这样的自然条件，正是因为燕子洞的存在，这里的人才会选择采燕窝这样的工作，且逐渐形成了绝壁采燕窝的绝技，选项D中的“一方水土养一方人”正是对此的真实写照。

第四部分

第 81-100：请选出正确答案。

81–84.

在上海的一处老式弄堂里，有一家名叫雅悦的五星级酒店。有意思的是，（81）这个雅悦酒店的大门小得连一家普通服装店的门都比不上。更让人惊奇的是，酒店的大部分装潢竟然都是用建筑垃圾堆砌起来的！

主张用建筑垃圾堆砌的正是这家酒店的老板，叫柏然，是一个美国人。在雅悦酒店动工之前，柏然就已经差人四处搜集一些建筑垃圾作为新酒店的相应用途。

堆放在大堂里的一面“文化墙”恐怕是雅悦酒店最明显的“垃圾”标志。（82）这面墙没有富丽堂皇的背景，取而代之的是由34个旧旅行箱堆起来的“废物墙”。尽管是废物，但在设计师的精心叠放下，这面堆满旅行箱的墙面不仅恰当地表达出住宿的主题，而且更给人一种艺术感和亲切感。

雅悦酒店的大部分墙面也是很有特色的风景，因为盖这些墙面的砖也都不是从建材市场购买的，而是选用了从上海、苏州的一些老房子拆下来的废瓦和废砖等材料。在这些废瓦和废砖上面，常常印有一些年代的数字和符号。（83）通过设计师对纹路的巧妙构思和排放后，这些写满陈旧符号的墙看起来就像是一幅幅抒写着几个城市悠久历史的画卷。

在雅悦酒店的主厨大厅里，有一面让人更为吃惊的背景墙：墙上镶嵌了大大小小的锅。这些延伸出来的半个锅面总是吸引着来往的客人。这些锅都是柏然叫人从民间回收来的各式老锅。经过清理、打磨和镶嵌之后，这些锅夸张地表达出“民以食为天”的意境。

此外，酒店的电梯采用的是二手的梯箱，而花园里的一些墙面更是简单地借助一些爬藤作为主打风景。

陈旧，并不意味着简陋。在雅悦酒店，95% 的装潢材料都是旧物的再利用，但组合的理念却是欧美最流行的。所以，酒店看上去虽有一丝老旧的感觉，但经过设计师的特别处理后，人们感受更多的却是浓浓的纯正欧洲味道。（84）与其他酒店相比，雅悦酒店的入住率要更高一些，因为在繁忙的上海，人们似乎更喜欢僻静、幽雅、怀旧的感觉。

大面积地用垃圾堆砌，雅悦酒店不仅最大限度地节约了能源，而且巧妙地营造了一种浪漫情调。在大多数人看来，旧砖、旧瓦、旧木头简直就是让人头疼的建筑垃圾，但是它们却被柏然恰如其分地打造成一个顶级酒店。柏然有一句经典名言：“没有所谓的废弃物，只有放错位置的资源。”这也许正是他把酒店塑造得如此完美的最核心理念。

81 **下列关于雅悦酒店，说法正确的是：**

A 是用建筑垃圾建造的

B 大门旁边是一家服装店

C 是老上海的一家特色酒店

D 建筑垃圾是四处搜集而来

【**题解**】D　这个问题是针对短文的开头部分。短文开头说“在上海的一处老式弄堂里，有一家名叫雅悦的五星级酒店”，这说明它的位置在一个老弄堂里，但不是说它是一家老上海的酒店，所以C项是不正确的。再根据“这个雅悦酒店的大门小得连一家普通服装店的门都比不上。更让人惊奇的是，酒店的大部分装潢竟然都是用建筑垃圾堆砌起来的”，这句话是说，雅悦酒店的门很小，大部分装潢是由建筑垃圾建造的，而非全部，所以A、B两项是错的，因此这道题的正确答案是D。

82 **雅悦酒店的“文化墙”：**

A 显得十分华丽

B 是没有用处的废物墙

C 给顾客一种家的感觉

D 材料是顾客丢弃的箱子

【题解】D 短文的第三段第二句说“这面墙没有富丽堂皇的背景，取而代之的是由34个旧旅行箱堆起来的‘废物墙’”，也就是说这面墙是由旧旅行箱堆砌起来的，所以这道题的正确答案是D。

83 **关于雅悦酒店的墙面，说法正确的是：**

A 半个锅面很引人注目

B 墙面记载了酒店的悠久历史

C 墙上的锅保持了自然的造型

D 砖瓦的排放是经过精心设计的

【题解】D 通过第四段的最后一句可以知道，由于墙面的砖上印有一些数字或符号，经过设计师对纹路的巧妙构思和排放后，使其就像是一幅幅抒写着几个城市悠久历史的画卷，所以这道题正确答案是D。A项犯了以偏概全的错误，B项混淆了事件的主体，C项未分清已然、未然。

84 **雅悦酒店入住率高是因为：**

A 浓厚的欧洲风味

B 怀旧和幽静的环境

C 良好的餐饮和住宿服务

D 酒店的环保理念受欢迎

【题解】B 根据倒数第二段最后一句话“与其他酒店相比，雅悦酒店的入住率要更高一些，因为在繁忙的上海，人们似乎更喜欢僻静、幽雅、怀旧的感觉”可以知道，雅悦酒店入住率高是因为它僻静、幽雅、怀旧的住宿环境，所以这道题的正确答案是B。

85–88.

人的一生，几乎有三分之一是在睡眠中度过的，而入睡做梦，是人人都有的经验。

梦究竟是怎么回事？“日有所思，夜有所梦”是一种通俗而较为科学的解释。无论多么光怪陆离的梦境，都是大脑活动的反映，总是和人的经历、想象及心理特点有所关联的。弗洛伊德认为，梦是心理活动的反映。巴甫洛夫认为，“梦就是过去各种刺激的痕迹，它们现在以最料想不到的方式组合起来”，强调是生理反应。（85）现代科学研究证明，梦是人类正常的生理、心理活动，是大脑处理资讯的一种特殊形式。更确切地讲，是感觉敏锐、情感丰富而擅长形象思维的右脑，在摆脱了善于归纳、判断等逻辑思维的左脑作用时，独立处理资讯的结果。在白天清醒时，由于左、右大脑交互制约、补充作用，使我们的思维、工作和生命合“情”合“理”；而夜晚做梦时，左脑休息抑制，右脑就“不受干扰而自由地”处理资讯，往往就会有“情”无“理”，出现许多稀奇古怪，甚至离经叛道的梦境。

这种非正常逻辑的资讯编辑处理，对于一般人来说，可能只是一个令人或惊喜意外、或紧张恐惧、或兴奋激动、或悲戚哀伤的梦而已，（86）而对于诗人、作家、另外一些艺术家或科学家，则可能会是飞来灵感和启示，因此流传着许多梦笔生花的美谈。如庄周化蝶、杜甫梦乡、李贺梦月；莫扎特作曲、凡·高作画、斯蒂文森写《化身博士》、凡尔纳写《80天环游地球》也都有梦中命笔的传说。

艺术创作本以形象思维见长，右脑“独创”而命笔，应不算离奇，但（87）以逻辑思维为主的科学家，也因梦而得“科学启示”，似乎有点儿奇怪。其实深思一下也可明白，科学的发展和突破，很多时候就是要对原有的“科学”有新的认识，甚至要否定，不太循规蹈矩的右脑往往比左脑更敢于创新、突破。我们都知道有几个著名的“科学的梦”：凯库勒梦见碳原子跳着像首尾相咬的蛇一样的环舞，从而悟出了苯分子的环形结构，从而揭开了有机化学史上的光辉的一页；门捷列夫梦见元素像小孩儿纵横排列的队伍，导致元素周期律的发现。还有笛卡尔、爱因斯坦……都做过“科学的梦”。

从梦的科学和科学的梦明白梦是怎么回事，也可领悟“形象思维和逻辑思维”之间的辩证关系。（88）在清醒的白天不妨大胆突破陈规旧章，突破“逻辑思维”，也许新的发现、新的发明就会在“白日梦”中给我们灵感和启示。

85 **关于做梦，下面说法最正确的是：**

A 是心理活动的反映

B 白天做的梦更合理

C 敏感的人更容易做梦

D 左脑独立处理资讯所致

【题解】A　根据第二段第六句可以知道，梦是人类正常的生理、心理活动，是大脑处理资讯的一种特殊形式，所以这道题的正确答案是A。

86 **斯蒂文森写《化身博士》说明了梦：**

A 也含有逻辑思维

B 是令人紧张恐惧的

C 可能是灵感的来源

D 大部分是稀奇古怪的

【题解】C　根据第三段第一句后半部分可以知道，斯蒂文森写的《化身博士》作为例子是为了证明“梦对于诗人、作家、另外一些艺术家或科学家，则可能会是飞来灵感和启示，因此流传着许多梦笔生花的美谈”这个观点，所以这道题的正确答案是C。

87 **“科学的梦”说明了：**

A 科学家也会做梦

B 梦中形象思维见长

C 科学需要新的认识

D 科学家通过做梦休息

【题解】B　根据第四段的描述可以知道，科学家从“科学的梦”中领悟到了右脑逻辑思维的勇于创新和突破，从而在梦中解决了白天不能解决的问题，因此这道题的正确答案是B。

88 **文中“白日梦”指的是：**

A 在白天所做的梦

B 不切实际的幻想

C 进行思维的创新

D 逻辑思维的训练

【题解】C　根据最后一段的最后一句话“在清醒的白天不妨大胆突破陈规旧章，突破‘逻辑思维’，也许新的发现、新的发明就会在‘白日梦’中给我们灵感和启示”可以知道，“白日梦”可以给我们灵感和启示，所以应该是“科学的梦”，也就是进行思维创新的梦，因此这道题的正确答案是C。

89–92.

（89）在非洲肯尼亚的中部丘陵地带，原本植被茂密，但随着当地大象数量的增加，有些地方的植被遭到严重破坏。因为大象喜欢食用树叶和树皮，象群所过之处，仿佛给植物做了一次失败的外科手术。一片狼藉之中，遭受灭顶之灾的植物几乎很难再有复苏的机会。当地人为此非常苦恼，因为大象被列为保护动物，不能用枪械驱赶它，而大象力量巨大，如果手中没有枪械，居民们根本拿它们毫无办法。眼看着大象对植被肆意摧残，大家一筹莫展、长吁短叹。

就在当地民众不知所措的时候，两位研究人员闻讯赶到了这里。丘陵地带日渐加深的"谢顶"情况也令他们忧心忡忡。经过考察研究，他们惊奇地发现，(90)丘陵地带的土壤分为沙质和黏土两种，沙质土壤的植物破坏严重，但黏土地上的植物却毫发未损。经过进一步观察，他们发现，在黏质土地上生长着一种金合欢的植物，平时蚂蚁非常喜欢生活在这种植物上。是大象不喜欢啃食这种金合欢植物吗？两位研究人员试着把黏质土地金合欢树上的蚂蚁驱赶下来，令人瞠目的一幕出现了：象群大摇大摆地前来啃食金合欢的叶子和树皮。而当蚂蚁重新聚集在金合欢树上时，刚才还目空一切、大嚼枝叶的大象，仿佛在刹那间变成了胆小的老鼠。象群纷纷转身离去，向沙质土地进发。

两位研究人员由此向当地民众提出了用蚂蚁解决大象破坏植被的办法，大家都感到不可思议：身躯庞大、力大无穷的大象会怕小小的蚂蚁，这不是天方夜谭吧！(91)研究人员马上做了用蚂蚁驱赶大象的实验，结果令人称奇：生长着蚂蚁的金合欢树，大象连碰也不敢碰一下。

面对公众的疑惑，研究人员解释道：这是因为大象的长长鼻子里面布满了神经末梢，如果蚂蚁爬进了大象的鼻子里，会损坏大象娇嫩脆弱的神经末梢，这样的痛苦会让看似强悍的大象难以忍受，而对于在鼻子内为非作歹的蚂蚁，它们又没有办法驱赶。因此，在啃食植物的时候，象群都非常小心，一旦发现树上生长着蚂蚁，它们就会主动退让，甘拜下风。而金合欢树也会知恩图报，为保护自己的蚂蚁提供坚固的巢穴和丰富的食物，从而吸引更多的蚂蚁在自己的身上筑巢，进一步增强了保护自己的"铠甲"。

在我们的学习、生活中，每个人都会遇到一座座看似难以逾越的大山。蚂蚁吓退大象的事例告诉我们，(92)只要善于观察，勤于思考，许多貌似不可解决的挫折和难题，其实都可以迎刃而解。

89 **第二段中"谢顶"的意思是：**

A 大象受到居民的伤害
B 丘陵地带植物受摧残
C 外科手术失败的后果
D 人们出现掉头发的现象

【题解】B　根据第一段的描述可以知道，第二段中的"谢顶"指的是第一段中大象过度食用丘陵地带的植被，导致当地的植物不能复苏的情况，所以这道题的正确答案是B。

90 **关于丘陵地带的土壤和植物，下列正确的是：**

A 金合欢植物长在沙质土壤上
B 蚂蚁喜欢生活在金合欢树上
C 黏土地上的植物破坏更严重
D 大象喜欢吃金合欢树上的蚂蚁

【题解】B　根据第二段的第四句话"在黏质土地上生长着一种金合欢的植物，平时蚂蚁非常喜欢生活在这种植物上"可以知道，蚂蚁喜欢在金合欢树上生活，所以这道题的正确答案是B。

91 **关于研究人员的实验，下列正确的是：**

A 受到了当地居民的反对
B 证明研究人员的判断是正确的

C 损坏了大象鼻子里的神经末梢

D 将保护植物的办法广泛推广开来

【题解】B　根据第三段可以知道，当研究人员提出用蚂蚁来赶走大象的时候，当地居民感到很不可思议，研究人员的实验告诉了大家，蚂蚁真的可以吓退大象，这个实验证明了研究人员开始的判断是正确的，所以这道题的正确答案是B。

92 这篇文章主要告诉我们什么道理？

A 蚂蚁能够驱赶大象

B 小人物也起大作用

C 困难总是可以克服的

D 遇事应善于观察和思考

【题解】D　根据最后一段最后一句话“只要善于观察，勤于思考，许多貌似不可解决的挫折和难题，其实都可以迎刃而解”可以知道，通过蚂蚁吓退大象的故事，我们知道了遇到问题要善于观察和思考，这样才能更好地解决问题，所以这道题的正确答案是D。

93–96.

面对环境的恶化，科学家都鼓励人们过低碳生活。那么，什么是低碳生活呢？

低碳生活涉及碳足迹，碳足迹表示一个人或者一个团体的碳耗费量，是测量某个国家和地区的人口因每日消耗能源而产生的二氧化碳排放对环境影响的一种指标。（93）第一碳足迹是因使用化石能源而直接排放的二氧化碳，比如一个经常坐飞机出行的人会有较多的第一碳足迹，因为飞机飞行会消耗大量燃油，排放出大量二氧化碳。第二碳足迹是因使用各种产品而间接排放的二氧化碳，比如消费一瓶普通的瓶装水，会因它的生产和运输过程中产生的碳排放而带来第二碳足迹。碳足迹越大，说明你对全球变暖所要负的责任越大。碳足迹越小，说明你对环境的保护做出的贡献越大。

就个人而言，每个人可以从自我做起，从生活中的细节做起，尽量减少碳足迹。选择低碳生活。例如，少开一天车，少吃一顿肉食大餐，少用一次性筷子，少开一盏灯，等等，都可以减少碳足迹；甚至做饭时选择烹饪方式也可以减少碳足迹。以土豆为例，用烤箱烘烤土豆产生的二氧化碳比用锅煮的要多，而用锅煮产生的二氧化碳又比用微波炉做产生的多。所以，（94）用微波炉做土豆就是一种更好的低碳生活。

另外，（95）棉布衣服与化纤衣服，爬楼梯与坐电梯，走路与开车等，都是前者是低碳生活，后者是高碳生活。生产化纤衣服要消耗更多的石油和能源，排放更多的二氧化碳，所以应当选择棉布衣服。在家居用电上，使用风电或水电等清洁能源产生的碳排放会比使用热电低。在交通出行方面，小排放量汽车在同距离时碳排放量较少，应大力推广小排量节能环保型汽车。

尽管低碳生活值得提倡，但是，由于工作需要或其他原因，人们不时会进入高碳生活。这时就应当对自己的高碳生活进行补偿。这种补偿就是所谓的碳中和。（96）碳中和指的是，人们可以计算自己日常活动（生产）直接或间接制造的二氧化碳排放量，如果过高，则可以通过植树等方式把这些排放量吸收掉，或者计算抵消这些二氧化碳所需的经济成本，然后个人付款给专门企业或机构，由他们通过植树或其他环保项目抵消大气中相应的二氧化碳量，以达到降低温室效应的目的。可以说，碳中和就是人们对自己高碳生活的补偿。

因此，人类的低碳生活处处可为。

93 **下列哪项二氧化碳的排放是第一碳足迹？**

A 散步

B 开车

C 坐电梯

D 电脑办公

【**题解**】B 根据第二段的第二句话“第一碳足迹是因使用化石能源而直接排放的二氧化碳”可以知道，第一碳足迹是指因使用化石能源而直接排放的二氧化碳，开车就符合这个条件，所以这道题的正确答案是B。

94 **第三段中，使用微波炉做土豆是为了：**

A 使土豆更美味

B 预防全球变暖

C 减少二氧化碳排放

D 使营养更容易吸收

【**题解**】C 根据第三段最后一句话“用微波炉做土豆就是一种更好的低碳生活”可以知道，人们用微波炉做土豆主要是为了减少碳足迹，所以这道题的正确答案是C。

95 **下列属于低碳生活的是：**

A 旧物捐赠

B 买化纤衣服

C 吃进口水果

D 使用热电能源

【**题解**】A 根据第四段的第一句话“棉布衣服与化纤衣服，爬楼梯与坐电梯，走路与开车等，都是前者是低碳生活，后者是高碳生活”可以知道，B、D两项都是错误的，而C项短文中没有涉及，因此此题的正确答案是A。

96 **根据文章推测，下列项目属于碳中和的是：**

A 在健身房锻炼身体代替户外运动

B 华美钢铁工业用生物燃气替代石化能源

C 使用氟利昂代替其他制冷剂的电冰箱

D 洛阳北方企业集团生产大排量摩托车

【**题解**】B 根据短文的倒数第二段的倒数第二句“碳中和指的是，人们可以计算自己日常活动（生产）直接或间接制造的二氧化碳排放量，如果过高，则可以通过植树等方式把这些排放量吸收掉，或者计算抵消这些二氧化碳所需的经济成本，然后个人付款给专门企业或机构，由他们通过植树或其他环保项目抵消大气中相应的二氧化碳量，以达到降低温室效应的目的”可以知道，这道题的正确答案是B。

97–100.

现在地球上的物种正处于地质史上又一次大灭绝的时期。世界上11%的鸟类已经踪影全无，非洲一些地方的类人猿减少了50%，（98）亚洲40%的动物和植物将很快消失，到2025年，全球三分之二的海龟也将与我们永别。

这仅仅是本次物种灭绝的冰山一角。（98）科学家估计可能每20分钟就有一个物种灭绝，也就是说一年可能会有27000个物种灭绝，而其中很多物种也许人类还闻所未闻便永远地消失了。

（97）自然灾害是地质史上前5次物种大灭绝的主要原因，但当前的第六次物种大灭绝，却是由人类所驱动的。

过度地垦荒伐木，严重地破坏了生态系统。据统计，目前地球上超过四分之一的土地已被开垦，54个国家90%的森林已经消失。南美亚马逊河流域的雨林正在以每年24000平方公里的速度消失，这相当于每小时有6个天安门广场那么大面积的雨林在消失。

大肆地狩猎、捕捞是物种灭绝的又

一原因。美洲野牛在欧洲人到来之前有3000万头，由于不断捕猎，到1890年只剩下了750头；蓝鲸最初有30万头，大肆捕杀使其在上世纪60年代就只剩下了几千头。联合国声称由于过度捕捞，目前海洋中最主要的17种鱼类已有15种数量大幅减少，严重影响了海洋生物的生存。

稀有物种的国际贸易对物种灭绝也起到了推波助澜的作用。这种国际贸易一年的净利润能达到100亿美元，它的规模超过了非法军火贸易，仅次于毒品交易。巨大的利益驱使一些盗猎的犯罪分子铤而走险，如象牙贸易虽在1990年就被国际社会明令禁止，但时至今日每年仍有4000头大象遭到猎杀。

环境污染对物种生存而言也是一个严重的威胁。重金属、阻燃剂、合成激素、杀虫剂等到处散播，无处不在；污水、酸雨、放射性废物、油污等正在不断蹂躏着生态系统。

可见，(99)人类在生产生活中的各种不理性行为，严重破坏了生物的多样性，加快了物种灭绝的速度。面对当前的物种大灭绝，人类如果还不能清醒地认识到它的危机，还不去采取积极有效的措施，那么，(100)今天的物种灭绝就会拉开明日人类终结的帷幕！

97 **第一段中的“又一次”具体指第几次？**

A 第二次

B 第五次

C 第六次

D 第七次

【题解】C 根据第三段“自然灾害是地质史上前5次物种大灭绝的主要原因，但当前的第六次物种大灭绝，却是由人类所驱动的”可以知道，这次物种灭绝是第六次，所以这道题的正确答案是C。

98 **根据上文，(　　)灭绝了。**

A 全球三分之二的海龟

B 亚洲40%的动物和植物

C 每20分钟就有一个物种

D 一年可能会有27000个物种

【题解】D 解答这道题时，考生应该对数字前的修饰词和限制词加以注意。根据第一段结尾和第二段开头“亚洲40%的动物和植物将很快消失，到2025年，全球三分之二的海龟也将与我们永别。科学家估计可能每20分钟就有一个物种灭绝，也就是说一年可能会有27000个物种灭绝”中的“将”、“到2025年”、“估计”和“可能”这些限制词可以知道，这道题的正确答案是D。

99 **当前的物种灭绝，主要是因为：**

A 自然灾害

B 环境污染

C 过度垦荒伐木

D 人类的不理性行为

【题解】D 根据最后一段的第一句话可以知道，当前的物种灭绝主要是因为人类的不理性行为所致，其中B、C两项的内容都属于人类的不理性行为，所以这道题的正确答案是D。

100 **关于物种灭绝的危机，正确的是：**

A 导致人类走向终结

B 犯罪行为由此萌生

C 海洋生物生存受到影响

D 生物多样性遭到毁灭性打击

【题解】A 根据短文中最后一段的最后一句话“今天的物种灭绝就会拉开明日人类终结的帷幕”可以知道，如果人们还不能清醒地认识到它的危机，那么今天的物种灭绝将会拉开明日人类终结的帷幕，所以这道题的正确答案是A。

新汉语水平考试 HSK（六级）仿真试题三

参考答案

一、听力

第一部分

1. D	2. A	3. B	4. D	5. B
6. C	7. B	8. D	9. C	10. B
11. A	12. B	13. A	14. C	15. B

第二部分

16. B	17. D	18. D	19. B	20. C
21. C	22. B	23. C	24. C	25. B
26. C	27. D	28. D	29. B	30. D

第三部分

31. D	32. B	33. A	34. C	35. B
36. C	37. A	38. D	39. B	40. B
41. B	42. C	43. D	44. C	45. A
46. D	47. B	48. B	49. D	50. D

二、阅读

第一部分

51. C	52. B	53. A	54. A	55. D
56. A	57. A	58. A	59. C	60. A

第二部分

61. D	62. B	63. C	64. D	65. B
66. C	67. B	68. A	69. A	70. B

第三部分

71. B	72. A	73. E	74. C	75. D
76. E	77. C	78. A	79. D	80. B

第四部分

81. D	82. C	83. B	84. D	85. A
86. B	87. B	88. C	89. D	90. A
91. A	92. B	93. B	94. D	95. A
96. C	97. C	98. B	99. C	100. B

三、书写

101.

送报的少年

放暑假的时候，给我家送报的换成了一个十七八岁的少年。这少年送报很准时，也很懂礼貌。我曾和他闲聊过，得知他每天凌晨 5 点就要起床，而且每天要爬很多的楼梯。

夏天很热，送报这份工作很辛苦，可少年每天都很快活。

7 月下旬的一天，少年送报的时候对我说，今天报上刊登高考录取分数线了。我那儿子从床上一跃而起，抢过报纸看完，兴奋地说自己可以上邮电大学了。我又高兴又有些无奈，我一向看不惯儿子那种少爷作风，就借机教育他要像送报少年那样早起，儿子却看不起送报的少年。

有一天早上，少年送报误点了，直到 9 点半才浑身湿漉漉地站在门口，原来他在大雨中摔了一跤，自行车坏了，报纸也湿了。儿子却不依不饶，非要少年换一份干净的报纸，我急忙给少年解了围。

转眼到了 8 月底，儿子终于接到了邮电大学的录取通知书，高高兴兴地收拾行李准备上学了。

这一天少年和往常一样准时出现在门口，笑吟吟地告诉我明天开始重新由他父亲来送报。我很奇怪，随口问他去做什么，少年居然回答说他被北京大学录取了！还交代我送报的时候能不能关照下他父亲。

我惊讶得一句话也说不出来，看着他的背影，沉思了很久。

听力材料及听力部分题解

（音乐，30 秒，渐弱）

大家好！欢迎参加 HSK（六级）考试。
大家好！欢迎参加 HSK（六级）考试。
大家好！欢迎参加 HSK（六级）考试。

HSK（六级）听力考试分三部分，共 50 题。
请大家注意，听力考试现在开始。

第一部分

第 1-15 题：请选出与所听内容一致的一项。

1

在一次篮球比赛中，教练吩咐一名球员："你跟着对方 21 号，他到哪儿你就到哪儿，不要让他摆脱你。"几分钟后，教练发现他的球队只有 4 人在场上，而那个球员正在防守已经被替换下场的 21 号。

A 这个球员穿 21 号
B 这个球员被对方摆脱了
C 这个球员被替换下场了
D 这个球员很听教练的话

【题解】D　短文最后说，对方 21 号已被替换下场，这个球员还跟着防守他，说明他很听教练的话。

2

研究发现，男人更容易被外界噪音吵醒，而女性不论是否已为人母，孩子的哭声最能吵醒她们。这说明，女性最关注可能对孩子造成的危险，男性则更警惕对家庭构成的威胁。研究还发现，男性被吵醒后入睡更快。

A 女性很容易被孩子吵醒
B 男性被吵醒后很难入睡
C 男性比女性更难被吵醒
D 生育的女性关注家庭危险

【题解】A　短文开头部分说女性不论是否已为人母，孩子的哭声最能吵醒她们。"而"在这里表示转折，转折词后面的句子都是我们需要注意的。

3

马拉松比赛是在街道上举行的，虽然每次比赛都是同样的距离，但道路情况却不一样。比如有时上坡多一点儿，这些都影响成绩。所以说每次的比赛条件几乎都是不一样的。正因为如此，马拉松比赛只有世界最好成绩，没有世界纪录。

A 比赛有专门的跑道
B 每次比赛条件都有差别
C 运动员很难打破世界纪录
D 每次比赛的距离会影响成绩

【题解】B　短文的后半部分说"所以说每

次的比赛条件几乎都是不一样的"，可见每次比赛条件都有差别。

4

在饭店吃饭的时候，我4岁的儿子满嘴含着食物说话，我责备道："没人明白你在说什么。""他说他要一些盐。"我丈夫平静地说。旁边的一位妇女惊讶地问："你怎么听得懂呢？""我是牙医。"我丈夫解释道。

A 我的听力很差
B 丈夫比我更了解儿子
C 儿子的牙齿出了问题
D 丈夫善于听不清楚的话

【题解】D　关键的句子在最后，我们可以知道，丈夫的职业是牙医，经常听病人含糊不清的发音，因此只有他能听懂儿子的话。

5

时下，有许多企业抱怨员工跳槽频繁。由于就业形势不好，很多毕业生初次就业时选择从低做起，积累经验后再换好工作；而不少企业急于用人，抱着"试一试"的态度录用新人。企业与员工之间很难维持长久关系。

A 毕业生初次就业时要求很高
B 企业招聘存在一定的盲目性
C 时下毕业生找工作比较容易
D 员工与企业的关系比较稳定

【题解】B　注意短文中含有"而"的句子。短文后半部分说，不少企业急于用人，抱着"试一试"的态度录用新人，可见企业招聘存在盲目性。

6

如今，越来越多的人工作在城里，居住在郊区或其他城市，他们被称为"钟摆族"。他们大都在北京、上海或广州工作，高昂的生活成本使他们两地奔波。当然，也有人因为喜欢郊区的环境，成为自愿的"钟摆族"。

A 钟摆族常到另一城市出差
B 人们都是自愿成为钟摆族
C 钟摆族主要集中在大城市
D 交通便捷促使钟摆族产生

【题解】C　短文在开头说到了钟摆族，然后说"钟摆族"都集中在北京、上海、广州等生活成本高昂的大城市。

7

微博是一种通过网络和手机更新、分享信息的平台。相比传统博客，篇幅140字左右的微博对用户的技术和语言能力的要求没那么高。微博正在成为人们分享资讯、社交甚至是产品推销的平台，迅速改变着人们的生活。

A 微博对用户的要求比较高
B 用户可以通过手机上微博
C 推销产品是微博的主要作用
D 微博对信息的篇幅没有限制

【题解】B　介绍某个东西的短文一般第一句都是关键句子。短文一开头就说微博是一种通过网络和手机更新、分享信息的平台。

8

我上中学的时候，有一年冬天下了一场很大的雪。学校用广播通知道："请六班派10名同学出来扫雪。"过了半个小时，学校又用广播通知道："请六班出来扫雪的60名同学回教室上课。"

A 六班派了10名学生扫雪
B 学校需要60名学生扫雪
C 学生用半小时扫干净了雪
D 学生们不愿意在教室里上课

【题解】D　根据短文我们可以知道，学校只需要10名同学扫雪，六班却一下子出来了60名同学，说明大家都不愿在教室上课。这种笑话题答案通常在最后一句。

9

所有人都知道运动能够减肥，但做什么运动很有讲究。有氧运动如慢跑、游泳、骑自行车等，能消耗热量，达到减肥的效果；无氧运动如短跑、跳高等，是肌肉在缺氧状态下进行的爆发性的运动，没有减肥的功效。

A 跑步属于有氧运动
B 减肥应该多做无氧运动
C 多骑自行车有助于减肥
D 缺氧状态肌肉消耗更多热量

【题解】C 注意短文中举例子的句子。根据短文第二句可以知道，有氧运动能帮助减肥，而骑自行车正是有氧运动的一种。

10

算筹是中国古代专门的计算工具。它是许多长短相同的小棍子，多用竹子制成，放在布袋里随身携带。算筹可以进行正负整数与分数的四则运算、开方运算和各种特定的演算，是算盘发明以前中国最有效的计算工具。

A 算筹不太方便携带
B 算筹可以计算负数
C 算筹主要由木头制成
D 算筹出现在算盘之后

【题解】B 短文在中间说，算筹可以进行正负整数与分数的四则运算、开方运算和各种特定的演算，因此B是对的。

11

磁悬浮列车是一种靠磁悬浮力来推动的高速列车。列车采用电力驱动，不产生温室气体。但其电磁环境对人体的影响，以及断电后的安全问题尚未得到很好解决。目前世界上只有上海浦东磁悬浮铁路真正投入商业运营。

A 磁悬浮列车不排放有害气体
B 磁悬浮列车不影响人体健康
C 磁悬浮列车安全问题已解决
D 磁悬浮列车已被大规模使用

【题解】A 短文第一个句子说明短文的主题是磁悬浮列车，然后介绍说列车采用电力驱动，不产生温室气体，所以A是对的。

12

目前，国内活跃着一批崇尚健康、贴近自然、热爱户外运动的人，他们被称为“绿领”，各行各业的人开始顺应潮流变身为“绿领”。但要做一个真正的“绿领”，除了要有充足的时间金钱之外，还要非常注重环保。

A 转变为“绿领”很容易
B “绿领”都很有环保意识
C “绿领”从事户外的工作
D “绿领”是一种特定的职业

【题解】B 短文最后说，真正的“绿领”都非常注重环保，所以B是对的。注意含有“但”的句子。

13

科学家近期发明了一种新型注射器，可以在完全无痛的情况下注射药物。通过这种注射器注射疫苗产生的免疫力，比使用传统针头要大得多。将来，这种对人体毫无损伤的注射器很可能完全取代传统针头的地位。

A 新注射器注射时没有疼痛感
B 新注射器正在取代传统针头
C 新注射器对人体有一定伤害
D 新注射器的针头比传统的大得多

【题解】A　短文在开头部分说，新型注射器可以在完全无痛的情况下注射药物，所以A是对的。

14

道教是中国独有的宗教，信奉多种神灵。虽然道教在世界上的影响力和世界其他几大宗教无法相比，但在哲学、医药学、化学、天文学、矿物学甚至武术等领域内，道教都为中国乃至世界做出了巨大贡献。

A 道教只信仰一个主神
B 道教由国外传入中国
C 道教对科技文化贡献很大
D 道教在世界上的影响很大

【题解】C　短文最后说，道教在哲学、医药学、化学、天文学、矿物学甚至武术等领域内都做出了巨大贡献，所以C是对的。

15

很多减肥的人都喜欢尽量把食物做得美味。事实上，食物经过加工往往会提高其自身的热量。过于软烂的食物会使人加快进食速度，大脑不能及时收到吃饱了的信息，导致进食过量。而实验证明，咀嚼也能消耗热量。

A 进食速度越慢吃得越多
B 咀嚼时间长有利于减肥
C 食物加工后比较容易消化
D 减肥食物应尽量做得美味

【题解】B　短文在最后说“实验证明，咀嚼也能消耗热量”。注意含有“而”这样表示转折意义的句子。

第二部分

第16-30题：请选出正确答案。

16-20.

男：大家好。今天我们特别高兴请来了珠海格力电器副董事长兼总裁董明珠女士。董总您好！我们看到前几天胡主席接见了你们妇女代表，您能说一下当时的情况吗？

女：那天是妇女节，我是妇女代表之一。胡主席接见我的时候说，(16)他在非洲访问时觉得中国的格力空调什么都好，就是有一点，太安静了，让他们经常在下班时忘记关空调了。这看起来好像是批评，但更多的是对我们的一种肯定。但我们绝对不会满足于胡主席的这次表扬，而是把它作为一个新的起点，要以更高端、更先进的技术来超越自己，才能保持世界名牌的地位。

男：您刚才说要实现技术上的超越，那么格力和日本大金合作，是否意味着格力向大金学习先进技术呢？

女：和大金的合作，并不是我们要和他们合作，而是他们要和我们合作。首先，我们一年的产量是他们的10倍。其次，就是我们为他们做的产品几年下来没有维修过，他们对我们非常信任。第三，大金空调是世界变频空调之父，而我们和他们有同等的技术，于是我们和大金站在了同一条起跑线上，可以在技术上实现强强联手。(17)我们和大金的合作是为了实现技术的共同开发，为我们行业的技术树立新的方向标。

男：您作为格力的领导者，在企业经营上有什么理念？

女：格力经营这么多年，我坚持的原则就是诚信和共赢。作为一个企业，不仅要产生自身效益，还要产生社会效益。社会效益包括国家利益、投资者的利益和合作者的利益。但最终的落脚点在于消费者的利益。只有得到消费者的认可，才能保证其他的利益。所以我们坚持用好品质、高标准的产品为消费者服务。技术标准有国家的也有国际的，(18)但格力认为，这些仅仅是保证您入门槛的标准，而以消费者的需求作为企业的技术标准才是最高境界的追求。

男：您为什么特别坚信自己的销售渠道，不跟国美这样的大卖场合作呢？

女：空调这个产品有它的独特性，是一个半成品，有很大程度上需要社会服务。这个社会服务不是维修，而是安装。(19)空调的安装还有一个规范的要求，随着我们企业的产量越来越大，专卖店的销售形式更有利于保护消费者的合法权益。大卖场的服务不一定像专卖店那么到位，而且它的品种是多元化经营，也不可能专业化，这是我们通过专卖店销售的原因之一。

16 **格力空调为什么得到肯定？**

A 销售到了非洲
B 运行时噪音小
C 可以自动关机
D 采用先进的技术

【题解】B　根据女的的话可以知道，胡主席的话，表面上是说格力空调太安静，以至于他们下班会忘记关空调，实际上是在表扬格力空调的安静，没有噪音，这是一种对格力空调的肯定，所以这道题的正确答案是B。

17 **为什么大金要和格力合作？**

A 寻求技术援助
B 完善维修服务
C 增大空调产量
D 共同开发技术

【题解】D　这个问题和男的问的第二个问题差不多，男的问格力和大金合作，是否是在向大金学习先进的技术。女的回答说，他们和大金的合作是为了实现技术的共同开发，为行业的技术树立新的方向标，所以这道题的正确答案是D。

18 **女的认为最高境界的追求是什么？**

A 社会效益
B 国际标准
C 诚信和共赢
D 消费者需求

【题解】D　在听听力材料时，考生应对转折连词加以注意，转折词后面的句子往往才是说话人主要想表达的意思。从“但格力认为，这些仅仅是保证您入门槛的标准，而以消费者的需求作为企业的技术标准才是最高境界的追求”这句话可以知道，女的认为企业最高境界的追求是满足消费者的需求，因此这道题的正确答案是D。

19 **通过专卖店销售空调的优点是什么？**

A 顾客多
B 安装规范
C 维修服务好
D 多元化经营

【题解】B　这个问题和男的问的最后一个问题有关，男的问格力公司为什么不和大卖场合作，女的回答说“空调的安装还有一个规范的要求，随着我们企业的产量越来越大，专卖店的销售形式更有利于保护消费者的合法权益”，通过这句话，考生可以知道，格力通过专卖店销售空调可以保证安装规范，所以这道题的正确答案是B。

20 **关于格力，下面哪一项正确？**

A 发明了变频空调

B 向大金学习技术

C 通过专卖店销售

D 国家利益是落脚点

【题解】C　根据男的问的最后一个问题可以知道，格力公司主要是以专卖店的销售形式销售空调，以保证空调安装规范，同时保护消费者的合法利益，所以这道题的正确答案是C。

21–25.

女：各位朋友，大家好。今天我们为大家请到的嘉宾是著名民间文艺家冯骥才先生。冯老师您好！我们知道您非常重视民间文化的保护，能不能给我们大家介绍一下这些保护工作？

男：(21)这几年保护工作的重点是古村落。不是所有行政村都是古村落。古村落指的是历史形态保持得比较完整、有鲜明的地方特色的村落。

女：这样的村落在中国大约有多少个？受到保护的有多少个？

男：根据我们的普查情况，古村落大概在5000个左右，受保护的有100多个。(22)但是我们现在有一些所谓保护下来的村落，实际是跟旅游开发联系在一起的，因为旅游开发而不会被拆掉。这当然也是一种方式。可是旅游开发也对古村落有另外一种冲击。

女：我们为什么关注古村落？

男：(23)古村落是最大的文化遗产，我们少数民族的文化遗产基本上都在村落里。如果我们古村落没有了，我们少数民族的文化就没有了。而少数民族又生活在自己的文化里，一旦没有了文化，少数民族实际上也不存在了。

女：好像现在很多地方为了旅游观光，或多或少都保留了一些古建筑。

男：是的。(24)很多地方的古建筑表面很好，可是当你走进去时，会发现老百姓家里实际上没有任何历史内涵。欧洲人对待历史的态度就不是这样的。我们曾经去过欧洲，欧洲人很尊重历史，有历史情怀，还有文化情怀，他把值得纪念的、能够见证历史的东西放在很重要的位置上，比如祖奶奶的椅子。但是我们一般是把冰箱和电视放在重要的位置上。这种差异可能是我们缺乏一种历史的情怀、文化的情怀。

女：您觉得知识分子在文化保护工作中能起到多大的作用呢？

男：从文化保护的力度来说，最大的应该是政府。哪个知识分子能保护长城？哪个研究所能保护长城？只有政府才能做到。(25)知识分子起到的是一个引导作用，当整个社会没有意识到文化保护的重要性时，知识分子应该首先觉悟，并且用正确的思想引导公众、影响公众。

21 保护工作的重点是什么？

A 古建筑

B 行政村

C 古村落

D 民间文化

【题解】C　这个问题和女的问的第一个问题差不多，女的想让男的介绍一下民间文化的保护工作。男的说古村落是这几年保护工作的重点，所以这道题的答案是C。

22 保护下来的村子情况如何？

A 有5000个左右

B 受到一些冲击

C 靠旅游维持收入

D 有被拆掉的可能

【题解】B　这个问题和女的问的第二个问题和第三个问题有关，主要是希望男的介绍一下被保护下来的村落的现况。男的说一些村落跟旅游开发联系在一起了，因为旅游开发而不会被拆掉，可是旅游开发也对古村落有另外一种冲击。所以这道题的正确答案是 B。

23 **男的认为保护古村落的理由是什么？**

A 旅游价值高

B 文化水平高

C 少数民族存在的基础

D 少数民族居住的地方

【题解】C 这个问题和女的问的第三个问题差不多，女的问的是关注古村落的原因。男的认为关注古村落是因为“古村落是最大的文化遗产，少数民族的文化遗产基本上都在村落里”，所以这道题的正确答案是 C。

24 **与欧洲相比，中国一些地方在保护历史文化上有何不同？**

A 建筑的表面很残破

B 老百姓懂得尊重历史

C 电器放在重要的位置

D 家具都是祖先留下来的

【题解】C 通过男的的话，可以知道很多地方的老百姓家里没有任何历史内涵，他们把冰箱、电视机等电器放在重要的位置上，所以这道题的正确答案是 C。

25 **男的认为知识分子的作用是什么？**

A 保护长城

B 引导公众

C 教育公众

D 调查文化遗产

【题解】B 这个问题和女的问的最后一个问题差不多。女的问知识分子在保护工作中能起到什么作用。男的回答说“知识分子起到的是一个引导作用，当整个社会没有意识到文化保护的重要性时，知识分子应该首先觉悟，并且用正确的思想引导公众、影响公众”，所以这道题的正确答案是 B。

26–30.

女：各位朋友大家好，今天海岩老师带来了他的新书《五星饭店》。这本书今年 8 月份第一版印刷出来，而根据书改编而成的电视剧是去年开拍的，所以应该是电视剧先于书和大家见面。但是至今电视剧的制作还没结束，这是为什么呢？

男：(26)是因为制作方面希望更精致一点儿，所以拍摄周期一拖再拖。通常一个电视剧三天就可以完成一集制作，快的两天，但这部电视剧却是十天一集，一部电视剧等于是花了三部电视剧的时间。

女：请海岩老师向大家介绍一下这部书的主要内容和人物吧！

男：(27)我是多年从事饭店经营工作的业内人士，但是这是我第一次写我本行业的故事。这本书写了一个酒店实习生的工作和爱情，以及他的日常生活。然而这个年龄和这个阶层的人物并不是我熟悉的领域。小说以爱情为故事的主要线索，体现了一个年轻人的成长过程，并没有太多涉及我个人的生活经历。

女：就这本书来说，您抛开了以往的警察题材，是否意味着您写作上的转变呢？

男：其实我之前的作品也有很多不是以警察为主要角色的，案件也不占主要篇幅，比如《你的生命如此多情》、《河流如血》。(28)我现在的作品更多反映年轻人的成长过程，其中包括挫折，因此我认为比较适合年轻人看。让年轻人从别人经历的角度，体会一下遇到了挫折或者是灾难的时候应当怎样应对。

女：您是否觉得现在的年轻人思维方式和您过去差别很大呢？

男：太大了，完全不一样。我现在写20岁的年轻人，就必须要想方设法地体会他们。（29）因为我日常不大接触这样年龄的人，就要去推测、想象，要让自己在心态上变得和他们一样，不能老气横秋。

女：您只依靠推测和想象去体会年轻人的思想，会不会和现实有差距呢？

男：这也是我的顾虑。但从目前来看，这本书在年轻人中基本是受好评的。台湾著名青春偶像剧制作人柴智屏也非常喜欢这本书，她说她从中感受到了青春气息。于是她和我们联系，想买改编权。（30）我说这本书在大陆已经拍完了，她很惊讶。这就说明两岸都认可这个书是适合年轻人的。

26 为什么电视剧晚于书的出版？

A 电视剧太晚才开始制作

B 需要分成三部才制作完

C 制作方延长了拍摄周期

D 拍摄过程中出现了问题

【题解】C　这个问题和女的问的第一个问题差不多。在听力中，女的问电视剧至今还没有完成的原因，男的回答说“是因为制作方面希望更精致一点儿，所以拍摄周期一拖再拖”，也就是说这部电视剧的拍摄周期延长了，所以这道题的正确答案是C。

27 对于这本书的主要内容和人物，下面哪项正确？

A 涉及作者很多的生活经历

B 反映了一个大学生的生活

C 人物属于作者熟悉的领域

D 和作者以前的行业有关系

【题解】D　这个问题和女的问的第二个问题差不多。在文中，女的希望男的介绍一下这部书的主要内容和人物。男的回答说：“我是多年从事饭店经营工作的业内人士，但是这是我第一次写我本行业的故事。”也就是说这部书的内容和作者以前的行业有关系，因此这道题的正确答案是D。

28 为什么男的认为适合年轻人看？

A 书中主要人物都很年轻

B 警察题材的故事很精彩

C 年轻人喜欢情感类型的作品

D 可以从书中借鉴别人的经历

【题解】D　根据“因此我认为比较适合年轻人看。让年轻人从别人经历的角度，体会一下遇到了挫折或者是灾难的时候应当怎样应对”这句话可以知道，年轻人可以从书中的人物经历中学到很多东西，因此这道题的正确答案是D。

29 男的如何体会年轻人的心态？

A 看书学习

B 推测和想象

C 采访年轻人

D 一起参加活动

【题解】B　这个问题和女的问的倒数第二个问题有关系。女的问男的是否觉得现在的年轻人和过去有很大的差别。男的回答说差别很大，从“我日常不大接触这样年龄的人，就要去推测、想象，要让自己在心态上变得和他们一样，不能老气横秋”这句话中可以知道，男的主要根据自己的推测、想象来描写年轻人的心态，所以这道题的正确答案是B。

30 柴智屏为什么感到惊讶？

A 和现实有差距

B 改编权价格太高

C 感受到书中青春气息

D 大陆的拍摄开始得早

【题解】D　从“我说这本书在大陆已经拍完了，她很惊讶”这句话中可以知道，柴智屏感到惊讶是因为她没有想到这本书在大陆已经拍完了，所以这道题的正确答案是D。

第三部分

第 31-50 题：请选出正确答案。

31–33.

有一只狐狸，外出寻找食物，忽然看见一个很大的葡萄园，熟透的葡萄看起来那么诱人，让它垂涎欲滴。但葡萄园四周围着铁栅栏，狐狸太胖了，无法钻进去。（31）于是狐狸决定减肥，让自己瘦下来。真是皇天不负苦心人，它在园外饿了三天三夜，瘦得前心贴后背，终于顺利地钻进了葡萄园。

狐狸在园内甩开腮帮子，大吃起来。葡萄真是又甜又香啊！不知吃了多久，它终于心满意足了。（32）但是，当它想溜出园子时，却发现自己因为吃得太胖而钻不出去了，它只好又在园内饿了三天三夜，当它瘦得像原来一样时，才顺利地钻到园外。回到外面的狐狸，看着园内的葡萄，不禁感叹：空着肚子进去，又空着肚子出来，真是白忙一场啊！

也许你认为这个故事告诉我们的是，人孑然一身来到这世界，又孑然一身离开这个世界，到头来还不是白忙一场！但是，讲这个故事的人说，（33）看问题要看重点：狐狸的经历就像人生，重点在中间一部分：你看，狐狸在葡萄园里吃得多开心啊！

31 狐狸用了什么方法才进到葡萄园里？

A 挖地洞

B 爬葡萄树

C 撑开栅栏

D 节食瘦身

【题解】D　根据“于是狐狸决定减肥，让自己瘦下来。真是皇天不负苦心人，它在园外饿了三天三夜，瘦得前心贴后背，终于顺利地钻进了葡萄园”这句话可以知道，狐狸是通过减肥才钻进葡萄园里去的，所以这道题的正确答案是 D。

32 狐狸为什么出不去了？

A 迷路了

B 吃得太胖

C 中了圈套

D 路被堵死了

【题解】B　通过“当它想溜出园子时，却发现自己因为吃得太胖而钻不出去了”这句话可以知道，狐狸钻不出去是因为它太胖了，所以这道题的正确答案是 B。

33 讲故事的人想告诉我们什么？

A 人生重在过程

B 坚持就是胜利

C 人生就是一个圆

D 要做好长远规划

【题解】A　这道题是一道考查主题的题，一般情况下，考生可以从文章的开头或者结尾找到答案。从这段话的结尾“看问题要看重点：狐狸的经历就像人生，重点在中间一部分：你看，狐狸在葡萄园里吃得多开心啊”可以看出，这段话主要想告诉我们人生要看重过程，所以这道题的正确答案是 A。

34–35.

（34）哭泣是宣泄压力的一种方式，可以偶尔为之。但是并不是所有人都适合用哭泣的方式减压。一般来说，基础人格不同，应对压力的承受能力也不同。通常人们哭泣后，情绪强度会降低 40%，但是压抑的心情得到发泄、缓解后就不能再哭，否则对身体有害。

专家认为，压力的来源有很多，工作、学习、家庭不一而足，（35）压力过大通常与人际关系不良有关。如果在面对压力时，有家人、朋友、同事等良好的人际支持的话，能够有效化解压力。从这种良好的人际关系中也能获得愉悦的情绪，会比较乐观地应对压力。通过哭泣减压，无可厚非，可以作为正常的情绪发泄渠道，但没必要经常用它。它不是减压的首选方式，还有更多更好的方式可以减压。如果经常哭泣，而且情绪调整不好的话，只会越哭越伤心。

34 **关于哭泣减压，下列正确的是：**

A 适合各种人群

B 存在一定争议

C 不可过于频繁

D 不造成身体伤害

【**题解**】C　从这段话的第一句话“哭泣是宣泄压力的一种方式，可以偶尔为之”中可以知道，哭泣减压的方法只能偶尔做一次，不能过于频繁，所以这道题的正确答案是C。

35 **根据上文，压力过大主要跟什么有关？**

A 日常工作

B 人际关系

C 校园学习

D 家庭生活

【**题解**】B　根据“压力过大通常与人际关系不良有关”这句话可以知道，压力过大主要和人际关系有关系，所以这道题的正确答案是B。

36–39.

想象一下，你手里有一张足够大的白纸。现在，你的任务是，把它折叠51次。那么，它有多高？这个厚度超过了地球和太阳之间的距离。折叠51次的高度如此恐怖，但如果仅仅是将51张白纸叠加在一起呢？

这个对比让不少人感到震撼。（36）因为没有方向、缺乏规划的人生，就像是将51张白纸简单叠加在一起。今天做做这个，明天做做那个，每次努力之间并没有一个联系。这样一来，哪怕每个工作都做得非常出色，它们对你的整个人生来说也不过是简单的叠加而已。

当然，人生比这个寓言更复杂一些。（37）有些人，一生认定一个简单的方向而坚定地做下去，他们的人生最后达到了别人不可企及的高度。譬如，我的同学王东的兴趣是英语，他花了十几年努力，仅单词的记忆量就达到了十几万之多，在这一点上达到了一般人无法企及的高度。

也有些人，他们的人生方向也很明确，（38）譬如我的朋友李经理，他就需要很多技能——专业技能、管理技能、沟通技能、决策技能，等等。他可能会在一开始尝试做做这个，又尝试做做那个，没有一样是特别精通的，但最后，开公司做老板的这个方向将以前的这些看似零散的努力整合到一起，这也是一种复杂的人生折叠，而不是简单的叠加。

现在，流行从看不见的地方寻找答案，譬如潜能开发，譬如成功学，以为我们的人生要靠一些奇迹才能得救。（39）但是，通过规划利用好现有的能力远比挖掘所谓的潜能更重要。

36 **作者以白纸为例想说明什么？**

A 人的潜力无穷

B 叠加创造奇迹

C 人生需要规划

D 普通人也能成功

【题解】C　根据“因为没有方向、缺乏规划的人生，就像是将51张白纸简单叠加在一起”这句话可以知道，作者以叠白纸这件事为例来说明人生是否有规划的影响，因此这道题的正确答案是C。

37 **王东成功的最大关键是什么？**

A 精而专

B 记忆力好

C 早定目标

D 坚持了10年

【题解】A　根据这段话可以知道作者拿王东的成功为例子主要想证明“有些人，一生认定一个简单的方向而坚定地做下去，他们的人生最后达到了别人不可企及的高度”这个道理。因此王东成功的最大关键可以归结为“认定一个简单的方向而坚定地做下去”，也就是精准而专一，所以这道题的正确答案是A。

38 **关于李经理，下面正确的是：**

A 专业知识出众

B 非常善于管理

C 勇于开拓市场

D 综合能力较强

【题解】D　从“我的朋友李经理，他就需要很多技能”这句话中可以知道，李经理是一个综合能力较强的人，因此这道题的正确答案是D。

39 **作者最后给出了什么建议？**

A 多了解成功学

B 利用好现有能力

C 能力要全面培养

D 开发自己的潜能

【题解】B　从这段话的结尾“但是，通过规划利用好现有的能力远比挖掘所谓的潜能更重要”可以看出，作者认为人们最好利用好现有的能力，所以这道题的正确答案是B。

40–43.

在非洲的森林里，有一种植物叫“断肠草”，它生长在刺树丛中，靠空气中的少量水和阳光生存，是一种喜阴植物。（40）它最大的特点是有着极度的敏感性，不愿意让任何东西接近，当有人或是其他东西不小心碰它一下，它就会从那一刻开始慢慢衰老而死，因此，当地人们又把它叫作“孤独草”。

在广阔的大自然里，（41）按照断肠草碰一下即开始衰老的现象推断，森林里所有的断肠草都应该呈枯萎状态，因为在大自然中每天都可能有数不尽的树叶落到它的身上，甚至两株相近的草起风摇摆时也会相碰……可奇怪的是，这些断肠草却是生机盎然，这又是为什么呢？

一位博士对此产生了浓厚的兴趣，并做了一个实验：他在实验室里种植了两株草，实验开始的时候，一株草只碰一下，而另一株草，他摹仿自然界，给它持续地接触，（42）一段时间后，只碰一次的草慢慢衰老死亡，而另一株受到持续接触的草却活了下来。后来，又经过几次相同的实验，都是同样的结果。于是他得出结论：断肠草虽然有着极度的敏感性，但只要给断肠草持续的接触，它就不会死亡……

如果我们把外界对断肠草的接触理解成挫折的话，是不是可以得到这样一个启示：（43）有的人一生遇到的挫折可能很少，但可能仅有一次就会把他打倒，可当一个人一生挫折不断的话，他反而会越发坚强，好好儿地活下来。

40 **断肠草有什么特点？**

A 长在树上

B 特别敏感

C 喜欢阳光

D 巨毒无比

【题解】B　根据“它最大的特点是有着极度的敏感性，不愿意让任何东西接近”这句话可以知道，断肠草的特点是它特别敏感，所以这道题的正确答案是B。

41 断肠草的什么方面引起了科学家的兴趣？

A 进化的过程

B 为什么没灭绝

C 迅速衰老的原因

D 迅速衰老的过程

【题解】B　根据这篇文章可以知道，按照断肠草碰一下即开始衰老的现象推断，森林里所有的断肠草都应该呈枯萎状态，但奇怪的是，这些断肠草却是生机盎然。这一点引起了科学家浓厚的兴趣，因此这道题的正确答案是B。

42 关于博士的实验，下面哪项正确？

A 种了三株断肠草

B 有一株一碰就死

C 常被碰的那株没死

D 解开断肠草衰老之谜

【题解】C　根据“一段时间后，只碰一次的草慢慢衰老死亡，而另一株受到持续接触的草却活了下来”这句话可以知道，博士的实验表明常被碰的那一株断肠草没有死，所以这道题的正确答案是C。

43 作者最后想告诉我们什么？

A 阳光总在风雨后

B 不要太相信常识

C 一分耕耘一分收获

D 挫折使人愈加坚强

【题解】D　这个问题是问短文的主题。短文的主题一般在文章开头或者最后。根据文章结尾处的启示“有的人一生遇到的挫折可能很少，但可能仅有一次就会把他打倒，可当一个人一生挫折不断的话，他反而会越发坚强，好好儿地活下来”可以知道，这段话主要是想告诉我们挫折会使人更加坚强。

44-46.

聪明是一种个人资源，从大人到孩子，人们都会为自己拥有这一资源而自信和自豪。所以，（44）孩子都愿意别人夸他聪明，甚至有很多孩子为了得到聪明的“头衔”，常常在同伴面前装作不怎么努力的样子，但回到家里却拼命地学，从而保证好的成绩。这样一来，很多孩子都形成一种错觉，以为聪明就是一学就会，样样都会，不需要努力就能取得成绩，所以争相效尤，导致很多孩子都不努力学习。

（45）那些经常被称赞为聪明的孩子，往往把分数看成自己的聪明所得，把分数高低看得比什么都重要，一遇挫折就容易灰心，且不愿意也不敢接受新的挑战；而那些被夸奖为努力的孩子，则更愿意做出新的大胆尝试，会尽自己最大的努力把它们做好。

（46）所以，家长若想激励孩子在学习上取得更好的成绩，最好的办法不是赞扬他们聪明，而是鼓励他们刻苦学习。

44 为了被人夸聪明，有的孩子是怎么做的？

A 假装不认真学习

B 努力考出好成绩

C 成天在家玩儿游戏

D 模仿聪明人的举止

【题解】A　根据“很多孩子为了得到聪明的‘头衔’，常常在同伴面前装作不怎么努力的样子，但回到家里却拼命地学，从而保证好的成绩”这句话可以知道，为了让别人夸自己聪明，有的孩子假装不好好儿学习，因此这道题的正确答案是A。

45 **关于那些被称赞聪明的孩子，下面哪项不正确？**

A 为之感到骄傲

B 过于看重分数

C 遇到打击易灰心

D 不敢接受新挑战

【题解】C 根据“那些经常被称赞为聪明的孩子，往往把分数看成自己的聪明所得，把分数高低看得比什么都重要，一遇挫折就容易灰心，且不愿意也不敢接受新的挑战”这句话可以知道，那些被夸赞聪明的孩子，更加看重分数，遇到挫折容易灰心，也不敢接受新的挑战，所以这里不正确的是为这种夸赞感到骄傲，因此这道题的正确答案是A。

46 **在表扬孩子这一问题上，作者给出了什么建议？**

A 找对场合和时机

B 适度夸孩子聪明

C 适当给予物质奖励

D 鼓励他们好好儿学习

【题解】D 一般情况下，“所以”后面的话是前面句子的结论或者对前面句子的总结，所以考生在听听力时，应加以注意。通过“所以，家长若想激励孩子在学习上取得更好的成绩，最好的办法不是赞扬他们聪明，而是鼓励他们刻苦学习”这句话可以知道，作者建议家长应该鼓励孩子们刻苦学习，因此这道题的正确答案是D。

47–50.

我经常埋怨风，埋怨雨，而且理由充分。虽然这不过是很平常的风很平常的雨，但（47）因为它们给自己的出行带来了不便，我责怨起来总是底气十足、振振有词。

（48）但有一个雨天，我见到一位气象学家，他对我只因为雨天给我带来小的不便就如此愤懑很不理解。

他问我：“你有没有见过台风？”我摇头。摧枯拉朽的台风，我并没有亲历过。“每个人都在诅咒台风给人类带来的破坏。可是，如果没有台风，你知道这个世界会怎样吗？”我还是摇头。“那好，我告诉你。”气象学家说，“（49）如果没有台风，全世界的水荒会更严重。台风可以为人类提供大量的淡水资源。如果没有台风，地球上的冷热会更不均衡。日照最多的赤道地区全靠台风来驱散热量，否则，热带会更热，寒带会更冷，而温带将不存在……”

因为无知，因为短视，我只知道风会吹乱我的头发，只知道雨天出门要多带一把雨伞，却没想到比这暴虐1000倍的台风却是人类生存的必需！

如同世上没有一条路总是一马平川，世上也没有一个人可以随心所欲。尽管台风让人防不胜防，但是，在埋怨之前，一个人只要能够想想：“如果没有台风，世界将会怎样？”那么，想过之后，他一定会更心平气和，更接近真理，也更懂得他生活的世界。

47 **“我”为什么老抱怨雨天？**

A 导致物价上涨

B 给出行带来不便

C 影响“我”的心情

D 耽误“我”做生意

【题解】B 通过“因为它们给自己的出行带来了不便”这句话可以知道，“我”经常抱怨天气是因为风雨天给“我”的出行带来了不便，所以这道题的正确答案是B。

48 **知道“我”讨厌雨天，气象学家是什么态度？**

A 愤怒

B 不解

C 同情
D 支持

【题解】B 通过“但有一个雨天，我见到一位气象学家，他对我只因为雨天给我带来小小的不便就如此愤懑很不理解”这句话可以知道，这位气象学家对“我”的抱怨感到很不理解，所以这道题的正确答案是B。

49 关于台风，下面哪项正确？

A 会造成世界性水荒
B 导致地球冷热不均
C 会威胁人类的生存
D 可为赤道驱散热量

【题解】D 根据气象学家的话可以知道，台风能促使地球冷热均衡，减轻全世界的水荒，还能为赤道地区驱散热量，所以这道题的正确答案是D。

50 “我”最后领悟到什么道理？

A 要活到老学到老
B 生活是最好的老师
C 抱怨不能解决问题
D 学会换个角度看问题

【题解】D 这是一道考查短文寓意的题。通过这篇短文，我们知道了不能只看到台风给我们带来的不便，还应该看到台风给整个地球带来的好处，应该多角度地看问题，不能只站在一个角度看问题，所以这道题的正确答案是D。

阅读部分题解

第一部分

第 51-60 题：请选出有语病的一项。

51

A 这种无纺布环保袋经过工艺处理后，具备了防水、易清洗、容量大等特点，深受消费者欢迎。

B 像“阿 Q”这样的字母词已遍布汉字文化圈内，不但活跃在各类媒体上，而且还进入了教科书。

C 生物入侵就是指那些本来不属于某一生态系统，但是通过某种方式被引入到这一生态系统，然后定居、扩散、爆发危害的物种。

D 在原始文化遗址水洞沟，人们发现了略加磨制的鸵鸟蛋穿孔饰件和骨片制成的骨锥，这是磨制技术的萌芽，在人类历史上具有重要意义。

答案： C。

病因： 提取句子主干后即为“生物入侵是……物种”，搭配不当，应为“生物入侵是……现象”。

修改： 生物入侵就是指那些本来不属于某一生态系统的物种，通过某种方式被引入到这一生态系统，然后定居、扩散、爆发危害的现象。

52

A 大观园的建筑布局酷似清朝的恭亲王府。

B 南京过江隧道的开通，有效地解决了长江大桥的交通拥堵。

C 宇宙中的能量总和一开始便是固定的，我们既不能创造，也不能消灭能量。

D 中国人游山玩水，是持着纯欣赏的态度，而西方人则是抱着征服的“壮志”。

答案： B。

病因： “解决交通拥堵”搭配不当，应该为“解决……问题”。

修改： 南京过江隧道的开通，有效地解决了长江大桥的交通拥堵问题。

53

A 一到下班，市区主干道上的车流便滔滔不绝。

B 事实证明，经过艰苦生活磨炼的人更善于战胜各种困难和挫折。

C 如果一个人的睡眠时间不足，或者睡眠质量不高，其大脑机能就会受到一定影响。

D 赋、比、兴是后人从《诗经》中总结出的三种艺术手法，并被古代文学家们借鉴发挥。

答案： A。

病因： “滔滔不绝”主要形容一个人的口才，不能形容车流。

修改： 一到下班，市区主干道上的车流便川流不息。

54

A 天空中飞扬的尘沙污染了路上行人的衣服。

B 大象的听觉异常灵敏，即使是耗子的脚步声也能轻易分辨出来。

C 无论在政府、企业还是在私人事务中，节约都是健全的财务结构的一项根本需要。

D 苹果中含有大量叫栎素的抗氧化物质，该物质可以保护人的肺部不受大气污染的影响。

答案： A。

病因：“污染”用词不当，对衣服一般不可以用“污染”，污染主要是针对环境来讲的。

修改： 天空中飞扬的尘沙弄脏了路上行人的衣服。

55

A 一个人生活中的阴影多半是由他本人挡住了阳光而形成的。

B 神话是远古人民表现对自然及文化现象的理解与想象的故事。

C 人们都说猫是老鼠的天敌，但有些养尊处优的猫早已把抓老鼠的本领忘得一干二净了。

D 中国残疾人艺术团在香港演出的大型音乐舞蹈《我的梦》，广泛地得到了当地观众的好评。

答案： D。

病因：“广泛”应该直接修饰“好评”。

修改： 中国残疾人艺术团在香港演出的大型音乐舞蹈《我的梦》，得到了当地观众的广泛好评。

56

A 这次活动的开展，旨在提高全社会保护环境。

B 森林资源按自然属性可划分为生物资源和非生物资源两大类。

C 夏至这天，太阳直射北回归线，是北半球一年中白昼最长的一天。

D 艾滋病是一种传染病，其病毒主要通过性接触或血液、母婴等途径传播。

答案： A。

病因：“提高”缺少宾语中心语，一般与“意识”搭配。

修改： 这次活动的开展，旨在提高全社会保护环境的意识。

57

A 随着移动通讯的日益发达，手机已经成为大家不可缺少的必需品。

B 在研究生命的需求问题时，我们不禁对生物组织的复杂程度感到震惊。

C 中国古代的选官制度，自夏商周到明清，形成了一个十分完整的发展序列。

D 在糖水中加入极少量苦味的奎宁，人们可能认为甜味会减轻，其实恰好相反。

答案： A。

病因：“不可缺少”与“必需品”语义重复，“必需品”中就包含着“不可缺少”的意思。

修改： 随着移动通讯的日益发达，手机已经成为大家的必需品。

58

A《消费者权益保护法》深受广大消费者所欢迎。

B 淮扬菜与京、川、粤菜齐名，有“东南佳味”之称。

C 她开着车子，沿着每天上下班必经的熟悉道路奔驰而去。

D 噪音往往能引发身体的疲劳和不适，对人的心理也造成一定的伤害。

答案： A。

病因：“深受广大消费者所欢迎”是“深受广大消费者欢迎”和“深为广大消费者所欢迎”两种句式杂糅。

修改：《消费者权益保护法》深受广大消费者欢迎。

59

A 通过这几天的接触，我们都加深了对彼此的了解。
B 冬眠，是某些动物抵御寒冷、维持生命的特有本领。
C 生物变异及相互适应的原因和方法，对于我们需要有个明确的了解。
D 维生素本身并不产生热量，它只是一种帮助释放食物中能量的化学物质。

答案：C。
病因："对于"的使用，造成"原因和方法"跟"我们"之间主客体的颠倒。
修改：我们对生物变异及相互适应的原因和方法需要有个明确的了解。

60

A 我哥哥不但很瘦，而且精神饱满。
B 李老师对这所学校的情况非常熟悉。
C 这本杂志主要是面向计算机爱好者的。
D 在这次校运会上他打破了一项全国纪录。

答案：A。
病因：关联词使用错误，前后应该是转折义，而非递进。
修改：我哥哥虽然很瘦，但是精神饱满。

第二部分

第 61-70 题：选词填空。

61

不管是修缮还是重建，对于文化遗迹来说，关键在于______。圆明园废墟是北京城最有______感的文化遗迹之一，如果把它完全铲平，造一座______的圆明园，根本就是得不偿失。

A 保护　文化　全新
B 储存　民族　崭新
C 保管　自豪　现代
D 保存　历史　崭新

【题解】D　首先，第一空，B 项的"储存"指积蓄存放，如"储存粮食"；C 项的"保管"表示保藏和管理，如"保管书籍"；D 项的"保存"指使事物、性质、意义、作风等继续存在，不受损失或不发生变化，如"保存古迹"。根据句意，可以知道"储存"和"保管"不能填在此空。这段话主要讲文化遗迹经时间的推移，需要人们的保护，此句强调的是文化遗迹的历史意义，所以这道题的答案应该是 D。

62

蜂王浆，并非是蜂王所产，而是因为它被用作蜂王毕生______的食物而得名。它珍稀名贵，来源______，成分复杂，有着极强的保健功能和奇异的医疗______。蜂王浆不能用开水或茶水冲服，并应该低温贮存。

A 享受　奇怪　作用
B 享用　奇特　效果
C 食用　独特　条件
D 使用　特别　功效

【题解】B　首先，从第一空看，A 项的"享受"是指享用，受用，如"享受生活"，但一般不说"享受食物"，因此可排除 A 选项。根据题意可以知道，蜂王浆是蜂王享用的食物，一般我们说"使用工具”，但不说“使用食物”，所以D项的“使用”填在此处不合适，考生可以排除D项。其次，从第三空看，C项的“条件”是指一件事情发生的前提，题中强调的是食用蜂王浆后的功效，因此“条件”一词用在这里不合适。这道题的正确答案是B。

63

虚心，能使自己保持头脑的冷静和思索的敏锐，最大______地了解困难和不利条件，为整体成功创造有利______。虚心，能使自己具有涵养，为顺利打通成功之路创造条件。虚心，能使自己______丰富的知识，保持不断进取的______精神。

A 程度　条件　具有　坚强
B 角度　前途　储备　努力
C 限度　因素　具备　坚韧
D 空间　基础　掌握　宝贵

【题解】C 从第一空看，A项的“程度”指进度，事情发展到达的状况；B项的“角度”指看事情的出发点；C项的“限度”指度、量范围的高低极限；D项的“空间”指物质存在的一种客观形式，由长度、宽度、高度表现出来，如“三维空间”。根据句意和这四个词的意思，考生可以判断出“角度”和“空间”这两个词不能填在此处。从第四空看，A项的“坚强”指坚固，不动摇，在现代的含义中，更有能承担压力、不屈不挠的精神，它强调的是力度；C项的“坚韧”形容人的意志，它重在韧度，如：坚韧不拔。题中强调的不是精神的力度，而是坚韧不拔的精神的韧度。此题的正确答案是C。

64

中国园林的景物主要摹仿自然，用人工的力量来建造______的景色，即所谓“虽由人作，宛自天开”。这些景物虽不一定______仿自某山某水，但多少有些______，用精炼概括的手法______。

A 自然　注重　基础　再现
B 美丽　要求　依据　建造
C 优美　鼓励　规定　保存
D 天然　强调　根据　重现

【题解】D 根据句意可以知道，中国园林是用人工的力量建造出的模仿自然的景色，所以第一空填“天然”或“自然”比较合适，排除B、C。其次，从第三空看，A项的“基础”指事物发展的根本或起点；D项的“根据”是指作为根据的事物。根据句意可以知道，这些景物都是有一定的根据的，模仿自然山水的，并不是凭空捏造的。故第三空填“根据”比较合适。所以这道题的正确答案是D。

65

机会，寻可得，坐可失。要想得到它，必须______地寻找机会，敏锐地识别机会，______地抓住机会，准确地利用机会，而绝不能只把希望寄托在那些______事件上，抱着守株待兔的______心理去消极地等待机会。

A 主动　不懈　突然　不安
B 积极　果断　偶然　侥幸
C 仔细　谨慎　忽然　乐观
D 不断　努力　突发　好奇

【题解】B 首先，从第三空看，A项的“突然”指时间短促；B项的“偶然”表示不确定的意思；C项的“忽然”有突如其来的意思；D项的“突发”指突然发生，出人意料地发生。根据题意可以知道，叙述者不希望人们把希望寄托在不经常发生的事件上，而不是意外事情上。所以可以排除A、C、D三项，得到答案是B。另外，考生还可以从第四空处得到答案。“守株待兔”比喻希图不经过努力而成功的侥幸心理，所以这个词就提示了第四空应该填“侥幸”。“侥幸”是由于偶然的原因而成功的意思。

66

心理学家发现人是爱讲谎话的动物，人______每天最少说谎25次。很多人不______自己在说谎，这是因为有些谎话连说谎的人自己都______不到。人们对有些谎言实际上已经是习焉不察，不动大脑也能______说两句。

A 大概　认同　体验　随便
B 基本　认为　意识　随机
C 平均　认可　感觉　随口
D 可能　承认　体会　随时

【题解】C　首先，第三空，A项的“体验”是指亲自处于某种环境而产生认识；D项的“体会”是指体验领会，一般不用在自己身上。题中只是说自己可能也不知道自己在说谎，并没有提到某种环境的影响，故A、D两项填于此不合题意。其次，B项的“随机”是指不设任何条件，随意地，如“随机采样”；C项的“随口”指不假思索，顺便说出。根据文章大意可以判断出第四空处填“随口”更合适。所以这道题的正确答案是C。

67

紫禁城各处宫殿的房顶上，有各种各样奇形怪状的小动物的______，这些______都是出自建筑大师们的手笔。他们不仅仅只是帝王宫殿上的装饰物，而且还是屋顶防止雨水侵蚀渗漏和松散脱裂的______的琉璃部件，是建筑匠师们把实用构件与艺术造型巧妙地______起来的典范。

A 模样　自然　宝贵　联络
B 形象　当然　重要　联系
C 图案　必然　珍贵　连接
D 雕刻　固然　关键　关联

【题解】B　首先，第二空处，D项的“固然”表示承认某个事实，引起下文转折，但文章中并没有出现转折，所以这个词不能填在这里，排除D项。其次，从第三空看，A项的“宝贵”和C项的“珍贵”重在“贵”，指贵重，值得珍爱、重视；而B项的“重要”指重大而主要。根据题意，文章主要强调的是这些屋顶的琉璃部件的重要性，所以这道题的正确答案是B。

68

作为又是节气又是节日的清明，在中国传统节日中享有______的待遇。清明节最早发端于商朝，后来渐渐地与寒食节______在一起，寒食节的主题也逐渐______了清明节的主题，相当于中国最早的斋戒节。这样，追怀烈士、祭奠故人便又成为清明的一道______的风景。

A 特殊　融合　代替　永恒
B 特别　混合　代表　永远
C 较高　联合　表示　悠久
D 独特　结合　顶替　长远

【题解】A　从第三空看，B项的“代表”是指表示某种意义或象征某种概念；C项的“表示”是指用语言、行动显出某种思想、感情、态度。这两个词都不合题意，故排除B、C两项。从第四空看，A项的“永恒”表示永远不变化，重在“恒”；D项的“长远”是辽远，长久，指将来很长时间，重在“远”。此处重在写清明节是一道永远不变的风景，不是强调时间的长久。所以此处应该填“永恒”。答案是A。

69

有些学生在顺境中应对自如，但一旦遭到挫折，便_____。对于这样的学生应人为地设置障碍，_____挫折，以训练其对逆境的_____能力，以求更好地_____生活。如可以在考试中出一些比较难的题目让学生去做，学生在_____挫折的同时也加深了对知识的理解。

A 一蹶不振　制造　忍受　适应　遭受
B 一败涂地　创造　承受　顺应　接受
C 垂头丧气　制作　应对　适合　受到
D 土崩瓦解　生产　感受　符合　面对

【题解】A　首先，从第一空看，A 项的"一蹶不振"比喻遭受一次挫折以后就再也振作不起来；B 项的"一败涂地"形容失败到了不可收拾的地步；C 项的"垂头丧气"形容因失败或不顺利而情绪低落、萎靡不振的样子；D 项的"土崩瓦解"比喻事物的分裂或彻底垮台。根据文意，可以知道"一败涂地"和"土崩瓦解"不适合填在题中的第一空处。其次，A 项的"制造"指有意识地造成某种氛围、局面；C 项的"制作"是指制造，造作。文中"设置障碍和挫折"都是有意识的行为，所以此处填"制造"比较合适。一般情况下，人们都说"适应生活"、"适合做导游"等。所以这道题的正确答案是 A。

70

鼹鼠是生活在地下的地鼠，它们擅长在地底挖洞，_____挖的不止一条。要挖出这样的坑道当然很_____，但一旦完成，就可以采用_____的办法等食物上门。蚯蚓、甲虫等常会不_____闯进鼹鼠的坑道中，被来回巡逻的鼹鼠_____。

A 暂且　奇特　坐享其成　仔细　捕捉
B 而且　辛苦　守株待兔　小心　捕获
C 并且　艰苦　因循守旧　自觉　擒获
D 不但　神奇　墨守成规　留意　抓获

【题解】B　根据句意可以知道，第一空处应该填一个表达递进关系的连词，所以考生可以排除 A、D 两项。其次，从第二空看，B 项的"辛苦"指辛劳苦累；C 项的"艰苦"指艰难困苦。题中强调的是鼹鼠挖洞的辛劳苦累，所以"辛苦"适合填在这里。第三，从第三空看，B 项的"守株待兔"比喻希图不经过努力而成功的侥幸心理；C 项的"因循守旧"是指死守老一套，缺乏创新的精神。根据题意可以知道，第三空处缺少一个表示一劳永逸的词，"守株待兔"适合填在此处。所以这道题的正确答案是 B。

第三部分

第 71-80 题：选句填空。

71–75.

一次，仪山禅师洗澡。水太热了点儿，仪山让弟子打来冷水，倒进澡盆。听师父说，（71）__________，看见桶里还剩有冷水，做弟子的就随手倒掉了。正在澡盆里的师父眼看弟子倒掉剩水，不禁语重心长地说："世界上的任何东西，不管是大是小，是多是少，是贵是贱，都各有各的用处，（72）________

______。你刚才随手倒掉的剩水，不就可以用来灌浇花草树木吗？这样水得其用，花木草树也眉开眼笑，一举两得，又何乐而不为呢？”弟子受师傅这么一指点，从此便心有所悟，取法号为“滴水和尚”。

万物皆有所用，不管是看上去多么卑微的小草，还是渺小的一滴水，(73)__________。科学家的发明创造，石破天惊，举世瞩目，然而，如果没有众人智慧的积累，(74)__________，子虚乌有。鲁迅的那段话也掷地有声：“天才并不是自生自长在深林荒野里的怪物，是由可以使天才生长的民众产生、长育出来的，所以没有这种民众，就没有天才。”“落花水面皆文章，好鸟枝头亦朋友。”当年朱熹就曾这样说过。如果你处在社会的底层——相信这是大多数，请千万不要自卑，要紧的还是打破偏见，唤起自信。问题不在于人家怎么看，(75)__________。

三百六十行，行行出状元。关键还是在于，怎样按照你的实际，为社会、为人类多作贡献，从而在这个世界上找到自己的一片绿洲、一片天空。

A 不要随便就浪费了
B 水的温度已经刚好
C 便就终将成为空中楼阁
D 可贵的是你的精神面貌如何
E 都有它们自身存在的价值

【题解】

(71)B　上文中提到该弟子已经将打来的冷水倒进了澡盆，而下文弟子将剩下的冷水随手倒掉，故可以推知澡盆里的冷水已经足够，水温已经降下来了，故选项 B 正确。

(72)A　根据上下文我们知道，禅师是在教导徒弟不要因为事物的微小而将其随意浪费，因此这里选项 A 正确。

(73)E　这里是一个条件复句。根据全文所要表达的主要观点，一个事物不管多么渺小，都是有其内在价值的，“不管……都……”是固定搭配，故这里选项 E 正确。

(74)C　这里是一个假设复句，上一个分句是“如果”引导的，故下文一般会出现“就”与之搭配，如此看来选项 C 最为恰当，且选项 C 中的“空中楼阁”和下文的“子虚乌有”在语义上也是差不多的。

(75)D　这里作者是以一种与读者交谈的方式来表达自己的观点的，所以用了第二人称“你”，且这里的“你”是一个处在社会底层的人。空格的上一句是“不在于人家怎么看”，是一种否定的说法，一般这样的句式下文是一句肯定的、且语义与上文相对的说法，这里与“人家”相对的便是“你”自己了。故选项 D 正确。

76–80.

马路旁的人行道比马路要整整高出一台阶，而他还没满一周岁。他长着两条细弱的小腿，(76)__________，老是哆哆嗦嗦地……但两条腿的主人——小男孩儿想从马路上登上人行道的愿望却十分强烈，而且信心十足。

瞧，那只穿着好看袜子的小脚已经抬了起来，(77)__________，但孩子还没有下定决心登上第二只脚，有那么一会儿他就那么站着：一只脚在人行道上，而另一只脚还在原处没动。

然而小男孩儿又收回了跨出去的那一步，(78)__________，小男孩儿就这么站着，既不前进也不后退，只是固执地注视着自己的前方。“还小呢，刚刚能走路，就能跨台阶？”路旁一位头发花白的老奶奶啧了啧嘴说，“做大人的要帮他一把。”(79)__________，只是微笑着鼓励说："自己上，小乖乖，自己上。"小脚又一次踏上了人行道，另一只脚也费力地提到了空中，（80）____________。"加油！加油！"旁边的小姑娘喊着。终于两只脚都站到人行道上去了，这也许是孩子一生中拿下的第一个高地，小胖脸同时绽开了笑容——了不起的胜利！"好一个登山者！"胡子老爷爷幽默地说，他摸摸孩子的头，"一开头总是困难的，但现在总算对付过去了。乖孩子，祝你永远向新的高度进军！"人生会有多少个第一次啊！

A 他似乎在积蓄力量
B 这回可真是憋足了劲儿
C 踩在了人行道的边沿上
D 而孩子的妈妈并没有伸出手去
E 此刻这两条小腿却怎么也不听使唤

【题解】

（76）E　上文已经提到了"他"长着的两条"细弱的小腿"，且根据下文"老是哆哆嗦嗦地"可以推知空格处的主语很有可能已经转换为他的"小腿"，而选项E正是讲的他的"两条小腿"，且"怎么也不听使唤"与下文的"哆哆嗦嗦"在语义上也可以衔接，故为正确答案。

（77）C　根据下文"一只脚在人行道上，而另一只脚还在原处没动"可知这里他的第一只脚抬起来后已经落到了人行道上，故选项C正确。

（78）A　此时小男孩儿收回了脚步，且下文中提到他在短时间内没有动静，但是根据"固执地注视着自己的前方"我们仍可推断出此时小男孩儿并没有放弃，而要继续尝试，因此这短暂的停顿可以被看作在积蓄力量，选项A正确。

（79）D　上文中老奶奶要求"做大人的要帮他一把"，但根据下文中"只是微笑着鼓励说……"可以推知在一旁的大人并没有去帮他一把，而只是用言语鼓励他，故选项D正确。

（80）B　根据上文我们知道，这次小男孩儿终于抬起了第二只脚，且由下文我们得知小男孩儿最终取得了成功，因此在抬第二只脚的时候，说小男孩儿"憋足了劲儿"还是很贴切的，故选项B正确。

第四部分

第81-100题：请选出正确答案。

81–84

一天，我与儿子面对面坐着剥豆，当翠绿的豆快将白瓷盆的底儿铺满时，儿子忽地离位，又拿了一个瓷碗放在自己面前，将瓷盆朝我面前推推。看他碗里粒粒可数的豆，我问："想比赛？""对。"儿子利索地回答。"可这不公平。我盆里已有了，你才刚刚开始。"我说着顺手抓一把豆放在他的碗里。"不！"他按住我的手，"就这样我才能试出自己的速度。"

一丝喜悦悄悄在我心里散开，我欣赏儿子这种自信和大气。一时，原来很随意的家务劳动有了节奏，只见手起豆落，母子皆敛声息语。（81）"让儿子赢，使他以后对自己多一些自信。"如是想，手不知不觉就慢了下来，借拾豆的机会稍稍停一下。"在外面竞争是靠实力，谁会让你？让他知道，失败成功皆是常事。"剥豆的速度分明快了。儿子手不停，眼却时时在两个容器中瞍。见他如此投入，我心生怜爱，学校学习、考试，够他累的了……剥豆的动作不觉中又缓了下来。“不要给孩子虚假的胜利。”节奏自然又紧了许多。

一大袋豌豆很快剥光。一盆一碗，一大一小不同的容器难以比较，凭常识，我知道儿子肯定输，正想淡化结果，(82)他却极认真地重新拿来了碗，先将他的豆倒进去，正好满一碗，然后又用同样的碗来量我的豆，也是一碗，只是凸出了点儿，像隆起的土丘。

“你赢了。”他朝我笑笑，很轻松，全没有剥豆时的认真和执着。

“是平局，我本来有底子。”我纠正他。

“我少，我就是输。”没有赌气，没有沮丧，儿子认真和我争。脸上仍是那如山泉般的清澈的笑容。

想到自己(83)瞻前顾后，小心翼翼，实在是过分了。孩子的生命，自有他该有的轨迹，该承受的，该经历的，他都应有完整的体验。(84)失望、失误、失败，伤痛、伤感、伤痕，自有它的价值，不必人为地营造一片虚假的生存空间。因为生活是实在的，生命也要经过磨难才真实。

81 比赛时，为什么“我”的速度一会儿快一会儿慢？

A 不够自信

B 剥豆剥累了

C 没有认真比赛

D 思考比赛结果

【题解】D　根据第二段的描述可以知道，母亲剥豆的速度一会儿快一会儿慢是在想到底让自己赢得这次比赛还是故意输给儿子，也就是说母亲在一边剥豆，一边思考比赛的结果，所以这道题的正确答案是D。

82 儿子是怎么确定比赛结果的？

A 称重量判断

B 凭常识判断

C 用另一个碗重新量豆

D 认真地用他的碗量豆

【题解】C　根据第三段的最后一句话“他却极认真地重新拿来了碗，先将他的豆倒进去，正好满一碗，然后又用同样的碗来量我的豆，也是一碗，只是凸出了点儿，像隆起的土丘”可以知道，儿子是重新拿了一个碗来量豆子的，所以这道题的正确答案是C。

83 文中画线词语“瞻前顾后”的意思是：

A 环顾四周

B 顾虑太多

C 严肃认真

D 东张西望

【题解】B　根据短文的内容可以知道，“瞻前顾后”是在说母亲开始比赛时考虑了很多关于比赛结果的事情，所以这个词在这里代表的是“顾虑太多”的意思，因此这道题的正确答案是B。

84 这篇文章告诉我们什么？

A 失败并不可怕

B 不要为孩子操心

C 要与艰难困苦做斗争

D 每一种经历都是财富

【题解】D　根据短文的最后一句话“失望、失误、失败，伤痛、伤感、伤痕，自有它的价值，不必人为地营造一片虚假的生存空间。因为生活是实在的，生命也要经过磨难才真实”可以知道，无论是成功还是失败都有它的价值，也就是说每一种经历都是一种财富，所以这道题的正确答案是D。

85–88.

（85）在城市里，人们经常可以见到各种各样的街头雕塑。街头雕塑，指的是在道路两侧或交叉口等位置布设的雕塑。它主要供在道路上活动的用路者观赏。

街头雕塑一般分为纪念性、主题性和装饰性雕塑。纪念性雕塑一般是以历史上的人或事件为主题，它布设在特定地点，再现特定的历史人物和事件，显示一个国家的历史和民族精神。例如，在都江堰市布设的李冰雕塑，就是为了纪念他在设计都江堰工程中所做出的杰出贡献。（86）主题性雕塑是对某个特定地点、环境、建筑的主题说明，它必须与这些环境有机地结合起来，点明并升华主题。例如，在甘肃敦煌县城有一座“反弹琵琶”雕塑，它取材于敦煌莫高窟壁画，显示了该城市因拥有莫高窟这一名胜而闻名于世的特色。装饰性雕塑主要用来装饰街道环境，表现的内容比较广泛，体量也因环境不同而有大有小。

（87）在现代城市中，布设街头雕塑，重要的是要考虑不同交通特性的道路以及交通环境的视觉特性。快速道路或交通主干道，主要以通行机动车为主，行人相对较少，同时路旁地带位置也不宽。在这种条件下，路边的雕塑再精美，用路者一闪而过，很难获得多少印象。如果在沿途的适当位置布设造型简单、体量较大的雕塑，则会收到较好的效果。生活性道路是以低速交通方式的视觉特性为主，用路者是在低速通过或停下来的情况下品赏雕塑。在这种条件下，对街头雕塑的要求就不同于前者。如果不考虑上述因素，街头雕塑就很难起到应有的作用。

（88）街头雕塑这一公共性景观能够使城市更具亲和力，它既美化了交通环境，又具有丰富的文化内涵，甚至成为城市人文精神的集中体现，在城市道路空间中起着不可估量的作用。

85 **街头雕塑：**

A 造型丰富多样

B 只能布设在道路两侧

C 在城市和乡村都随处可见

D 主要为人行道上路人摆设

【题解】A 根据短文的第一段的第一句话“在城市里，人们经常可以见到各种各样的街头雕塑”可以知道，街头雕塑的形状多种多样，所以这道题的正确答案是A。

86 **必须起到升华主题作用的是：**

A 纪念性雕塑

B 主题性雕塑

C 装饰性雕塑

D 创意性雕塑

【题解】B 根据第二段的第四句话“主题性雕塑是对某个特定地点、环境、建筑的主题说明，它必须与这些环境有机地结合起来，点明并升华主题”可以知道，起到升华主题作用的是主题性雕塑，因此这道题的正确答案是B。

87 **关于布设街头雕塑，下列哪项正确？**

A 体积越大视觉效果越好

B 要视具体交通环境而定

C 很难起到赏心悦目的作用

D 交通主干道旁的雕塑要精美

【题解】B 根据第三段第一句话“布设街头雕塑，重要的是要考虑不同交通特性的道路以及交通环境的视觉特性”可以知道，布设街头雕塑要视具体交通环境而定，所以这道题的正确答案是B。

88 **关于街头雕塑的作用，下列哪项不正确？**

A 加强城市亲和力

B 体现城市人文风采

C 改善城市交通条件

D 使城市文化内涵丰富

【题解】C　根据最后一段话“街头雕塑这一公共性景观能够使城市更具亲和力，它既美化了交通环境，又具有丰富的文化内涵，甚至成为城市人文精神的集中体现，在城市道路空间中起着不可估量的作用”可以知道，关于街头雕塑的作用中不正确的是C项，因此此题答案为C。

89-92.

在中国福建省南端的东山岛上有一块“奇”石，它有一间房那么大，高4.37米，长4.69米，重约200吨，宛如一只巨大的玉兔蹲在一块比它更大的石头上。因此，它赢得了“天下第一奇石”的美称，是东山岛八大胜景之一。

说它奇，除了它块头大之外，更主要的还是一个“悬”字。它除了下部几十厘米见方的圆弧部分同下面的一块比较平坦的石头接触外，几乎整个岩体都悬空而立，仿佛一个身怀绝技的杂技演员。(89)巨石身处东南沿海，饱受台风袭击，但除晃晃身子外，从未见其坠落，是个长寿的“不倒翁”，因此人们又称它为“风动石”。如果你到此游览，身体仰卧，跷足蹬踹巨石，巨石便来回晃动，有摇摇欲坠之感，很是惊险刺激。

1918年2月3日，东山岛发生了罕见的7.5级大地震，地动山摇，无数房屋倒塌，可这块巨石只晃了几晃，竟安然无恙。据说，(90)抗日战争时期，日军用钢丝绳将“风动石”捆住，与日舰“大和丸”连在一起，当“大和丸”开足马力企图拉动它时，随着“嘣嘣”几声巨响，钢丝绳断成几截，而“风动石”依然在原地未动。

那么，“风动石”为什么摇而不倒呢？(91)科学家们经过分析认为，它之所以能摇而不倒，与其形状有着很大的关系。它上面小，下面大，重心很低，即使遇风摇晃不定，通过重心的垂线，也始终在它与下面石头的接触面内，故任凭狂风呼啸，它仍安然不倒。其摇而不倒的原因同“不倒翁”原理很相似。

也许有人要问，“风动石”是怎样形成的呢？(92)地质学家经过实地考察发现，“风动石”和它下面的大石都属于花岗岩，根据岩石节理发育的特点判断，二者原来是一个整体，由于长期的风化和海蚀，它们才“分了家”。类似的“风动石”在福建沿海地区并不少见，如“泉州风动石”、“平潭风动石”等。福建沿海地区的“风动石”都是由花岗岩形成的。花岗岩虽然很硬，但在长期的风吹、日晒、水冲等作用下，会层层脱皮，地质学家把这种自然现象称为“球形风化”。

89 **为什么称这块奇石为“风动石”？**

A 岩石整体悬空

B 总是摇摇欲坠

C 风吹时它会前后翻滚

D 台风使其摇晃但不至坠落

【题解】D　根据第二段的第三句话可以知道，称奇石为“风动石”是因为它饱受台风袭击，但只是身子摇晃，从未见其坠落，因此这道题的正确答案是D。

90 **作者提到日舰“大和丸”是为了：**

A 展现“风动石”的“奇”

B 说明“大和丸”的马力大

C 具体说明“风动石”的惊险刺激

D 表明地震也不能使“风动石”坠落

【题解】A 根据第三段可以知道，作者用地震和日舰的例子来说明“风动石”的神奇，表明其在巨大的力量之下都不动摇的神奇力量，因此这道题的正确答案是A。

91 **“风动石”不倒的原因是：**

A 重心很低

B 属于花岗石

C 形状似一只玉兔

D 与下面石头的接触面大

【题解】A 根据第四段第二句和第三句可以知道，“风动石”不倒的原因和不倒翁很相似，它上面小，下面大，重心低，所以这道题的正确答案是A。

92 **“风动石”形成与什么关系最为密切？**

A 地理位置

B 风化侵蚀

C 花岗岩质地

D 岩石节理发育特点

【题解】B 根据最后一段的第二句话可以知道，“风动石”是因为长期的风化和海蚀才形成的，所以这道题的正确答案是B。

93–96.

常常能听到这样一种说法：“人的脑子用多了，会死掉许多细胞”、“人脑多用了会笨”，这种说法是没有科学道理的。

事实上，（95）人的肌体的各个部位，几乎都是越用越健康，脑子也是一样。让我们先来看一个数据：（93）经科学家研究证明，人的大脑皮层大约有140亿个神经细胞，也叫神经元。这么多数量的脑细胞，对一个人的一生来说足够了。有人计算过，如果一个人活到100岁的话，经常运用的脑神经细胞只不过10多亿个，还有80%～90%的脑细胞没动用。所以，根本不会有什么“脑子多用会笨”的事情。

“生命在于运动”，这是生物界的一个普遍规律。人的肌体，用则灵，不用则衰；脑子用得勤的人，肯定聪明。因为这些勤于用脑的人，脑血管经常处于舒展的状态，脑神经细胞会得到很好的保养，从而使大脑更加发达，避免了大脑的早衰。相反，那些懒于用脑思考的人，由于大脑受到的信息刺激比较少，甚至没有，大脑很可能就会早衰。这跟一台机器一样，搁在那里不用就要生锈，经常运转就很润滑。曾经有过这样的研究，（94）科学家观察了一定数量的20～70岁的人，发现长期从事脑力劳动的人，到了60岁时仍能保持敏捷的思维能力，而在那些终日无所事事、得过且过的懒人当中，大脑早衰者的比例大大高于前者。

除了懂得脑子多用只会聪明、不会笨的道理以外，我们还应该了解“多用脑、可防老”的道理。这对老年人来讲尤为重要。我们常说，大脑是人体的司令部，如果大脑迟钝了，身体各器官的生理功能当然也不会旺盛。所以，保持大脑的活力，就能促进其他肌体、器官保持活力；大脑如早衰，也会影响其他肌体器官的早衰。（96）老年人的健康状况，往往是生理、心理、环境等因素互相影响的结果，老年人保持着勤于用脑的好习惯，就会有一种很好的心理状态，可以使自己的生活、精神充满活力。

“勤于用脑，延缓衰老”，这个道理是很科学的。让我们大家养成勤于用脑的良好习惯吧。

93 **关于大脑神经细胞，下列哪项正确？**

A 科学家有 140 亿个

B 通常会有八九成被闲置

C 100 岁的人只剩 10 多亿个

D 人不运用的数量为 10 多亿个

【题解】B　根据第二段的“经科学家研究证明，人的大脑皮层，大约有 140 亿个神经细胞，也叫神经元。这么多数量的脑细胞，对一个人的一生来说足够了。有人计算过，如果一个人活到 100 岁的话，经常运用的脑神经细胞只不过 10 多亿个，还有 80% ～ 90% 的脑细胞没动用”可以知道，人们通常会有 80%～90%的脑细胞用不到，所以这道题的正确答案是 B。

94 **科学家观察到：**

A 20 ～ 70 岁的人比较聪明

B 60 岁时思维能力最敏捷

C 多做运动大脑会比较发达

D 脑力劳动者不易大脑早衰

【题解】D　根据第三段最后一句话“科学家观察了一定数量的 20 ～ 70 岁的人，发现长期从事脑力劳动的人，到了 60 岁时仍能保持敏捷的思维能力，而在那些终日无所事事、得过且过的懒人当中，大脑早衰者的比例大大高于前者”可以知道，从事脑力劳动的人比终日无所事事的人大脑早衰者比例小很多，所以这道题的正确答案是 D。

95 **多用脑：**

A 大脑会更加发达

B 接受的信息刺激少

C 不会聪明，会变迟钝

D 与其他身体器官功能无关

【题解】A　根据第二段第一句话“人的肌体的各个部位，几乎都是越用越健康，脑子也是一样”可以知道，多用脑，脑子会更健康，更发达，所以这道题的正确答案是 A。

96. 关于老年人，下列哪项正确？

A 多用脑，心情好

B 运动少所以衰老

C 勤于用脑使自己充满活力

D 心理和环境因素影响用脑状况

【题解】C　根据第四段最后一句话“老年人的健康状况，往往是生理、心理、环境等因素互相影响的结果，老年人保持着勤于用脑的好习惯，就会有一种很好的心理状态，可以使自己的生活、精神充满活力”可以知道，老年人多用脑，可以有一种好的心理状态，让自己的生活充满活力，所以这道题的正确答案是 C。

97–100.

端午节吃粽子，这是中国人的传统习俗。粽子，又叫“角黍”、“筒粽”。其由来已久，花样繁多。

从南北朝以后，民间开始有粽子源自百姓祭奠屈原的说法。传说屈原投身汨罗江之后，百姓莫不感叹哀伤，空有抱负的屈原就这样离开了楚国，实在是国家损失。所以百姓为避免鱼虾咬食屈原，就纷纷将米粮投入江中，希望鱼虾只顾吃这些米粮而不损伤屈原肉身。（97）而后，据古书记载，是屈原托梦百姓说，米粮投入江中其实被江中的蛟龙所食，如果用艾叶包裹，再绑以五色绳，则可以免遭蛟龙吞食。这才有了后来的粽子。

据记载，早在春秋时期，用菰叶（茭白叶）包黍米成牛角状，称“角黍”；用竹筒装米密封烤熟，称“筒粽”。东汉末年，以草木灰水浸泡黍米，用菰叶包黍米成四角形，煮熟，因水中含碱，称为广东碱水粽。（98）晋代，粽子被正式定为端午节食品。这时，包粽子的原料除糯米外，还添加中药益智仁，煮熟的粽子称“益智粽”。米中掺杂禽兽肉、板栗、红枣、赤豆等，品种增多。粽子还用作交往的礼品。到了唐代，粽子的用米已“白莹如玉”，其形状出现锥形、菱形。日本文献中就记载有“大唐粽子”。（99）宋朝时，已有“蜜饯粽”，即果品入粽。诗人苏东坡有“时于粽里见杨梅”的诗句。这时还出现用粽子堆成楼台亭阁、木车牛马做的广告，说明宋代吃粽子已很时尚。元、明时期，粽子的包裹料已从菰叶变革为箬叶，后来又出现用芦苇叶包的粽子，附加料已出现豆沙、猪肉、松子仁、枣子、胡桃，等等，品种更加丰富多彩。

一直到今天，每年农历五月初，中国百姓家家都要浸糯米、洗粽叶、包粽子，其花色品种更为繁多。（100）从馅料看，北方多包小枣的北京枣粽；南方则有豆沙、鲜肉、八宝、火腿、蛋黄等多种馅料，其中以浙江嘉兴粽子为代表。吃粽子的风俗，千百年来在中国盛行不衰，而且流传到朝鲜、日本及东南亚诸国。

97 据民间传说，粽子用艾叶包裹的原因是：

A 更为美观

B 便于蛟龙吞食

C 避免蛟龙吞食

D 鱼虾喜欢艾叶的味道

【题解】C　根据第二段最后的“而后，据古书记载，是屈原托梦百姓说，米粮投入江中其实被江中的蛟龙所食，如果用艾叶包裹，再绑以五色绳，则可以免遭蛟龙吞食”可以知道，粽子用艾叶包裹是为了免遭蛟龙吞食，所以这道题的正确答案是C。

98 粽子在什么时候正式成为端午节食品？

A 东汉末年

B 晋代

C 唐代

D 元、明时期

【题解】B　根据第三段的第三句话可以知道，粽子是在晋代才成为端午节食品的，所以这道题的正确答案是B。

99. 宋朝时期的粽子：

A 用芦苇叶来包

B 牛马造型很时尚

C 附加料中有蜜饯

D 开始出现锥形、菱形

【题解】C　根据第三段中的“宋朝时，已有‘蜜饯粽’，即果品入粽。诗人苏东坡有‘时于粽里见杨梅’的诗句。这时还出现用粽子堆成楼台亭阁、木车牛马做的广告，说明宋代吃粽子已很时尚”可以知道，当时已经出现了在粽子中加蜜饯、杨梅等附加料的粽子，所以这道题的正确答案是C。

100 关于吃粽子的风俗，下列哪项正确？

A 已遍布全世界

B 在中国经久不衰

C 南北方并无差异

D 以浙江嘉兴为代表

【题解】B　根据短文的最后一段的“从馅料看，北方多包小枣的北京枣粽；南方则有豆沙、鲜肉、八宝、火腿、蛋黄等多种馅料，其中以浙江嘉兴粽子为代表。吃粽子的风俗，千百年来在中国盛行不衰，而且流传到朝鲜、日本及东南亚诸国”可以知道，吃粽子的风俗在中国盛行不衰，所以这道题的正确答案是B。

新汉语水平考试 HSK（六级）仿真试题四

参考答案

一、听力

第一部分

1. B	2. A	3. A	4. D	5. B
6. D	7. C	8. C	9. B	10. A
11. A	12. B	13. B	14. D	15. C

第二部分

16. D	17. C	18. A	19. B	20. D
21. A	22. D	23. D	24. B	25. A
26. D	27. D	28. D	29. B	30. B

第三部分

31. C	32. C	33. A	34. A	35. B
36. A	37. B	38. D	39. B	40. D
41. D	42. A	43. C	44. B	45. C
46. B	47. B	48. A	49. C	50. B

二、阅读

第一部分

51. B	52. A	53. A	54. C	55. B
56. B	57. B	58. B	59. A	60. B

第二部分

61. C	62. A	63. B	64. A	65. B
66. C	67. A	68. D	69. B	70. C

第三部分

71. C	72. A	73. B	74. D	75. E
76. D	77. A	78. B	79. C	80. E

第四部分

81. B	82. B	83. C	84. C	85. D
86. A	87. C	88. B	89. B	90. C
91. A	92. D	93. B	94. C	95. D
96. C	97. D	98. B	99. C	100. D

三、书 写

101.

三个受益一生的故事

我的职业生涯中，有三个故事使我获益匪浅。

我刚进入公司那年，先在策划部工作。有一次，部长要求我们几个新人做一个全国促销的方案。我做了4个策划方案，希望能从数量上脱颖而出。可是，董事长跟我讲了第一个故事：老虎一胎生了2个宝宝，老鼠一胎生了10个宝宝，虽然老鼠和老虎的数量是10：2，但品种却不如老虎。这个故事告诉我，我做了4个方案，如果是100%的努力的话，那每个方案只分到了25%，数量虽多，品质却差了。

后来我调到经营部。董事会分给了我几个偏远不发达城市，要求我跑市场，我觉得没有发展前途，准备辞职。于是，董事长跟我讲了第二个故事：有3块西瓜，一块300克，两块200克，一般的人都会先选300克的，可是先选200克的人才能吃到更多的西瓜。这个故事告诉我，不要被表面的大小好坏所迷惑，市场是不分大小好坏的，是自己做出来的。

再后来我被破格提升为高级管理人才，董事长跟我讲了第三个故事：在一个仓库里，大家都在找一个手表……这是个老掉牙的故事，我抢着说出下面的情节：后来是一个孩子找到了，因为他在没人的时候听到了手表滴答的声音。这个故事告诉我，要学会倾听员工的声音，在具备自信的同时，更要具备亲和力。

听力材料及听力部分题解

（音乐，30 秒，渐弱）

大家好！欢迎参加 HSK（六级）考试。
大家好！欢迎参加 HSK（六级）考试。
大家好！欢迎参加 HSK（六级）考试。

HSK（六级）听力考试分三部分，共 50 题。
请大家注意，听力考试现在开始。

第一部分

第 1-15 题：请选出与所听内容一致的一项。

1

一个女孩儿向她的朋友抱怨她和男友的关系："我们在一起就是吵架。我非常恼火，都瘦了 20 斤了。"朋友问："那你干吗不和他分手呢？"女孩儿说："还不到时候呢，我还想至少再瘦 15 斤。"

A 男友舍不得和女孩儿分手
B 女孩儿希望自己瘦得更多
C 女孩儿想通过分手来减肥
D 女孩儿和男友相处得很好

【题解】B　这是一则笑话短文，关键句在最后。短文最后说女孩儿还想再瘦 15 斤，可见她希望自己瘦得更多一些。

2

皮肤靠分泌油脂来保持滋润，但过多的油脂会堵塞毛孔，引发青春痘等皮肤病。目前，医学尚未弄清油脂为什么会分泌过多，但激素水平、压力和遗传因素是最大的"嫌疑犯"。不过它确实和油炸食品无关。

A 油脂分泌多可能和压力有关
B 爱吃油炸食品会使毛孔堵塞
C 皮肤分泌油脂会导致皮肤病
D 科学家已查明青春痘的病因

【题解】A　注意短文中含有"但"的句子。短文后半部分说，"但激素水平、压力和遗传因素是最大的'嫌疑犯'"，可见压力确实是原因之一。

3

科学家日前宣布，他们已成功制造出一种人造血，其血型为 O 型，可以用于治疗任何血型的病人。这样既避免了可能发生的血型匹配失误，也省去了血型化验的过程。同时，也令输血感染疾病的风险不复存在。

A 输人造血避免了疾病感染
B 输人造血前要进行血型匹配
C 人造血只适用于 O 型血的人
D 人造血血型包含了各种血型

【题解】A　短文最后说输人造血令输血感染疾病的风险不复存在，所以 A 是正确的。

4

一个人在购物中心偶然遇到他的医生。他生气地对医生说："6周前我去你诊所时，你让我回家去卧床，直到你打电话给我。但你从未给我打过电话。""我没打吗？"医生说，"那你现在怎么下床了？"

A 病人很听医生的话
B 医生给病人打过电话
C 病人到购物中心找医生
D 医生不承认自己的失误

【题解】D　根据短文我们可以知道，A、B、C都不对；医生曾承诺给病人打电话，现在却不承认自己没打过电话，所以D是对的。

5

工作中，如果领导让你加班，而没有叫其他人，别以为自己吃了大亏，反而应该感到庆幸，这说明领导信任你、赏识你。加班是一种贡献，你贡献得越多，得到的回报也就越多。

A 领导喜欢让人加班
B 工作中要乐于加班
C 多加班的人比较吃亏
D 多加班会让领导欣赏

【题解】B　短文最后说，加班是一种贡献，你贡献得越多，得到的回报也就越多。所以B是正确的。

6

立体快巴是一种新型公共交通运输工具，上层运送乘客，下层是空的，可通行小汽车，避免了公交车和小汽车争路的现象。立体快巴的速度比普通公交大巴快，承载人数是普通大巴的几十倍，而造价只有地铁的10%。

A 立体快巴的成本比较高
B 立体快巴可运载小汽车
C 立体快巴的速度比地铁快
D 立体快巴可缓解交通拥挤

【题解】D　根据短文前半部分可以知道，立体快巴避免了公交车和小汽车争路的现象，因此可以缓解交通拥挤。

7

北京开始全面推行"禁烟令"，医院、学校等十类公共场所将全面禁烟。大中型餐厅应提倡全面禁烟，或设无烟区；小型餐厅要采取控烟措施。在禁烟场所抽烟，个人暂时免于经济处罚，但场所管理单位将受到处罚。

A 大中型餐厅将全面禁烟
B 小型餐厅将设立无烟区
C 场所管理单位承担主要责任
D 个人在禁烟场所抽烟要罚款

【题解】C　短文的最后说，在禁烟场所抽烟，个人暂时免于经济处罚，但场所管理单位将受到处罚，所以C是正确的。

8

一条路上有一个充满水的大坑，司机不知深浅，常陷在坑里。有个农夫经常帮忙把车拉上来，再向司机要很多钱。一位司机说："你日夜这么干，挣了不少钱吧？"农夫说："我夜里不干，夜里我得往这坑里灌水。"

A 农夫很愿意帮助别人
B 路上的坑是农夫挖的
C 农夫故意让车陷进去
D 这条路附近经常下雨

【题解】C　由短文最后一句话可以知道，农夫夜里往坑里灌水，好让车都陷进去，他是故意这么干的。

9

导致宫颈癌的罪魁是一种叫 HPV 的病毒。约 80% 以上的成人都会被 HPV 感染，但只有部分女性成为最终受害者。目前这种癌症的疫苗已研制成功，但没有一种疫苗能抵抗所有的 HPV 感染，对已经感染了 HPV 的女性也收效甚微。

A 感染了 HPV 病毒就会得癌症
B 疫苗无法治疗已感染的患者
C 感染 HPV 病毒的全都是女性
D 疫苗不能抵抗 HPV 病毒感染

【题解】B 根据短文最后一句话，疫苗对已经感染了 HPV 病毒的女性收效甚微，所以疫苗无法治疗已感染的患者。

10

隶书是汉字字体的一种，起源于秦朝。当时，作为秦朝官方文字的小篆笔画复杂，书写不便。为提高书写效率，人们简化小篆，把其圆润的线条变得平直方正。由于使用这种字体的主要是"隶人"，故取名"隶书"。

A 隶书比较便于书写
B 隶书的笔画比较圆润
C 隶书的笔画比小篆复杂
D 隶书是秦朝的官方字体

【题解】A 由短文可以知道，小篆书写不便，而隶书是人们对小篆的简化，所以比较方便书写。A 是正确答案。

11

研究人员通过对 4500 名 49 到 90 岁男女记忆力的测试，发现不论在哪个年龄层次，女性的记忆力都比较好。虽然这次研究的对象的年龄偏大，不过，别的研究也显示，年轻女性的记忆力比男性好。

A 女人的记忆力一直比男人好
B 男人比女人记忆力衰退得快
C 年轻人中男人的记忆力较好
D 年龄越大的女人记忆力越好

【题解】A 根据短文第一句话，研究人员通过测试发现，不论哪个年龄层次的女性记忆力都比男性好，所以 A 是正确的。

12

自驾游即驾驶汽车出游，一般是自发组织，参加者多为青年人。出于安全和时间的考虑，本地游和周边地区游比较受自驾游客的欢迎。近几年，部分旅行社也组织自驾游，为游客提供订房订餐和汽车维修等基本服务。

A 自驾游一般由旅行社组织
B 自驾游比较受青年人欢迎
C 自驾游一般选择长距离旅游
D 旅行社只负责自驾游客食宿

【题解】B 根据第一句话可以知道，自驾游参加者多为青年人，可见自驾游比较受青年人欢迎。

13

所有物质间都存在着相互吸引的力，即引力。物体的质量越大、距离越近，引力就越大。虽然普通物体间的引力很难觉察，但对于质量很大的天体来说，引力能起决定性作用。比如引力能让月球绕地球旋转而不离去。

A 普通物体间不存在引力
B 天体之间的引力非常大
C 引力大小由物体体积决定
D 物体间距离越小引力越小

【题解】B 注意听力短文中含有"但"的句子，短文中间部分讲，质量很大的天体间的引力能起决定性作用，所以B是对的。

14

功夫茶是一种极为讲究的泡茶方法，有十来道工序。功夫茶采用的茶叶是介于绿茶、红茶间的乌龙茶，只有这类茶才能冲出功夫茶要求的色香味。功夫茶以浓度高著称，初喝嫌苦，习惯后喝其他的茶就不够滋味了。

A 功夫茶的味道比较淡
B 功夫茶以绿茶为原料
C 功夫茶是一种茶的名称
D 功夫茶泡茶工序很复杂

【题解】D　根据听力短文第一句话，功夫茶是一种极为讲究的泡茶方法，有十来道工序，所以D是正确的。

15

一般人认为要游泳最好在吃饭前，饭后游泳是很危险的。的确，饭后人体会将肌肉的血液调到肠胃来帮助消化，但并不至于削弱肌肉的运动功能。相反，由于游泳要消耗大量热量，如果空腹游泳可能会造成低血糖。

A 饭后游泳容易发生危险
B 饭后肌肉的功能会减弱
C 饭后血液会向肠胃集中
D 空腹游泳有利身体健康

【题解】C　短文第二句话提到饭后人体会将肌肉中的血液调到肠胃来帮助消化，所以C是对的。

第二部分

第16-30题：请选出正确答案。

16–20.

男：有人说如果在外国的CD店里发现有一张CD来自中国的话，那必然是朱哲琴老师的。朱老师，欢迎您的到来。

女：主持人好，大家好。

男：大家都对您的新专辑《第七日》非常感兴趣，（16）听说您是把十年时间简化到七日，每一日都有不同的感受，大家还是非常奇怪，一张专辑可能两三年可以等，让我们等十年是为什么？

女：（17）我没有把做音乐或者做专辑看成是一种工作，我把它看成是我心里面的一种状态，如果它来临的时候就像种子一样，到了时间就会发芽。音乐是我的理想，我不是像一个工作的流程那样要保持什么进度。

男：您受邀出访过20多个欧美国家，不同国家的音乐，你最喜欢的是哪一种风格？

女：每个地方的音乐本身是整体的。它和它那个地方的风土人情是连在一起的。你不能单单从一个听觉上割裂它。比如我喜欢加勒比海人在劳动时的歌唱，我也喜欢西藏的很多东西，我也喜欢蒙古的长调，我也喜欢非洲的打击乐，西非的弹拨乐，（18）我觉得很精彩。世界如此丰富，每个东西都不一样。我不愿意去比较它们。

男：您对民族文化和音乐这么感兴趣，是因为跟何训田在一起工作，还是说您天生就跟这种文化比较有亲近感？

女：说我天生就有亲近感，有点儿牵强。20岁左右，我有机会去旅行，去四川康巴地区，我一下子就被那些东西吸引住了。

男：民歌到底有着什么样的魅力让您如此着迷呢？

女：（19）真实自然，人性化，这是最重要的。它不会说为了比赛你这个高音要到什么程度，它不是一个这样僵固的东西，因为当地所谓民歌手没有职业这一说，不是因为职业，就没有色彩，我唱的时候很有色彩，所有的感情是他情感的精华。

男：很多民歌以及民间文化都面临失传，您觉得这是属于自然现象吗？

女：这个世界上没有永恒存在的东西，所有的东西都是在变化发展中。这个是正常的，但是（20）我觉得因为现在文化和物质建设这种飞速发展的关系，总会影响到民族文化，它会更迅速地消失，在它还不该消失的时候。

16 **朱哲琴的新专辑准备了多长时间？**

A 七天

B 两年

C 三年

D 十年

【题解】D 根据男的的介绍“听说你是把十年时间简化到七日，每一日都有不同的感受，大家还是非常奇怪，一张专辑可能两三年可以等，让我们等十年是为什么”可以知道，女的的这张专辑准备了十年的时间，所以这道题的正确答案是D。

17 **关于朱哲琴对音乐的看法，下面哪项正确？**

A 是自己的工作

B 需要固定流程

C 是种心理状态

D 是种业余爱好

【题解】C 根据女的的话“我没有把做音乐或者做专辑看成是一种工作，我把它看成是我心里面的一种状态”可以知道她把音乐当作一种心理状态，所以这道题的正确答案是C。

18 **当被问到最喜爱的音乐风格时，朱哲琴是怎么回答的？**

A 没法比较

B 西藏音乐

C 非洲打击乐

D 西非弹拨乐

【题解】A 这个问题和男的问的第二个问题差不多，男的问朱哲琴不同国家的音乐她最喜欢哪种风格的，朱哲琴回答说“世界如此丰富，每个东西都不一样。我不愿意去比较它们”，所以这道题的正确答案是A。

19 **朱哲琴为什么对民族音乐这么感兴趣？**

A 何训田的影响

B 民歌自然真实

C 天生的亲近感

D 民族的也是世界的

【题解】B 这个问题和男的问的第三个和第四个问题有关，男的问朱哲琴对民族音乐感兴趣的原因，朱哲琴回答说民歌“真实自然，人性化，这是最重要的”，这是她对民族音乐感兴趣的原因，所以这道题的正确答案是B。

20 **对于民歌等民间文化的危机，朱哲琴持什么看法？**

A 是自然想象

B 有些应被淘汰

C 政府有很大责任

D 速度被人为加快

【题解】D 这个问题和男的问的最后一个问题差不多，男的问朱哲琴很多民歌以及民间文化都面临失传是不是属于自然现象，她回答说“我觉得因为现在文化和物质建设这种飞速发展的关系，总会影响到民族文化，它会更迅速地消失，在它还不该消失的时候"，这说明她认为民间文化随着人为的经济和社会的发展加快了消失的步伐，所以这道题的正确答案是D。

21-25.

男：（21）我知道您以前是经过商战的著名企业家，后来被李连杰先生拉出来"重出江湖"，您觉得可以这样讲吗？

女：差不太多，虽然有点儿夸张，但基本属实。

男：您来壹基金的第一个要求是不要一分钱，壹基金的什么吸引了您加入呢？

女：（22）那时候壹基金的定位、各方面还在摸索当中，吸引我的是李先生的执着和他全身心的投入，在他巨大的感召力之下，加上对壹基金未来发展绝对的信心才决定加入进来。

男：（23）好像你们最开始是做青少年心理救助？

女：对，那时李连杰在中国做了差不多两三年的调研，发现了一个现象，这些大学生学历很高，但心理上有各种各样的问题，自杀率也不小，北大清华各个地方，经常听说有跳楼的，他非常担忧，所以当时我们很直接地说针对年轻人做心理上的重建，后来做着做着发现太窄了，所以后来做了调整。

男：结合以前很多采访，李先生和您都谈到了一个问题，我们专注于如何做得更加专业化、标准化、可复制性，有这样一些名词，在您看来，壹基金作为中国NGO组织的领军人物，它的专业性主要体现在哪些方面？

女：（24）首先壹基金一上来就没有把自己当成一个纯粹的公益组织，而是当成公司一样运营，我们经常会说"我们公司怎么样……"可见NGO融入到公司机构里……

男：您觉得中国的慈善事业发展到今天，以后应着重在哪方面努力呢？

女：壹基金的成长，是中国公益组织成长的一个缩影。（25）人才培养是第一要义，你只有培养出好的NGO领袖，才能做出好的公益组织，有了好的公益组织，这个行业才能发展。这个行业的发展，逐渐改变信任缺失的社会土壤。

21 女的加入壹基金之前是做什么的？

A 企业家

B 基金管理者

C 风险投资商

D 著名主持人

【题解】A　根据男的对女的的介绍"我知道您以前是经过商战的著名企业家"可以知道，女的在加入壹基金之前是一位企业家，所以这道题的正确答案是A。

22 什么是吸引女的加入壹基金的决定因素？

A 壹基金的定位

B 壹基金的理念

C 壹基金的前景

D 壹基金的创办者

【题解】D　这个问题和男的问的第二个问题差不多，男的问壹基金的什么吸引了女的的加入，女的回答说吸引她的是"李先生的执着和他全身心的投入"，所以这道题的正确答案是D。

23 壹基金最早是做什么公益事业？

A 一元钱捐助

B 地震灾区重建

C 残疾人就业培训

D 青少年心理救助

【题解】D　这个问题和男的问的第三个问题有关，男的问女的他们最开始是不是做青少年心理救助的，女的回答说是，所以这道题的正确答案是D。

24 壹基金在管理上有什么特点？

A 制度健全

B 公司化管理

C 受政府掌控

D 接受媒体监督

【题解】B 根据女的的话“首先壹基金一上来就没有把自己当成一个纯粹的公益组织，而是当成公司一样运营”可以知道，壹基金是一个公司化管理的机构，所以这道题的正确答案是 B。

25 女的认为中国的慈善事业在哪方面最应加强？

A 人才培养

B 制度建设

C 资金筹集

D 公益宣传

【题解】A 这个问题和男的问的最后一个问题差不多，男的问女的中国的慈善事业应该注重哪方面的发展，女的回答说“人才培养是第一要义”，所以这道题的正确答案是 A。

26–30.

男：今天我们请到的是新晋的国际象棋女子世界冠军侯逸凡。逸凡你好！

女：主持人好！大家好。

男：现在大家都称你是“天才少女”，这样的称号怎么样？

女：(26)只是我的成绩出得稍微早了一点儿，其实跟一般的专业棋手一样的。

男：最早怎么开始走入到国际象棋这个道路中来？

女：我学棋是在 5 岁多。(27)我第一眼看到国际象棋以后，觉得棋子造型非常有趣，小孩子对看上去有趣的东西会很喜欢，所以就选择国际象棋了，被它的外表所迷惑，慢慢走向国际象棋。

男：小孩子通常都坐不住，我小时候学过围棋，我感觉时间长了就会烦，比较贪玩儿爱玩儿，你小时候会有这样的时候吗？

女：(28)我下棋的时候能坐得住，当时我下一盘棋一个小时左右。下棋的时候能坐得住，下完以后当然就到处跑着玩儿了。我小时候学国际象棋没学很长时间，一周两三次这样的，也不太会厌烦，当时主要以上学为主。

男：大家会问，比如说小孩子下国际象棋也好，或者下围棋也好，你更喜欢国际象棋当中的变化，它真的给你带来很大的乐趣，还是在不断的胜利中找到你的乐趣？

女：(29)主要乐趣还是在象棋的本身当中，它的变化和思维很吸引我，并不是成绩激励我继续走到国际象棋当中，可能占一点儿因素，但不占大多数因素。

男：你是中国第四位世界冠军，跟谢军、诸宸、许昱华她们三位相比，你的风格有什么不同？

女：谢老师巅峰期时我还在学棋，我主要看她的棋，但是从来没下过；跟诸宸老师就下过很多盘了，我觉得她的棋风非常顽强，不放过任何一次机会；华姐（许昱华）就属于没有漏洞，似乎没有明显的风格，但是也不会给你机会，类似于持久战型的。

男：你是什么型？

女：(30)我以前属于进攻型，现在没有那么偏激了，但是还是属于偏进攻型。

26 侯逸凡为什么被称为“天才少女”？

A 成绩非常好

B 智商特别高

C 比专业棋手还厉害

D 很早就成了世界冠军

【题解】D　这个问题和男的问的第一个问题差不多，男的问女的对大家都称她为“天才少女”的看法，女的回答说“只是我的成绩出得稍微早了一点儿”，但这里的成绩不是学习成绩，而是指很早就拿了世界冠军，所以这道题的正确答案是D。

27 侯逸凡为什么选择学习国际象棋？

A 老师的建议

B 父母的影响

C 规则比较简单

D 被棋子造型吸引

【题解】D　这个问题和男的问的第二个问题差不多，男的问女的最早是怎么走入国际象棋这条道路中来的，女的回答说“我第一眼看到国际象棋以后，觉得棋子造型非常有趣，小孩子对看上去有趣的东西会很喜欢，所以就选择国际象棋了，被它的外表所迷惑，慢慢走向国际象棋”，所以这道题的正确答案是D。

28 关于侯逸凡的学棋过程，下面哪项正确？

A 贪玩儿爱玩儿

B 一周三四次

C 放弃了上学

D 下棋时坐得住

【题解】D　这个问题和男的问的第三个问题差不多，男的问女的小时候贪玩儿吗，女的回答说“我下棋的时候能坐得住，下完以后当然就到处跑着玩儿了。我小时候学国际象棋没学很长时间，一周两三次这样的，也不太会厌烦，当时主要以上学为主”，所以这道题的正确答案是D。

29 下国际象棋过程中，最吸引侯逸凡的是什么？

A 不断的胜利

B 丰富的变化

C 能提高智力

D 独自的思考

【题解】B　这个问题和男的问的第四个问题差不多，男的问女的国际象棋中的变化真的带给她很多乐趣吗，女的回答说它的变化和思维很吸引她，所以这道题的正确答案是B。

30 侯逸凡是什么风格？

A 非常顽强

B 喜欢进攻

C 没有漏洞

D 喜欢持久战

【题解】B　这个问题和男的问的最后一个问题差不多，男的问女的是什么型，女的回答说是进攻型，所以这道题的正确答案是B。

第三部分

第31-50题：请选出正确答案。

31-34.

我的朋友赵华，从小就特别喜欢听歌，从流行音乐到高雅音乐、古典音乐，对音乐的理解越来越深。（31）当时，经济条件并不好，很多人指责他乱花钱，家人也不支持。但他依然固执地坚持下去，因为他觉得，音乐是能让他生活得幸福快乐的灵丹妙药，无论遇到什么烦恼，只要听听音乐，就一扫而空。

结果到了后来，爱好音乐成了潮流，很多朋友上门和他讨论，请教音乐里的学问。赵华凭着以前在国外购买音像制品的经验，开了一家音像店。他的店面一开业，就打败了其他几家竞争对手。为什么呢？因为他的音像店不单是卖磁带、卖CD，而是会给客人们讲音乐的故事，一边放，一边讲，让人沉醉其中，真正感受到音乐的魅力。最后，赵华成了一家大型音像连锁店的老板。

不难看出，（32）他的核心竞争力，是懂音乐的内涵，而不是靠音乐挣钱、打败对手、争取市场。（33）而他的成功资本，并不是给自己一个当老板的目标，而来源于对生活、对音乐的热爱。这份热情，才是别人无法打败的杀手锏。

因此，成功与否，与我们是不是热爱生活直接相关。（34）饶有兴趣地去做一件事情，就能让积极的正面情绪占据主导地位，从而最大程度地激发你的创造性和智慧。

31 **开始时，为什么赵华的爱好不被接受？**

A 影响邻居休息

B 耽误工作和学习

C 他家经济条件不好

D 流行音乐受到误解

【题解】C 根据“当时，经济条件并不好，很多人指责他乱花钱，家人也不支持”这句话可以知道，赵华的爱好不被接受是因为他家的经济条件不好，所以这道题的正确答案是C。

32 **关于赵华，下面哪项正确？**

A 收集了大量CD

B 梦想成为音乐家

C 懂得音乐的内涵

D 最喜欢古典音乐

【题解】C 通过“他的核心竞争力，是懂音乐的内涵，而不是靠音乐挣钱、打败对手、争取市场”这句话可以知道，赵华的店能竞争过其他的音像店是因为他懂得音乐的内涵，所以这道题的正确答案是C。

33 **赵华成功的关键是什么？**

A 对音乐的热情

B 歌星朋友的宣传

C 目标和定位明确

D 对CD市场很了解

【题解】A 根据“而他的成功资本，并不是给自己一个当老板的目标，而来源于对生活、对音乐的热爱。这份热情，才是别人无法打败的杀手锏”可以知道，赵华的成功源于对音乐的热情，所以这道题的正确答案是A。

34 **本文主要想告诉我们什么？**

A 有志者事竟成

B 音乐的心理疗效

C 生活离不开音乐

D 兴趣是最好的老师

【题解】A 这是一道主题题，考生可以在短文的开头或者结尾找到答案。根据这篇短文的结尾处“饶有兴趣地去做一件事情，就能让积极的正面情绪占据主导地位，从而最大程度地激发你的创造性和智慧”可以知道，只要我们想做一件事，并坚持到最后，那么我们就很有可能成功，因此这道题的正确答案是A。

35–37.

（35）开怀大笑可以帮助人们减轻心理压力，你只要放声大笑，就可以达到愉悦身心的目的。大笑是一种比较好的情感宣泄方法，在释放心理压力、缓解不良情绪方面其效果比大喊要明显。人在进行大笑锻炼时，会很自然地联想起让自己非常开心的事情，这样就可能在不知不觉中使自己的大笑由被动变为发自内心的主动，这实际就是一种情绪的转移，引导着自己撇开不良心理。此外，人在放声大笑时必然要深呼吸，这也恰好应和了瑜伽锻炼中的呼吸要求，对提高肌体血氧含量、缓解疲劳有较好效果。再者，大笑自然会促进腹肌、膈肌和肋间肌的运动，（36）这不仅可增进身体血液循环，还能刺激肾上腺素的分泌，对提高身体免疫力、摆脱不良心理也有良好作用。

35 关于开怀大笑，下面哪项正确？

A 不能同时做深呼吸

B 能够缓解身心疲劳

C 减压效果仅次于大喊

D 会促进脸部肌肉运动

【题解】B　根据短文开头“开怀大笑可以帮助人们减轻心理压力，你只要放声大笑，就可以达到愉悦身心的目的”可以知道，开怀大笑可以减轻压力，达到愉悦身心的目的，所以这道题的正确答案是B。

36 关于放声大笑的生理作用，下面哪项不正确？

A 提高身体灵活性

B 提高肌体血氧含量

C 增进身体血液循环

D 刺激肾上腺素分泌

【题解】A　根据“这不仅可增进身体血液循环，还能刺激肾上腺素的分泌，对提高身体免疫力、摆脱不良心理也有良好作用”这句话可以知道，放声大笑的生理作用不包括提高身体的灵活性，所以这道题的正确答案是A。

37 下面哪一项最适合做标题？

A 微笑的奥秘

B 大笑有益于身心

C 不要吝惜你的微笑

D 乐观成就美满人生

【题解】B　这是一道主题题，从内容来看，这段话大部分在讲开怀大笑的好处，大笑有利于身心健康，所以这道题的正确答案是B。

38–41.

（38）在这个季节转换的时候，心理科专家表示，日照和气温变化大，会容易影响人的情绪，因此，建议市民在季节转换时应防“心理感冒”，特别要注意季节性情感障碍的发生。“（39）有的小朋友一到冬天，脾气就变得特别坏，与父母、老师、同学顶嘴甚至吵架，学习成绩有所下降。可是在春、夏、秋季，他完全变得像另外一个人似的，学习进步了，脾气好多了，人也勤快了。”广东省中医院心理睡眠专科李艳主任说，这其实是一种儿童精神病——季节性情感障碍。

患有季节性情感障碍的儿童，通常在每年的10~12月开始出现一系列抑郁症状，持续至次年的3~5月，然后自行消失或缓解。据研究，患季节性情感障碍的儿童主要是因人体的生物化学物质受光影响所致。

“不仅儿童会患上季节性情感障碍，成人、青少年也无一幸免。”李艳说，（40）季节性情感障碍通常起病于成年期（平均发病年龄是23岁），女性是男性的4倍。目前，大约有1100万人被诊断为季节性情感障碍。

（41）为什么女性更易患此病，研究认为，可能是因为她们对日照时间更加敏感的缘故。因此，医生和患者家属应注意观察其生活是否有发生变化，比如昏昏欲睡、无精打采、食欲增加（喜欢吃米饭、面包等碳水化合物）、注意力难以集中、不爱与朋友交往等，这对指导治疗有所帮助。

38 **"心理感冒"主要跟什么有关？**

A 生活习惯

B 就业压力

C 工作环境

D 季节变换

【题解】D 根据短文开头可以知道，心理感冒与季节的更替有密切的关系，所以这道题的正确答案是D。

39 **关于儿童患病的表现，下面哪项正确？**

A 常年抑郁

B 脾气暴躁

C 不想起床

D 智力下降

【题解】B 根据"有的小朋友一到冬天，脾气就变得特别坏，与父母、老师、同学顶嘴甚至吵架，学习成绩有所下降"这句话可以知道，儿童患病的时候脾气就会变坏，所以这道题的正确答案是B。

40 **关于成年男性患者，下列哪项正确？**

A 达到1100万人

B 症状不如女性明显

C 平均32岁开始发病

D 人数是女性的四分之一

【题解】D 根据"季节性情感障碍通常起病于成年期（平均发病年龄是23岁），女性是男性的4倍"这句话可以知道女性患者是男性的4倍，也就是说，男性患者是女性的四分之一，所以这道题的正确答案是D。

41 **女性更容易患病的原因是什么？**

A 抗压能力较弱

B 情绪波动较大

C 抵抗力不如男性

D 对日照时间敏感

【题解】D 根据短文中的"为什么女性更易患此病，研究认为，可能是因为她们对日照时间更加敏感的缘故"这句话可以知道，女性更容易患病的原因可能是因为她们对日照时间更敏感，所以这道题的正确答案是D。

42–43.

国画大师齐白石先生画的虾，可谓一绝。（42）可是，他从不在画儿中加上水，奇怪的是，虽然画儿中无水，却好像更能让人想象出"虾在水中游"的神奇效果。

心理学家将这一现象叫作"空白效应"，指的是故意设点儿悬念、吊一吊胃口，给他人留下想象的空间，更能激发人的好奇心和求知欲，让大脑变得活跃起来。而"满堂灌"、全盘告知后，人们不仅容易产生心理疲劳，大脑的创造性思维还可能受到压制。

有句老话"此处无声胜有声"，（43）生活中，我们不妨也学着留出空白，也许就会事半功倍。比如演讲时设个包袱，让人不得不跟着你"穷追不舍"；给他人提意见时，说个引子就打住，让对方自己反省，可能印象更加深刻。

42 **齐白石画虾有什么特点？**

A 画虾不画水

B 以群虾为主

C 喜欢河虾题材

D 突出虾的动态性

【题解】A 考生在做此类题时要对转折连词加以注意，从第一段的第二句"可是"后面的句子可以知道齐白石画虾从来不画水，所以这道题的正确答案是A。

43 本文主要介绍了什么内容？

A 演讲的策略

B 白石老人画虾

C 空白效应的妙用

D 如何克服心理疲劳

【题解】C　这是一道主题题，这段话通过齐白石画虾的例子和演讲的例子证明“空白效应”的作用，考生还可以从这段话的结尾“我们不妨也学着留出空白，也许就会事半功倍”处知道，空白效应有时能起到很大的作用，因此这道题的正确答案是C。

44–46.

什么是“羊群心理”？（44）羊的视力非常差，只能看到近处的东西，远一点儿的看不清楚，于是只好跟着眼前的那只羊走，而眼前那只又会跟着它前面的那一只走。结果，整群羊都似乎走向同一方向。一个男人，当他的身边有很多异性追求的时候，女人会认为他是有魅力的；然而同样是这位男士，没有其他异性追求他时，女人给他的魅力评价就大大降低。心理专家认为，出现这种现象的原因大多数是思维定势。在我们的生活中，由于经验积累很容易产生固定的思维模式，于是，很多人相信被大多数人接受并喜欢的人一定是优秀并且有魅力的。

其次，（45）对于男性魅力的判定，女性往往不完全根据事实，更多地是依靠同伴的反应，相信同伴们的判定。于是，在行为上她们更容易从众。很多从众的女性接受了同伴的判定，在行为、观点上也会保持一致，她们相信这个男士是有魅力的。

（46）要学会做自己，用自己的眼睛和心去接触他人，真诚交流。这样会发现很多人的优点，结交到很多真心朋友。

44 关于“羊群效应”，下面哪项正确？

A 会导致迷路

B 导致行动盲目

C 在女性中最明显

D 是缺乏经验所致

【题解】B　从“羊群心理”后的一句话可以知道，羊只是跟着它前面的一只在走，没有自己的主见，这样的行为容易导致行动的盲目，所以这道题的正确答案是B。

45 女性对男性魅力的判断，主要依靠什么？

A 第一印象

B 自身的观察

C 同伴们的判定

D 男性的衣着谈吐

【题解】C　根据“对于男性魅力的判定，女性往往不完全根据事实，更多地是依靠同伴的反应，相信同伴们的判定”这句话可以知道，女性对男性魅力的判断主要依靠同伴的反应，因此这道题的正确答案是C。

46 作者最后给出了什么建议？

A 勿交损友

B 用心去交流

C 容忍别人的缺点

D 发现自己的闪光点

【题解】B　根据最后的话“要学会做自己，用自己的眼睛和心去接触他人，真诚交流。这样会发现很多人的优点，结交到很多真心朋友”可以知道，作者建议人们真诚地与人交流，发现他人的优点，所以这道题的正确答案是B。

47–50.

握手是人们见面表示友好的常用动作。事实上，握手的方式不仅影响着双方下一步关系的发展成败，还能反映一个人的性格特征。

有的人握手力量大，握得密不通风，戏称“大力水手型”，这说明他坦率热情，坚强开朗；（47）但如果力气过大，甚至让你疼痛，多半说明对方自负逞强、渴望征服。聪明的人握手时间短，但握得紧，即“（48）蜻蜓点水型”，他们往往善于周旋，为人友善轻松、游刃有余；但这种人容易多疑，难以完全信任他人。如果握手短且力度很轻，显得敷衍了事，则表明对方性格软弱，或者情绪低落，此时不适合深入交谈。

（49）如果对方握着你的手，很长时间没有收回，即“持续作战型”，则表明他对你很感兴趣，想大胆直白地与你更深入地交流。但是，如果在谈判前，对方握着你的手不放，则可能是他在测验两个人之间的支配权，这就是“争锋相对型”，此时如果你先收回手，说明你没有对方有耐力，交涉时胜算不太大。

此外，（50）如果在自己伸出手以后，对方犹豫片刻，才慢慢伸出手来，大多提示他们性格内向，做事优柔寡断。如果你想试探一个人是否在骗你，也可以一边握着他的手一边询问，如果开始他的手掌很干燥，中途突然冒出汗来，说明那一刻他心中有鬼。

47 **握手力气过大的人有什么特点？**

A 热情坦率

B 有些自负

C 坚强开朗

D 粗心大意

【题解】B　通过短文第二段“但如果力气过大，甚至让你疼痛，多半说明对方自负逞强、渴望征服”这句话可以知道，握手力气过大的人可能是一个自负逞强、渴望征服的人，所以这道题的正确答案是B。

48 **关于“蜻蜓点水型”，下面哪项正确？**

A 说明对方性格多疑

B 握手时间短、力度轻

C 说明对方性格软弱

D 显示对方情绪低落

【题解】A　根据“‘蜻蜓点水型’，他们往往善于周旋，为人友善轻松、游刃有余；但这种人容易多疑，难以完全信任他人”这句话可以知道，“蜻蜓点水型”的人容易多疑，难以完全信任他人，所以这道题的正确答案是A。

49 **关于“持续作战型”，下面哪项正确？**

A 经常跟谈判有关

B 说明对方受教育程度低

C 说明对方想深入地交流

D 说明对方想获得支配权

【题解】C　根据“如果对方握着你的手，很长时间没有收回，即‘持续作战型’，则表明他对你很感兴趣，想大胆直白地与你更深入地交流”这句话可以知道，“持续作战型”表明对方对你很感兴趣，想要与你进行更深入的交流，因此这道题的正确答案是C。

50 **性格内向软弱的人握手有什么特点？**

A 手心干燥

B 不够主动

C 手心会出汗

D 握手动作轻

【题解】B　通过“如果在自己伸出手以后，对方犹豫片刻，才慢慢伸出手来，大多提示他们性格内向，做事优柔寡断”这句话可以知道，性格内向软弱的人在对方伸出手时还会犹豫片刻才会伸出自己的手，也就是说，他们不够主动，所以这道题的正确答案是B。

阅读部分题解

第一部分

第 51-60 题：请选出有语病的一项。

51

A 科学不怕挑战，怕挑战的不是科学。
B 张淘最近这段时间可烦了，公司里的同事谁也不搭理他。
C 一般而言，最佳生理状态和最不容易发生运动伤害的时间是在黄昏前后。
D 头发除了增加人的美感之外，还可以保护头脑：夏天可防烈日，冬天可御寒冷。

答案： B。
病因： 有歧义，分句之间因果关系不明确，可以理解为因为“张淘最近这段时间可烦了”，所以“公司里的同事谁也不搭理他”；也可以理解为因为“公司里的同事谁也不搭理他”，所以“张淘最近这段时间可烦了”。
修改： 张淘最近这段时间可烦了，因为公司里的同事谁也不搭理他。

52

A 一进房间，墙上挂着的一幅油画便引起了记者的目光。
B 在晴朗无月的夜间，人站在山顶上能看到 50 英里以外划着的一根火柴。
C 就如何调动留学生学习汉语的积极性这一问题，与会的老师们发表了不少意见。
D 在唐代，剪纸艺术得到了很大发展，以剪纸招魂成为当时民间的重要习俗之一。

答案： A。
病因： “引起了……目光”搭配不当，应该为“吸引了……的目光”。
修改： 一进房间，墙上挂着的一幅油画便吸引了记者的目光。

53

A 张校长的脸上总是带着慈祥和睦的笑容。
B 他们在导游小姐的引领下，漫步在雀庄的 19 座牌坊之间，不禁感慨万千。
C 碳水化合物是人体基本的营养来源，试图通过少吃碳水化合物来减轻体重是愚蠢的。
D 龟是水陆两栖动物，它们虽然在陆地上行动十分缓慢，但是到了水中就会变得十分敏捷。

答案： A。
病因： “和睦”与“笑容”搭配不当。
修改： 张校长的脸上总是带着慈祥的笑容。

54

A 风雨草的花总是在暴风雨来临之前的两三天里开放。
B 这次上岗前的集中培训，使他们的专业技能得到了很大提升。
C 我们如果把最基础的工作不认真做好，那就谈不上别的工作了。
D 唐代的文化出现了很多新东西，文人的思想也有所发展和开阔，传奇小说便应运而生。

答案： C。

病因："不"应当在"把"之前，"把"后面一般不跟否定成分。

修改：我们如果不把最基础的工作认真做好，那就谈不上别的工作了。

55

A 20世纪人类最伟大的发现，莫过于对环境危机的发现。

B 看到他的照片，我便想起当年我们一起玩耍、同桌共读。

C 生命的价值在于厚度而不在于长度，在于奉献而不在于获取。

D 有时，阅读闲书的愉悦所带来的身心充实，胜过很多灌输的学问。

答案：B。

病因："想起"缺少宾语中心语，"想起"的直接宾语应该为"……的情景"。

修改：看到他的照片，我便想起当年我们一起玩耍、同桌共读的情景。

56

A 野菊花从不禁锢自己，有花就尽情地开，有香就尽情地放。

B 加强对全民环保意识的教育，是当前非常至关重要的问题。

C 那天冰镇可乐的清凉，即便在35年后的现在也清晰如昨天。

D 中国古人的姓名和现代一样，是人们在社交中用来代表个人的符号。

答案：B。

病因："非常"与"至关重要"语义重复。

修改：加强对全民环保意识的教育，是当前至关重要的问题。

57

A 春节到了，意味着春天将要来临，万物复苏、草木更新，新一轮播种和收获的季节又要开始了。

B 随着信息技术的日益普及，电脑已经成为人们学习和工作中片刻都不可或缺的工具是不争的事实。

C 随着全球气温升高，飓风、洪水、干旱等极端气象事件发生的频率正逐渐加快，全球气候变暖已经成为全人类必须共同面对的挑战。

D 这位曾经驰骋世界乒坛的名将现已回国，并在北京大学医学部担任教授，从事运动医学的教学与研究，继续为国家的体育事业贡献自己的力量。

答案：B。

病因："电脑已经成为……的工具"句子已经完整，后面"是不争的事实"则是将所要表达的另外的意义强加于本句，造成句式杂糅。

修改：随着信息技术的日益普及，电脑已经成为人们学习和工作中片刻都不可或缺的工具。

58

A 我们地球上有两个有效能量的来源：一个是地球本身所蕴藏的能量，另一个是太阳能。

B 一种民族文化不管有其相对稳定的结构系统，但这一系统并不是先验的、永恒不变的。

C 丰富的矿产资源、水电资源和热带作物资源，使云南成为国内资源较丰富的省份之一。

D 任何写作都是为了特定的阅读对象，作者应当有与读者对话的意识，心中应当有读者。

答案：B。

病因：关联词"不管"使用错误，应该为"尽管"，从而跟"都"搭配。

修改：一种民族文化尽管有其相对稳定的结构系统，但这一系统并不是先验的、永恒不变的。

59

A 听了这初来乍到的消息，大家都很诧异。
B 人文精神与现代性的关系问题，引起了与会者的浓厚兴趣。
C 湿地是指地球上除海洋外的所有水体，它与森林、海洋并称为地球三大生态系统。
D 每一届世博会，不仅记录了人类文明的脚印，而且表达了人类对现实和未来的思考。

答案： A。

病因：“初来乍到”主要指一个人刚来到一个新地方，不能用以修饰“消息”，“消息”可以用“突如其来”修饰。

修改： 听了这突如其来的消息，大家都很诧异。

60

A 即使明天有雨，比赛也会照常进行。
B 尽管鸟儿的翅膀多么完美，如果不借助空气，鸟儿永远无法飞上蓝天。
C 实际上没有哪种食物是纯粹使人发胖的，饮食中产生过多的热量才是令人发胖的原因。
D 很多人认为科学家终日埋头搞科研，不问家事，有点儿不近人情，然而事实并非如此。

答案： B。

病因： 关联词“尽管”使用错误，应该为“不管”。

修改： 不管鸟儿的翅膀多么完美，如果不借助空气，鸟儿永远无法飞上蓝天。

第二部分

第 61-70 题：选词填空。

61

每个人都有孤独的时候，当你觉得孤独时，要学会______，这样才会逐渐成熟起来。不要因为______而乱了方寸，而去做一些既无聊又没有意义的事情，否则只会白白浪费了______的时间。

A 容忍　孤独　珍贵
B 承受　寂静　贵重
C 忍受　寂寞　宝贵
D 忍耐　孤单　名贵

【题解】 C　最后一个空，A 项“珍贵”是因为“稀少、意义深刻”而有价值；B 项“贵重”是因为“价格高”而有价值；C 项“宝贵”表示因“重要、很难得到”而有价值。D 项“名贵”表示因“著名”而有价值。在本句中用来修饰“时间”，“时间”是非常重要的，而且很难得，所以“宝贵”最合适。正确答案应为 C。

62

很多学生认为在考试期间，保持良好的心理和生理______非常重要。可是调查显示，在备考和应考期间，有近 90% 的学生______过考试焦虑症状，其中 40% 的学生症状比较______。

A 状态　出现　严重

B 状况　遇到　严格

C 情况　发现　严肃

D 情形　遭遇　严厉

【题解】A　最后一个空，A 项“严重”表示程度深，影响大，句中主要表示学生出现考试焦虑症状程度比较深，所以用在这里比较合适；另外，B 项“严格”强调认真按照制度或标准办事；C 项“严肃”主要用来形容环境、气氛，或者形容人的表情；D 项“严厉”只能形容人的行为、态度。B、C、D 显然与句子意思不符合，所以正确答案应为 A。

63

景德镇是驰名中外的“瓷都”，向有“瓷器之乡”的______。景德镇的瓷器______“白如玉，明如镜，薄如纸，声如磬”四大特点。景德镇的瓷器品种很多，其中青花瓷具有______的东方艺术特色，被人们称为“瓷国明珠”。

A 名誉　持有　典范

B 美誉　具有　典型

C 信誉　具备　经典

D 声誉　拥有　特别

【题解】B　第二个空，A 项“持有”搭配的对象常为“观点、看法、意见”等；C 项“具备”表示按照一定的要求和标准必须有或者应该有，强调齐备，不缺少，句中没有“一定的要求和标准”，所以 C 不对；D 项“拥有”搭配的对象多是美好或者重要的东西，比如“健康、青春、知识、权利”等；B 项“具有”搭配的对象常为“意义、信心、特点、精神、能力、水平”等，在句中与“特点”搭配，所以正确答案应为 B。

64

在人生的旅途中，最糟糕的境遇往往不是______，不是厄运，而是精神和心境处于一种无知无觉的______状态：感动过你的一切不能再感动你，吸引过你的一切不能再吸引你，甚至激怒过你的______不能再激怒你。这时，你就需要再______另一片风景。

A 贫困　疲惫　一切　寻找

B 贫穷　疲劳　全部　探索

C 贫乏　操劳　任何　找到

D 倒霉　劳累　所有　搜索

【题解】A　第三个空，C 项“任何”和 D 项“所有”都用在名词的前边作定语，而句中需要的是名词，所以首先排除 C、D 两项。第四个空，B 项的“探索”的对象一般是人类未知的重大问题，多表示多方寻求答案，解决疑问。本句的意思并不是出现疑问了，所以“探索”用在这里不合适，因此正确答案应为 A。

65

有这样一群人，他们挥洒着汗水推动着社会的______，他们每天都在努力地工作，早晨很早出门工作，晚上很晚才能回家，他们没有时间去恋爱，然而即使这么______，他们也很难在大城市买到真正属于自己的房子。其实，他们的愿望很简单，只是______凭自己的努力去______一下家里的生活条件。

A 发达　劳苦　愿望　改变

B 发展　辛苦　希望　改善

C 进步　坚苦　心愿　完美

D 发现　艰苦　愿意　完善

【题解】B　第一个空，从句法结构看，这里需要一个名词，而 A 项“发达”为形容词，所以用在这里不合适，首先排除 A；从句意上看，“社会”已经存在，D 项“发现”用在这里不合适，因此排除 D 项。第四个空，从句法结构看，这里需要一个动词性的词语，而C项“完美”是形容词，因此当排除，因此正确答案应为B。

66

人对外部世界的认识，是有目的、有计划并需要______各种困难的过程。______是观察、注意、记忆，还是思考、想象等认识活动，都______对我们的行为作出一定的控制与努力。而且，随活动任务难度的______，所需的控制与努力程度也会增强。这种控制与努力正是人的意志过程。

A 解决　虽然　需求　增长
B 处理　不管　必须　增进
C 克服　无论　需要　增加
D 对付　尽管　必要　增添

【题解】C　第二个空，从连词的搭配可以判断，只有B、C两项可以与后边的“都”搭配，所以首先排除A、D。第一个空，这里的动词需要与后边的“困难”搭配使用，而B项“处理”搭配的对象常为“文件、工作、问题、矛盾、关系”等，C项“克服”搭配的对象常为“困难”，所以C项用在这里合适。

67

近年来，在教育领域______家长误导最严重的一句话是“别让孩子输在起跑线上”。一些家长______担心自己的孩子输在起跑线上，______各种培训班提前让孩子们学习许多与其年龄不同步的知识，______，这样对孩子的成长是非常不利的。

A 对　由于　通过　揠苗助长
B 就　因为　经过　精益求精
C 凭　因此　路过　千方百计
D 向　因而　经历　全力以赴

【题解】A　第四个空，从句意上看，这里表示家长提前让孩子们学习与年龄不同步的知识，反而对孩子不利。A项“揠苗助长”比喻不顾事物的发展规律，急于求成，反把事情弄坏，正好与句意相符，所以正确答案应为A项。另外，C项中“千方百计”表示想尽或者用尽一切办法，D项“全力以赴”表示将全部力量用上去，这两个成语一般在句中常放在动词的前边，因此用在这里不合适，当首先排除。B项“精益求精”表示已经很好了，还要求更好，用在这里与句意不符。通过排除法也可以说明A项是正确答案。

68

真正的财富和成功就是快乐，但是在这个世界上，人们对于小成绩和小成功都______。小的时候有快乐可以跳起来，现在有快乐却要______起来，因为担心太快乐了容易______。达成目标是______要庆祝的，不论大小。小成功小庆祝，大成功大庆祝。

A 迫不及待　隐蔽　称心如意　必须
B 不屑一顾　隐瞒　得不偿失　决定
C 不择手段　隐约　苦尽甘来　绝对
D 熟视无睹　隐藏　乐极生悲　一定

【题解】D　首先从句意上看，第三个空，做“担心”的对象，所以这里应该是不好的事情，因此首先排除A、C，因为A中“称心如意”形容心满意足，事情的发展完全符合心意，C项“苦尽甘来”表示艰难的日子过完，美好的日子来到了，这两项都是好的事情。第四个空，B项“决定”后边应该是决定做某件事情，所以用在这里不合适，因此正确答案应为D项。

69

北京的四合院非常有名，在中国有着相当______的历史，根据现有的文物资料分析，早在两千多年前就有四合院形式的建筑______。在历史发展过程中，中国人特别______四合院这种建筑形式，______宫殿、庙宇、官府使用四合院，而且各地的民居也______使用四合院。

A 长久　发生　喜欢　不但　广大
B 悠久　出现　喜爱　不仅　广泛
C 持久　发现　爱好　虽然　广阔
D 永久　产生　热爱　尽管　宽阔

【题解】B　第四个空，根据关联词搭配，这里与“而且”搭配，所以首先排除 C、D。第五个空，A 项“广大”是形容词，常修饰人或抽象事物的范围，句中是用在动词的前边，所以用“广大”不合适，因此正确答案应为 B 项。

70

刚刚毕业的大学生，往往对自己将从事的工作抱有很高的______。但现实______是现实，想一步到位不太可能。更实际的做法是从低做起。原本想进个大公司，但______工作经验难以进入，可以先从门槛不高的小公司做起。薪水低也没关系，因为______是你可以在小公司初步接触社会，学到本领，______经验。

A 希望　终于　缺少　核心　取得
B 愿望　终究　不足　重要　争取
C 期望　毕竟　缺乏　关键　积累
D 企望　到底　缺口　重点　获得

【题解】C　第三个空，从句法结构看，这里需要动词，与“工作经验”搭配，而 B、D 不能带宾语，用在这里不合适，当首先排除。第一个空中，A 项的“希望”常用形容词“大”修饰，所以用在这里不合适。因此正确答案应为 C 项。

第三部分

第 71-80 题：选句填空。

71–75.

读小学的时候，我的外祖母过世了。外祖母生前最疼爱我，我无法排解自己的忧伤，每天在学校的操场上一圈又一圈地跑着，跑得累倒在地上，扑在草坪上痛哭。那哀痛的日子，（71）________，爸爸妈妈也不知道如何安慰我。他们知道与其骗我说外祖母睡着了，（72）__________：外祖母永远不会回来了。“什么是永远不会回来？”我问着。“所有时间里的事物，都永远不会回来了。你的昨天过去，它就永远变成昨天，你不能再回到昨天。爸爸以前也和你一样小，现在也不能回到你这么小的童年了；有一天你会长大，你会像外祖母一样老；有一天你度过了你的时间，就永远不会回来了。”爸爸说。

爸爸等于给我一个谜语，这谜语比课本上的“日历挂在墙壁，一天撕去一页，使我心里着急”和“一寸光阴一寸金，寸金难买寸光阴”还让我感到可怕；也比作文本上的“光阴似箭，日月如梭”更让我觉得有一种说不出的滋味。（73）__________，使我的小心眼里不只是着急，而是悲伤。

有一天我放学回家，看到太阳快落

山了，就下决心说：“我要比太阳更快地回家。”我狂奔回去，站在庭院前喘气的时候，（74）__________，我高兴地跳跃起来，那一天我跑赢了太阳。以后我就时常做那样的游戏，有时和太阳赛跑，有时和西北风比快，有时一个暑假才能做完的作业，我十天就做完了；那时我三年级，常常把哥哥五年级的作业拿来做。每一次比赛胜过时间，（75）__________。如果将来我有什么要教给我的孩子，我会告诉他：假若你一直和时间比赛，你就可以成功！

A 还不如对我说实话
B 时间过得那么飞快
C 断断续续地持续了很久
D 看到太阳还露着半边脸
E 我就快乐得不知道怎么形容

【题解】

（71）C　根据上文对“我”悲痛的描写我们可以推知，这种哀痛的日子一定持续了很久，故选项 C 正确。

（72）A　这里是一个选择（取舍）复句，根据上文出现的关联词“与其”我们可推知下文中一般会出现“不如”，且“不如”引导的成分往往与“与其”引导的成分相对，综合两方面因素，选项A正确。

（73）B　根据上文的描写，“我”已经切身感受到了书本中说的那些句子的含义，归结起来就是时间过得飞快，正因如此，“我”才感到着急和悲伤，故选项 B 正确。

（74）D　上文在讲“我要比太阳更快地回家”，实际上“我”就是在和太阳赛跑，而根据下文“我跑赢了太阳”可知“我”是赶在太阳落山前就到了家，故选项 D 正确。

（75）E　根据上文我们可以知道，“我”是在一次次地跟时间赛跑，且可以从这一次次赢得时间的过程中获得快乐，因此这里选项 E 最能表达作者的感受。

76–80.

生命在海洋里诞生绝不是偶然的，海洋的物理和化学性质，使它成为孕育原始生命的摇篮。我们知道，（76）__________，许多动物组织的含水量在 80% 以上，而一些海洋生物的含水量高达 95%。水是新陈代谢的重要媒介，没有它，体内的一系列生理和生物化学反应就无法进行，（77）__________。

因此，在短时期内动物缺水要比缺少食物更加危险。水对今天的生命是如此重要，它对脆弱的原始生命，（78）__________。生命在海洋里诞生，就不会有缺水之忧。水是一种良好的溶剂。海洋中含有许多生命所必需的无机盐，如氯化钠、氯化钾、碳酸盐、磷酸盐，还有溶解氧，原始生命可以毫不费力地从中汲取它所需要的元素。水具有很高的热容量，加之海洋浩大，任凭夏季烈日暴晒，冬季寒风扫荡，（79）__________。因此，巨大的海洋就像是天然的“温箱”，是孕育原始生命的温床。阳光虽然为生命所必需，但是阳光中的紫外线却有扼杀原始生命的危险。水能有效地吸收紫外线，（80）__________。这一切都是原始生命得以产生和发展的必要条件。

A 生命也就停止了
B 更是举足轻重了
C 它的温度变化却比较小
D 水是生物的重要组成部分
E 因而又为原始生命提供了天然“屏障”

【题解】

（76）D　本段的后一部分主要就是在讲水对生物的重要作用，故此处应当是一句总领下文的话，选项D正点出了水的这一作用。

（77）A　这里继续讲水对生物的重要作用，这里是一个假设复句，根据前面的假设“没有水”，下面阐述了一系列后果，如“一系列生理和生物化学反应就无法进行”，而这一切后果最终必然会导致生命体的死亡，故选项A正确。

（78）B　这里是一个递进复句，相对于今天的生命来讲，原始的生命更加脆弱，而今天的生命对水尚且如此依赖，那么对脆弱的原始生命来说，水显得更为重要了，选项B正符合这种语义上的递进。“更是”是递进关系的一个标志。

（79）C　根据上文“水具有很高的热容量”可以推知，不管外界的温度变化有多剧烈，海洋温度的变化总会很小，这也可以由生活常识推知，故这里选项C正确。

（80）E　上文讲水“能有效地吸收紫外线”，而紫外线是有可能扼杀原始生命的，显然水为原始生命提供了一个“屏障”，选项E正确。

第四部分

第81-100题：请选出正确答案。

81-84.

有时候，人们为了办一件事情，需要朋友帮忙，如果对方不表态或者拒绝相见，这样的情况，你常常会听到求助者笑着说：“吃了闭门羹啦！”

我们知道，（81）羹在古代是指羊肉制成的糊状食品。后来慢慢地素食也做羹。凡是将粮食、果品和蔬菜煮成有浓汁的食品，都可以称为羹，如我们吃过的粟米羹、莲子羹等，到如今人们连普通的浓汁食品也称为羹了。

“闭门羹”是什么样的“羹”呢？其实，这不是什么特殊种类的食品，而是从古代闭门拒客的一个故事中流传下来的掌故。

相传在中国唐代，宣城女子史夙长得如花似玉，琴、棋、书、画样样精通，于是很多年轻的男子便纷纷慕名来拜访她，希望与她成为朋友，但是不少人却因为很难见到她而不能如愿。

为什么很难见到她呢？因为她会客时，有一条不成文的规矩：她首先要求客人献上一首诗，她看中诗文后，才愿意与客人一见，然后才有可能谈到交朋友。

（82）如果客人不会作诗，或者献上的诗文没被她看中，她就叫家里人在门口以一碗羹相待，婉言拒绝会客。

天长日久，（83）来访的客人们见了羹，也就心照不宣，便主动地告辞了。

以羹待客就是拒绝会见的意思，所以人们便把这羹称为史夙的“闭门羹”。这个故事流传下来之后，人们便把“闭门羹”作为拒绝的代名词，只取“闭门”之意而无羹招待。

81 **以下关于“羹”的说法正确的是：**

A“羹”是含有肉的糊状食品

B“羹”的意思不断发展扩大

C“闭门羹”是一种羹类食品

D现在还会送“羹”表示拒绝

【题解】B　根据短文的第二段“我们知道，羹在古代是指羊肉制成的糊状食品。后来慢慢地素食也做羹。凡是将粮食、果品和蔬菜煮成有浓汁的食品，都可以称为羹，如我们吃过的粟米羹、莲子羹等，到如今人们连普通的浓汁食品也称为羹了"可以知道，"羹"的意思从"羊肉制成的糊状食品"扩大到了"普通的浓汁食品"，这说明"羹"的意思随着社会的发展不断地扩大，因此这道题的正确答案是B。

82 **为什么史夙要送一碗羹给不想见的客人？**

A 是当地风俗

B 免得对方难堪

C 慰劳远方来的客人

D 吸引更多的人献诗

【题解】B　从短文的第六段"如果客人不会作诗，或者献上的诗文没被她看中，她就叫家里人在门口以一碗羹相待，婉言拒绝会客"这句话中可以看出，史夙给不想见的客人送羹表达的是拒绝见客的意思，只是这种方式很委婉，免得客人尴尬，所以这道题的正确答案是B。

83 **与"心照不宣"意思最接近的是：**

A 心心相印

B 胸有成竹

C 心领神会

D 神色自若

【题解】C　所谓"心照不宣"是指"彼此心里明白，而不公开说出来"，在这里指的是史夙送羹即不见客的意思大家心里都已经领悟到了，只是没有说出来，它与"心领神会"的意思都是"领会、领悟，理解。指对方没有明说，心里已经领会"。这两个词的意思最接近，所以这道题的正确答案是C。

84 **本文的主要内容是：**

A 羹的做法

B "闭门羹"的用法

C "闭门羹"的来历

D "闭门羹"的意思

【题解】C　短文开头借"羹"的词义扩大引出了"闭门羹"这个词，然后又讲述了"闭门羹"这个词的由来，所以这篇短文的主要内容是"闭门羹"的来历，因此这道题的正确答案是C。

85–88.

一位来自山区的男青年要去南方上自己梦寐以求的大学。车厢里异常闷热，男青年口渴难耐。当乘务员推着售货车来到身边时，（86）他望着读高中时只有有钱的同学才喝得起的健力宝，犹豫再三，终于从衣兜里摸出一张皱巴巴的5元钱递了过去。健力宝拿在手中了，可如何开启呢？他尝试了好几次，都没有成功。正当一筹莫展之际，坐在对面的中年妇女对儿子说："童童，快把健力宝给妈妈！"小男孩儿说："妈妈，你刚喝过水，怎么又渴了？""快，听话！"小男孩儿把健力宝递给了妈妈。（85）中年妇女眼睛盯着拉环，余光扫了一眼男青年，只听"嘭"的一声，健力宝打开了。随之，车厢里又传出"嘭"的一声。妇女微微一笑，只喝了一小口便把健力宝放在了茶几上，显然她并不渴。

男青年在心里默默地感激着：生活在这个世界上，有人关心着，有人爱着，毕竟是美好的，即使这种关爱来自陌生人。

后来，男青年成了一名教师。他班上有一个可爱的小女孩儿，因为身患重病而进行化疗，美丽的头发全掉光了，每天要顶着光秃秃的脑袋来上学。这对小女孩儿来说，无疑是太残酷了。

于是他热情而郑重地在班上宣布："从下周一开始，我们要学习认识各种各样的帽子。所有的同学都要戴着自己最喜欢的帽子到学校来，越新奇越好！"

周一到了。小女孩儿正为自己戴了一顶帽子而犹豫时，却发现老师和同学们都戴着帽子。(87)和他们五花八门的帽子比起来，自己的显得那样普普通通，几乎没有引起任何人的注意。她轻松地笑了，笑得那样甜，那样美。

(88)爱是可以传承的。男青年把当年乘车时获得的小小的关爱，传承到了社会的角角落落，给整个世界带来了无限的温馨。

85 **中年妇女为什么要儿子拿出健力宝?**

A 展示她们也有健力宝

B 刚喝过水但又口渴了

C 给儿子示范拉环的用法

D 教男青年怎么打开健力宝

【题解】D　根据第一段可以知道，中年妇女并不想喝健力宝，通过“中年妇女眼睛盯着拉环，余光扫了一眼男青年，只听‘嘭’的一声，健力宝打开了。随之，车厢里又传出‘嘭’的一声”可以知道，男青年学着中年妇女的方式打开了健力宝，这说明中年妇女只是想教男青年如何打开健力宝，所以这道题的正确答案是D。

86 **男青年在火车上:**

A 买了从未喝过的健力宝

B 向中年妇女表示了感谢

C 自己研究出了拉环的用法

D 决定更加关爱自己的学生

【题解】A　根据短文第一段可以知道，男青年买了一瓶在高中时只有有钱的同学才喝得起的健力宝，刚开始的时候还不会打开，这说明他在上火车前从未喝过健力宝，所以这道题的正确答案是A。

87 **小女孩儿上学时看到大家都戴帽子之后的反应是:**

A 兴奋

B 好奇

C 开心

D 犹豫

【题解】C　根据倒数第二段的“和他们五花八门的帽子比起来，自己的显得那样普普通通，几乎没有引起任何人的注意。她轻松地笑了，笑得那样甜，那样美”可以知道当小女孩儿看到大家都戴着帽子时很开心，轻松地笑了，所以这道题的正确答案是C。

88 **以下选项最适合做本文标题的是:**

A 日行一善

B 爱的传承

C 温馨的世界

D 陌生人的关爱

【题解】B　这是一道要求选择标题的题，考生在做这类题时应该先从整体上把握文章大意，然后再根据文章大意选择标题。这篇文章通过他人帮助自己和后来自己帮助他人的故事证明了一个道理，即爱是可以传承的，所以这道题的正确答案是B。

89-92.

在现代社会交际中，人来客往间免不了互赠礼品，赠送的礼品可能已包括珠宝了，尤其是以海外朋友为馈赠对象的就更多了。不过，由于我们对珠宝的认识一般都很有限，很多人对如何赠送宝石的一些事项了解得不多，不知如何做到有礼有情有意。下面就介绍一些赠送珠宝的注意事项。

首先，(91)赠送宝石之类的首饰，要明确受赠对象，避免不合情理的现象出现。例如，女性向男性赠送珍珠首饰或者向海外朋友赠送象牙饰品，这种情况都被视为很不礼貌和不合情理的，因为珍珠首饰是女性化的首饰，而象牙首饰在很多国家是被禁止进口和使用的，那是为了保护野生动物。如果要赠送宝石，最好是受赠者喜欢的，或者是有纪念意义的，如生辰宝石、结婚周年宝石等。（90）例如向日本朋友赠送欧泊宝石首饰最为适宜，一是价廉物美，二是日本人很喜欢这种宝石，这种宝石的丰富闪色效果简直使他们着迷。

（91）另外，赠送宝石要注意其含义，因为某些宝石具有特殊的象征意义，不可毫无理由地乱献殷情。例如，铂金钻石首饰只能由新郎赠送给新娘，而其他身份的人只能赠送其他种类珠宝首饰，否则会被看作超越常规，疑为有不轨想法。同样对西欧国家的朋友，尽量不要赠送欧泊宝石首饰，因为在西方，有人认为欧泊宝石的闪色像魔鬼一样，会给人带来不吉利的后果。如果要赠送宝石，一定要先了解受赠者的情况，并懂得宝石的特殊象征意义。（92）如兄长送弟妹可选择翡翠首饰，因为翡翠是中国玉文化的典范，具有东方人那种坚韧、朝气、细腻的象征意义，而且这种绿色宝石又是那么悦目、优雅。

（91）其次，赠送宝石要注意形式，要了解受赠者的文化风俗，因为珠宝首饰的馈赠和使用也是一种文化现象，否则，礼贵义轻，很为可惜。

89 **第一自然段的主要目的是：**

A 介绍赠送珠宝的重要性

B 说明文章的背景和内容

C 说明赠礼要有礼有情有意

D 介绍赠送珠宝的注意事项

【题解】B　根据第一段的内容可以知道，这一段主要讲了人们在什么情况下赠送礼品，也引出了赠送礼品这个主题，是整篇文章的前提背景，所以这道题的正确答案是B。

90 **欧泊宝石：**

A 不适合送日本人

B 适合送给欧洲人

C 有很丰富的闪色

D 是魔鬼或不吉利的象征

【题解】C　根据第二段结尾处“向日本朋友赠送欧泊宝石首饰最为适宜，一是价廉物美，二是日本人很喜欢这种宝石，这种宝石的丰富闪色效果简直使他们着迷”可以知道，欧泊宝石有很丰富的闪色，所以这道题的正确答案是C。

91 **赠送宝石不需要考虑的因素是：**

A 宝石的寿命

B 宝石的意义

C 受赠对象的国籍

D 受赠对象的性别

【题解】A　根据短文的第二、三、四段可以知道，赠送宝石时要考虑受赠对象的性别、宝石的意义，还有受赠者的国籍等因素，但不用考虑宝石的寿命问题，所以这道题的正确答案是A。

92 **关于珠宝赠送，下列做法正确的是：**

A 送男性好友珍珠饰品

B 送女性好友铂金钻戒

C 送欧洲朋友象牙项链

D 送中国朋友翡翠饰品

【题解】D　根据第三段的“如兄长送弟妹可选择翡翠首饰，因为翡翠是中国玉文化的典范，具有东方人那种坚韧、朝气、细腻的象征意义，而且这种绿色宝石又是那么悦目、优雅”这句话可以知道，翡翠在东方人眼中是吉祥的，所以送中国朋友翡翠是比较合理的，因此这道题的正确答案是D。

93–96.

饺子是我国人民喜爱的传统食品。它的做法是先用面粉做成薄而软的饺子皮，再将鲜肉、白菜等切碎，拌以佐料为馅，包成后下锅煮至饺子浮上水面即可。其特点是皮薄馅嫩，味道鲜美，形状独特，百食不厌。

（93）饺子原名“娇耳”，是我国医圣张仲景首先发明的。

东汉末年，各地灾害严重，很多人身患疾病。南阳有个名医叫张机，字仲景，自幼苦学医书，博采众长，成为中医学的奠基人。张仲景不仅医术高明，什么疑难杂症都能手到病除，而且医德高尚，无论穷人和富人，他都认真施治，挽救了无数的性命。

（94）张仲景在长沙为官时，常为百姓除疾医病。有一年当地瘟疫盛行，他在衙门口垒起大锅，舍药救人，深得长沙人民的爱戴。张仲景从长沙告老还乡后，走到家乡白河岸边，见很多穷苦百姓忍饥受寒，耳朵都冻烂了。他心里非常难受，决心救治他们。张仲景回到家，求医的人特别多，他忙得不可开交，但他心里总记挂着那些冻烂耳朵的穷百姓。他仿照在长沙的办法，叫弟子在南阳东关的一块空地上搭起医棚，（94）架起大锅，在冬至那天开张，向穷人舍药治伤。

张仲景的药名叫“祛寒娇耳汤”，其做法是用羊肉、辣椒和一些祛寒药材在锅里煮熬，煮好后再把这些东西捞出来切碎，（95）用面皮包成耳朵状的“娇耳”，下锅煮熟后分给乞药的病人。每人两只娇耳，一碗汤。人们吃下祛寒汤后浑身发热，血液通畅，两耳变暖。吃了一段时间，病人的烂耳朵就好了。

张仲景舍药一直持续到大年三十。大年初一，人们庆祝新年，也庆祝烂耳康复，就仿娇耳的样子做过年的食物，并在初一早上吃。人们称这种食物为“饺耳”、“饺子”或扁食，在冬至和年初一吃，以纪念张仲景开棚舍药和治愈病人的日子。

1800年过去了，张仲景舍“祛寒娇耳汤”的故事一直在民间广为流传。每逢冬至和大年初一，人们吃着饺子，心里仍记挂着张仲景的恩情。今天，我们用不着用娇耳来治冻烂的耳朵了，但饺子却已成了人们最常见、最爱吃的食品。

93 **本文的主要内容是：**

A 娇耳的做法

B 饺子的来历

C 医圣张仲景

D 祛寒娇耳汤

【题解】B 这道题要求考生在通读全文的基础上作出选择。这篇文章主要讲了我国医圣张仲景发明饺子的过程，也就是在讲饺子的来历，所以这道题的正确答案是B。

94 **第四段里“在长沙的办法”指的是：**

A 舍“祛寒娇耳汤”

B 为百姓除疾医病

C 垒起大锅，舍药救人

D 搭起医棚，免费看病

【题解】C 根据第四段的“张仲景在长沙为官时，常为百姓除疾医病。有一年当地瘟疫盛行，他在衙门口垒起大锅，舍药救人，深得长沙人民的爱戴”可以知道，张仲景垒起大锅舍药救人的行为受到了大家的爱戴，这是他在长沙的办法，因此这道题的正确答案是C。

95 **张仲景：**

A 教人们怎样包饺子

B 亲自架起大锅熬药

C 提倡大年初一吃饺子

D 免费给穷人治冻烂的耳朵

【题解】D 根据第五段可以知道，张仲景发明“祛寒娇耳汤”，做好后分发给乞药的病人吃，最后治好了他们冻烂的耳朵，因此这道题的正确答案是D。

96 **下列俗语出自本文的是：**

A 头伏饺子二伏面

B 饺子就酒，越喝越有

C 吃了饺子汤，胜似开药方

D 舒服不如倒着，好吃不如饺子

【题解】C 这篇短文主要讲了张仲景发明饺子，然后用饺子给大家治病的故事，因此出自本文的俗语应该与“饺子”和“病”相关，所以最可能是出自本文的俗语应该是C。

97–100.

有时候，在太阳或月亮周围出现一道光圈，色彩艳丽，人们叫它“风圈”，气象上称晕。晕，是由于悬浮在大气中的冰晶把太阳光或月光折射或反射而形成的光学现象。晕通常呈环状或弧状，有红、橙、黄、绿、蓝、靛、紫七种颜色。(97)由太阳照射冰晶反射至人类眼睛称为“日晕”，而月球照射冰晶反射至人类眼睛则称为“月晕”。大气中的冰晶通常是由卷状云带来，当太阳光射入冰晶时，则反射于人类眼睛，产生环状或弧状的卷圈，通常内圈为红光，而外圈为紫光。

(98)晕可分为“小晕”和“大晕”，小晕即22度晕，大晕即46度晕。小晕是以发光体为圆心，角半径为22度的一种内圈呈淡红色，外圈偶尔为紫色或白色的光环，光环内的天空明显较光环外的暗。而大晕则是角半径为46度的晕环，十分少见，一般比小晕暗。

当光环半径的对应视角在22～46之间的角度时，人们可以肉眼观察到“日晕”现象。云层中冰晶含量越大，阳光产生折射后所呈现的日晕形状就越小，光环也就越显著，容易使人观察到；反之，则无法形成日晕，或者即使形成也无法在地面上清楚地观察到这一现象。

日晕多出现在春夏季节。产生晕的冰晶结构的云常常是冷暖空气相遇而生成的云层，以后云层增厚，发展成雨层云，所以晕是风雨将临的征兆。(99)民间有“日晕三更雨，月晕午时风”的谚语，其意思就是若出现日晕的话，夜半三更将有雨，若出现月晕，则次日中午会刮风。当天空中出现晕时本地离这层云有六七百公里，按每小时四五十公里移速来估算，一般在晕出现后十几个小时风雨才会到来，这便是“日晕三更雨，月晕午时风”的道理。但并不是每次出现晕以后必定刮风下雨，还要根据云的发展情况去分析。一般出现月晕时，下雨的可能性比出现日晕时小，而多是刮风天气。

日晕在一定程度上可以成为天气变化的一种前兆，出现日晕天气有可能转阴或下雨。但说这种现象可以预兆一年气候的旱涝是没有科学依据的。古代有人认为日晕是灾难或战争的象征，更是牵强附会。

97 **日晕的形成条件不包括：**

A 冰晶

B 云层

C 太阳光

D 春夏季节

【题解】D 根据第一段可以知道，日晕是大气中由云带来的冰晶因太阳光反射到人眼中而形成的，所以这道题的正确答案是D。

98 **小晕和大晕：**

A 成因不同

B 角半径不同

C 亮度和颜色一致

D 并非总能被肉眼看到

【题解】B 根据第二段可以知道，小晕和大晕的不同主要表现在角半径上，小晕的角半径是22度，大晕的角半径是46度，因此这道题的正确答案是B。

99 **对“日晕三更雨，月晕午时风”的认识正确的是：**

A 只要有日晕，夜半就会下雨

B 若有月晕，只会刮风不会下雨

C 晕出现后，不会立刻刮风下雨

D 三更下雨，说明白天出现过日晕

【题解】C 根据倒数第二段的“民间有‘日晕三更雨，月晕午时风’的谚语，其意思就是若出现日晕的话，夜半三更将有雨，若出现月晕，则次日中午会刮风”可以知道，出现晕后，不会马上刮风下雨，要过一段时间才会出现刮风下雨的现象，所以这道题的正确答案是C。

100 **最后一段中“牵强附会”的意思是：**

A 没有科学依据的猜测

B 错误地领会某件事情

C 不会做的事情硬说会做

D 把无关的事物勉强联系起来

【题解】D “牵强附会”是指把本来与此事没有关系的事情联系在一起。此文中，古人把日晕和灾难、战争这些本来没有关系的事情联系在了一起，因此这道题的正确答案是D。

新汉语水平考试 HSK（六级）仿真试题五

参考答案

一、听力

第一部分

1. B	2. B	3. B	4. D	5. C
6. B	7. B	8. D	9. A	10. B
11. B	12. D	13. C	14. A	15. C

第二部分

16. D	17. A	18. A	19. C	20. D
21. D	22. D	23. B	24. C	25. A
26. C	27. A	28. D	29. D	30. A

第三部分

31. D	32. C	33. C	34. C	35. D
36. A	37. B	38. D	39. D	40. A
41. D	42. B	43. A	44. C	45. B
46. D	47. D	48. A	49. B	50. D

二、阅读

第一部分

51. A	52. B	53. A	54. B	55. B
56. B	57. A	58. A	59. B	60. A

第二部分

61. C	62. B	63. C	64. A	65. B
66. D	67. C	68. B	69. C	70. D

第三部分

71. B	72. D	73. C	74. A	75. E
76. D	77. B	78. C	79. E	80. A

第四部分

81. C	82. B	83. D	84. D	85. A
86. A	87. B	88. C	89. C	90. A
91. B	92. D	93. A	94. A	95. B
96. C	97. C	98. D	99. D	100. B

三、书写

101.

改变一生的闪念

一位老师曾经告诉过我一个她自己的故事。

有一天，这个老师在家里突然接到了一个电话，电话里的声音很粗暴，说她的女儿在书店里偷书，被抓住了，让她赶紧过去解决。

老师唯一的女儿此时正在沙发上看电视呢。老师想不管，可是又想，说不定一个可怜的孩子正等着人去救她呢，说不定这个小孩儿正好是她的学生呢。

于是老师拿起大衣就赶到了书店。她看见一个可怜兮兮的小女孩儿正在哭泣，旁边是恶狠狠地训斥她的店员。老师一把拉过小女孩儿，说自己就是孩子的妈妈，并替女孩儿交了罚款。然后将小女孩儿带到了家里，梳洗干净。小女孩儿一句话没说就离开了。

很多年后，有一个陌生的女孩儿来敲门，原来她就是当年那个小女孩儿。女孩儿已经从名牌大学毕业，有一份好工作。她来看望老师，并表示了自己的感激，当年老师的帮助使她能够得到解脱，她一直想喊老师一声“妈妈”。

老师很欣慰，同时她也很想知道当年她如果一念之差没有赶过去，那会发生什么事。女孩儿一下子变得很忧郁，轻轻地摇着头说：“我不知道。也许，我会去死吧。”

老师的心颤抖了。她想，幸亏自己一念之间选择对了。

听力材料及听力部分题解

（音乐，30 秒，渐弱）

大家好！欢迎参加 HSK（六级）考试。
大家好！欢迎参加 HSK（六级）考试。
大家好！欢迎参加 HSK（六级）考试。

HSK（六级）听力考试分三部分，共 50 题。
请大家注意，听力考试现在开始。

第一部分

第 1-15 题：请选出与所听内容一致的一项。

1

连续工作、连续睡觉，像骆驼一样吃喝一次就生活几天，这就是城市里的"睡眠骆驼"。"睡眠骆驼"大都是城市白领阶层。他们从事的行业千差万别，但普遍具有较高的文化程度、较复杂的职业技能、较高的收入等特点。

A "睡眠骆驼"喜欢睡觉
B "睡眠骆驼"生活在都市
C "睡眠骆驼"缺乏文化知识
D "睡眠骆驼"的生活方式较健康

【题解】B　根据"这就是城市里的'睡眠骆驼'。'睡眠骆驼'大都是城市白领阶层"，所以睡眠骆驼生活在都市里。

2

调查发现，丈夫在家里撒娇的频率甚至超过妻子。男人在生活中一直扮演着强悍的角色，承受着巨大的心理压力。但在本质上，男人和女人一样，都有脆弱的一面，他们像孩子一样撒娇，是让女人明白他的难处。

A 女人喜欢孩子撒娇
B 男人的心理压力很大
C 本质上男人比女人脆弱
D 丈夫撒娇是为了让妻子开心

【题解】B　根据短文第二句话"男人在生活中一直扮演着强悍的角色，承受着巨大的心理压力"，所以 B 是对的。

3

对于载客飞机来说，飞机的大小和安全是没有必然联系的，用飞机型号来判定安全性是没有意义的。但不少人在选择搭乘的飞机时还是认为小飞机不安全，非大飞机不坐、非新飞机不坐，对小飞机的恐惧成为一种强烈的普遍心态。

A 飞机越新越安全
B 有些人害怕坐小飞机
C 飞机安全跟大小有关
D 很多人不了解飞机型号

【题解】B　短文最后说，对小飞机的恐惧成为一种强烈的普遍心态，说明有很多人害怕坐小飞机。所以 B 是对的。

4

“留守儿童”是指父母双方或一方外出到城市工作，而自己留在农村生活的孩子。他们在成长中缺少了父母情感上的关注和呵护，容易导致心理发展异常，一些人甚至会因此而走上犯罪道路。

A “留守儿童”缺乏教育
B “留守儿童”身体异常
C “留守儿童”对社会有害
D “留守儿童”生活在农村

【题解】D 解释新词的重点句子一般都在第一句。短文第一句说，“留守儿童”是指父母双方或一方外出到城市工作，而自己留在农村生活的孩子。所以留守儿童生活在农村。

5

超过95%的小孩儿认为，父母常常不履行承诺。专家认为，家长如果经常不信守承诺，会让孩子认为自己不被家长接受，从而对家长缺乏足够的信任感，沟通的欲望自然减少，这也是出现家庭问题的主要原因之一。

A 家长应该信任孩子
B 一些家长常常欺骗孩子
C 缺乏沟通会产生家庭问题
D 95%的孩子不愿和家人沟通

【题解】C 短文最后说“沟通的欲望自然减少，这也是出现家庭问题的主要原因之一”，所以可以知道，缺乏沟通会产生家庭问题。

6

银行经理的助手对经理说：“我觉得您根本不信任我。”经理说：“怎么会呢？要知道，我甚至经常把保险柜的钥匙就留在我的办公桌上。”助理回答道：“没错，可它根本打不开保险柜。”

A 经理很粗心
B 助手想偷东西
C 经理很信任助手
D 保险柜的钥匙坏了

【题解】B 这是笑话短文题，要注意最后的句子。助理最后说“没错，可它根本打不开保险柜”，可以知道助理曾经试着打开保险柜，助手想偷保险柜里的东西。

7

家庭暴力不仅仅是身体暴力，还包括精神暴力和经济暴力，不少女性因受丈夫的侵害，几乎丧失了自信心。如果丈夫整天骂妻子丑，妻子的精神健康受到严重损害，同样构成家庭暴力的恶果。

A 不少女性缺乏自信心
B 骂妻子丑属于家庭暴力
C 家庭暴力的受害者是妻子
D 家庭暴力主要是身体暴力

【题解】B 要注意听力短文中举例的句子。短文中说“如果丈夫整天骂妻子丑，同样构成家庭暴力的恶果”，所以骂妻子丑也属于家庭暴力。

8

社会评价一个人的成功标准越来越物质化，人们拼命工作的目的就是为了满足物质需要，许多收入中等甚至更高的人群，在物质需求满足后，发现其他需求都未满足，就会找不到自己的价值感、成就感。

A 成功的标准是物质的多少
B 成就感来自精神需要的满足
C 拼命工作是为了获得价值感
D 高收入人群容易缺乏成就感

【题解】D 短文最后说，“许多收入中等甚至更高的人群，在物质需求满足后……

就会找不到自己的价值感、成就感”，所以高收入人群容易缺乏成就感。

9

人在青少年时与母亲关系越亲密，成年后与恋人相处越融洽。家长是孩子的榜样，如果孩子与父母不太亲近，他们成年后也不太可能模仿与父母关系中的积极方面。其中父子关系造成的影响不如母子关系，这与孩子和母亲接触较多有关。

A 母子关系对恋爱有影响
B 父子关系比母子关系重要
C 孩子会以父母为榜样谈恋爱
D 父亲应该增加与孩子的接触

【题解】A 短文第一句说，“人在青少年时与母亲关系越亲密，成年后与恋人相处越融洽”，所以A是对的。

10

指纹是人类手指末端上由凹凸的皮肤所形成的纹路。指纹能使手在接触物件时增加摩擦力，从而更容易发力及抓紧物件。是人类进化过程中自然形成的。指纹由遗传影响，由于每个人的遗传基因不同，所以指纹也不同。

A 指纹在手掌中间
B 指纹由遗传基因决定
C 指纹的形成与年龄有关
D 指纹能增加抓物件的力

【题解】B 短文最后说，“由于每个人的遗传基因不同，所以指纹也不同”，可见指纹由遗传基因决定。

11

餐厅里，王先生对服务员说：“请问你们有电话号码本吗？我想查个号码。”服务员回答道：“很抱歉，我们这里没有电话号码本，不过我倒是可以把意见本拿给您，您可以从上面找到我们这个城市几乎所有的居民的联系方式。”

A 餐厅的服务很周到
B 居民对餐厅有意见
C 王先生忘带手机了
D 服务员认识很多居民

【题解】B 短文提到，服务员说意见本上有很多居民的联系方式。这说明很多居民都在这家餐厅的意见本上写了意见，所以B是对的。

12

每年的寒暑假来临，中国各家航空公司都会推出“邮寄儿童”业务，这项业务针对的是年龄满5周岁但不满12周岁的、没有成人带领、单独乘机的儿童。一些家长没时间陪孩子度假或探亲，这项业务既方便了家长，也节省了交通费用。

A 这项业务很便宜
B 这是邮局的一项业务
C 这项业务每个月都有
D 这项业务有年龄限制

【题解】D 根据短文前半部分可以知道，这项业务针对的是年龄满5周岁但不满12周岁的儿童，所以这项业务是有年龄限制的。

13

小镇的加油站打出一块促销招牌：在本站加油者可获赠一张小镇地图。小赵加了5块钱的汽油后，向加油站索要地图。服务员说：“凭您加的那点儿汽油，去的地方我指给您看就行了。”

A 小赵第一次来
B 小赵要去的地方很近
C 服务员嫌小赵加的油太少
D 加5块钱的油不能得到地图

【题解】C 根据短文可以知道，加油可以获赠地图，小赵加了5块钱的汽油，服务员说“凭您加的那点儿汽油……”，据此知道服务员觉得小赵加的油太少了。

14

每个人只有自己最了解自己，而别人看到的只是外表，所以就无法亲近你、读懂你。就像读懂一部小说，要了解作者写作的心情和写作背景的一些情况，才能更深入地读懂这部小说，但是这个过程是非常困难的。

A 别人很难了解自己
B 作者写小说很困难
C 想了解人性要读小说
D 作者心情影响小说质量

【题解】A 听力短文第一句就说，“每个人只有自己最了解自己，而别人看到的只是外表，无法读懂你”，所以说别人很难了解自己。

15

做事情只要尽力即可，结果未必重要，就像鸟儿在天空中不留下任何痕迹，但它已经飞过。结果不一定能让人满意，但其中努力的过程才是最可贵的。只要拼搏了、努力了，就无愧于自己，我们的人生便是充实的人生、有价值的人生。

A 鸟儿飞得很快
B 人生很难满足
C 过程比结果重要
D 只要努力就会成功

【题解】C 注意短文中含有“但”的句子。听力短文中说，“结果不一定能让人满意，但其中努力的过程才是最可贵的”。所以从这句话可以知道，过程比结果重要。

第二部分

第16-30题：请选出正确答案。

16-20.

男：当您逐渐成长为中央电视台著名主持人时，为什么要选择离开央视自主创业呢？

女：其实，我在2005年从美国回来时就不太想回央视了，那时就已经萌生了辞职创业的想法。(16)在美国，我已经看到了电视行业的下滑。应该说电视会一直存在，但观众的年龄会逐渐老化下去，这会是个不可逆转的趋势。2009年4月份，我去肯尼迪政府管理学院接受培训，萌生出一个C2C的“好点子”。(17)这个点子让我觉得自己非做不可，就是类似淘宝那样搭建一个平台，让网友在虚拟空间里实现自由交易，只不过交易的不是实物，而是“精神产品”——经验和智慧。

男：创办优米网有风险投资参与吗？还是白手起家？

女：(18)优米网的启动资金没有任何风投，主要是靠我自己的多年积蓄，还有向朋友们借的一小部分钱。离开央视自己创业的消息刚在圈内传开，有意提供投资的、有意投放广告的单位或个人就已源源不断。从离职到现在，主动找到我，谈投资这个网络电视平台的风投大概有七八家。我从中选了一家，目前正在洽谈合作，融资一切顺利，不久后应该就会有消息。

男：创办优米网过程中，最大的困难是什么？

女：（19）最困难的是电视团队和互联网团队的融合，这是两个不同文化的群体，要把他们变成一个团队要花一些心血。主要还是一种工作习惯和职业习惯的不同。做互联网行业以应变心态为主，而电视团队的工作习惯则是设定一个目标后就基本不变，这有思维方式的差别。

男：《拍卖名人时间》下一期何时推出？

女：（20）《拍卖名人时间》隔一段时间再做，不能老做，并且选出的人一定要特别有意思，不光在一个时间段很突出，而且他的理念要长期持久地存在优势的这样一种人。比如史玉柱在营销和投资上是特别厉害的，我在找一个这样的人，这是一次性的买卖。以前来看效果非常好，史玉柱拍卖了189万，当然钱全部给幸福工程了，跟我们的盈利没有关系，（20）只是说采取这样一种方式让大家关注优米网。

16 **女的为什么要选择从电视台辞职？**

A 待遇太低

B 受名气所累

C 厌倦原来的生活

D 看到电视业的下滑

【题解】D　这个问题和男的问的第一个问题差不多，男的问女的为什么选择离开央视自主创业，女的回答说“在美国，我已经看到了电视行业的下滑”，所以这道题的正确答案是D。

17 **女的创办的平台可以交易什么产品？**

A 智慧

B 时间

C 艺术品

D 名牌商品

【题解】A　根据女的的话“搭建一个平台，让网友在虚拟空间里实现自由交易，只不过交易的不是实物，而是‘精神产品’——经验和智慧”可以知道，女的创办的平台可以交易智慧等产品，所以这道题的正确答案是A。

18 **女的创办优米网的主要资金来源是什么？**

A 自身积蓄

B 朋友资助

C 银行贷款

D 风险投资

【题解】A　这个问题和男的问的第二个问题差不多，男的问女的是不是白手起家，女的回答说“主要是靠我自己的多年积蓄，还有向朋友们借的一小部分钱”，所以这道题的正确答案是A。

19 **创业过程中，最大的困难是什么？**

A 融资困难

B 人才流失

C 团队的融合

D 盈利能力差

【题解】C　这个问题和男的问的第三个问题差不多，在听力中，男的问女的在创建优米网时最大的困难是什么，女的回答说“最困难的是电视团队和互联网团队的融合，这是两个不同文化的群体，要把他们变成一个团队要花一些心血”，所以这道题的正确答案是C。

20 **关于《拍卖名人时间》节目，下面哪项正确？**

A 每月举行一次

B 有助于实现盈利

C 第一次拍了89万

D 提升了优米网知名度

【题解】D　根据女的的话“以前来看效果非常好，史玉柱拍卖了189万，当然钱全部给幸福工程了，跟我们的盈利没有关系，只是说采取这样一种方式让大家关注优米网”可以知道，《拍卖名人时间》是让大家关注优米网的一种方式，是为了提高优米网的知名度，所以这道题的正确答案是D。

21–25.

女：王总您好！(21)之前您做房地产行业，为什么突然想到来做电视这一行呢？是不是做腻了房地产？

男：因为做了18年的房地产，主要是做小户型，倒不能说做腻了，这当然跟我的经历也有关系，我没什么本钱。(22)我感到这是我的宿命，我专门做人家不做的东西，包括小户型、小银行，现在的亚视。那两个是小，亚视不小，但目前的情况是弱。我专门做弱小的东西，人家不做的东西。

女：有媒体评论说您在房地产市场玩得很转，但可能对于电视行业来说还是一个外行，您有信心把亚视扭亏为盈吗？

男：亚视可能只有外行能够把它扭亏为盈。

女：为什么？

男：亚视需要有一些新的东西，就像腾讯这样的新媒体，它要往那边转。所以过去的很多东西都已经不适用了，(23)一要往新媒体转，二要可能是要往整个亚洲方向转，真正像它的名字一样成为亚洲的电视。所以我提出了一个目标就是“20年做成亚洲的CNN”。或者严格地讲没有“的”字，就是“亚洲CNN”。

女：您刚才也说亚视会向新媒体方向发展，它现在有没有存在一些问题？需不需要一些改革？需要带来一些新的东西？

男：肯定的，需要脱胎换骨的改革，不然无以达到这个目标。不管是亚洲CNN也好，还是向新媒体转移也好，我的观点就是谁赢得青年，谁赢得市场；谁赢得市场，谁赢得未来。

女：所以亚视未来主要的受众应该是针对青年？

男：(25)谁赢得青年，谁赢得市场；谁赢得市场，谁赢得未来！我过去在做《非常男女》的时候就是这个观点。

女：珠三角是亚视未来的主要发展地区吗？

男：珠三角一亿人口，是最富裕、最有活力、最有商业头脑的地区，但是亚视过去关注不够。

女：据说您还要开设普通话频道？

男：对。

女：您曾经说过，对于香港的电视媒体来说，转型跟方向比金钱更重要是吗？

男：对。现在人人都说亚视有点儿财政困难，因为不注资了，人人都说钱好像是个很大的问题。我始终认为，对亚视来说钱不是大问题，如果钱是大问题的话，钱能解决问题的话，那之前的股东都成功了。个个钱比我多，名气比我大。为什么还会不做呢？(24)关键是没找到一个方向、跟这个方向所匹配的方法以及跟这个方法相匹配的人才。

21 男的以前最主要的经营方向是什么？

A 银行业

B 互联网

C 电视业

D 房地产

【题解】D　根据女的对男的的介绍“之前您做房地产行业，为什么突然想到来做电视这一行呢”可以知道，男的以前是做房地产行业的，所以这道题的正确答案是D。

22 **关于男的入主亚洲电视台的决定，下面哪项正确？**

A 没经过深思熟虑

B 引起了很大争议

C 得到了政府的支持

D 符合其一贯的经营策略

【题解】D　根据男的的话“我专门做弱小的东西，人家不做的东西”可以知道，他认为现在的亚视还很弱，符合他专门做弱小的东西的理念，这说明他入主亚洲电视台是符合其一贯的经营策略的，因此这道题的正确答案是D。

23 **关于男的的经营策略，下面哪项不正确？**

A 发展新媒体

B 面向整个世界

C 关注珠三角地区

D 开设普通话频道

【题解】B　根据男的对亚视的经营策略可以知道，他认为亚视应该向新媒体和整个亚洲方向转，没有说要向世界转，所以这道题的答案是B。

24 **男的认为亚洲电视台目前最欠缺的是什么？**

A 资金

B 名气

C 方向

D 信心

【题解】C　这个问题和女的问的最后一个问题差不多，女的问转型和方向跟金钱比，哪个更重要，男的回答说，关键还是方向，只要找到了方向以及和这个方向所匹配的方法和人才，就能很好地发展亚视，所以这道题的正确答案是C。

25 **男的最想抓住哪部分观众？**

A 年轻人

B 中老年人

C 香港观众

D 内地观众

【题解】A　根据男的的话“谁赢得青年，谁赢得市场；谁赢得市场，谁赢得未来”可以知道，男的最想抓住青年的心，所以这道题的正确答案是A。

26–30.

女：今天我们要和蒋总一起分享一下他的商业人生。每年的7月，高考都是一个热点话题，(27)你当年高考是落榜了，之后你是怎么选择了修表这个道路？

男：(26)其实我是想读大学的。我的梦想就是想成为一个大学老师、教授，我从小就怀着这个梦想，而且成绩是非常好，我小学到高中最差的时候也是学习委员。但是，在当时的环境中，当年应届生考上大学的大概只有2%。很多学生，后来再复读的有考上的。我就去修钟表。因为修钟表是一个很好的手艺，像农村以前的理发、木匠、建筑，等等，都不错。再加上我哥哥有这门手艺，收入很高。因此，我就喜欢上了。

女：你觉得一个人要创业成功，或者说青年人要想创业成功，性格当中哪一方面的品质最重要？

男：机遇、天赋、友善、诚恳、努力。当然因素还有很多。

女：最重要的呢？

男：(28)最重要的就是努力。

女：远东控股现在涉足电缆、医药、地产多个产业，很多民营企业都有这样的一些情况，就是多元化，你有什么窍门没有？

男：其实多元化和专业化都是有风险的。关键是你有什么样的资源，你有什么样的能力，(30)你利用这些资源把握这些方向的时候一定要符合实际，也就是任何时候都要有一个度。当然，这些前提一定是在守规守法的前提下，否则你就置企业于巨大的风险之中。

女：你作为一名比较成功的苏商，能不能评价一下苏商有什么样的特点？

男：苏商的特点，一个是能吃苦，另外有理想，再一个责任感强，再一个是奉献精神、冒险精神都是具备的。这些确实是苏商的共同点。

女：你觉得苏商跟浙商有什么不同点？

男：一方水土养一方人，不同的地域文化培养的人多少有点儿不同。（29）据我这几年的观察和比较，浙江人的冒险精神和风险意识，可能比我们江苏更为明显。另外，他们抱团儿的意识更为明显。这一点可能是有互补的地方，需要互相借鉴的地方。

26 男的从小的理想是什么？

A 当医生

B 发展家乡

C 做大学教授

D 成为商业巨子

【**题解**】C　根据男的的话"我的梦想就是想成为一个大学老师、教授，我从小就怀着这个梦想，而且成绩是非常好"可以知道，男的从小的理想是做一名大学教授，所以这道题的正确答案是C。

27 高考失败后，男的选择了什么道路？

A 修钟表

B 办工厂

C 当木匠

D 当理发师

【**题解**】A　根据女的对男的的介绍"你当年高考是落榜了，之后你是怎么选择了修表这个道路"可以知道，男的高考失败后，选择了修表这条道路，所以这道题的正确答案是A。

28 男的认为年轻人创业最重要的是什么？

A 机遇

B 天赋

C 性格

D 努力

【**题解**】D　这道题和女的问的第三个问题差不多，在听力中，女的问一个人创业哪一方面的品质最重要，男的回答说是努力，所以这道题的正确答案是D。

29 跟江苏商人相比，浙江商人有什么特点？

A 能吃苦

B 有理想

C 有责任感

D 特别团结

【**题解**】D　这个问题和女的问的最后一个问题有关，女的希望男的评价一下苏商和浙商的不同，男的回答说浙江人有冒险精神和风险意识，还有抱团儿意识，也就是说他们还很团结，所以这道题的正确答案是D。

30 对企业的多元化发展，男的是怎么认识的？

A 要量力而行

B 与专业化矛盾

C 用制度降低风险

D 关键是培养人才

【**题解**】A　这个问题和女的问的第四个问题有关，在听力对话里，女的希望男的谈谈对多元化的看法，男的回答说"你利用这些资源把握这些方向的时候一定要符合实际，也就是任何时候都要有一个度"，也就是说要适度而行，量力而为，所以这道题的正确答案是A。

第三部分

第31-50题：请选出正确答案。

31-32.

一个青年来到绿洲，碰到一位老先生，年轻人问："这里如何？"老人家反问："你的家乡如何？"年轻人答："糟透了！我很讨厌。"老人家接着说："那你快走，这里同你的家乡一样糟。"后来又来了另一个青年问同样的问题，老人家也同样反问，年轻人回答说："我的家乡很好，我很想念家乡的人、花、事物……"老人家便说："这里也是同样的好。"旁听者觉得诧异，问老人家为何前后说法不一致呢？老者说："（32）当你以欣赏的态度去看一件事，你便会看到许多优点，以批评的态度，你便会看到无数缺点。"

31 **老人家回答的依据是什么？**

A 对年轻人的印象

B 绿洲的真实情况

C 对家乡的遥远回忆

D 年轻人对家乡的态度

【题解】D　根据这段话可以知道，当年轻人说自己家乡糟糕时，老人家也说这里糟糕；当年轻人说自己的家乡很美时，老人也说这里很美，这说明老人的回答是依据年轻人对家乡的态度而言的，所以这道题的正确答案是D。

32 **本文主要想告诉我们什么道理？**

A 不要盲从于他人

B 人生目标需明确

C 看待问题要积极

D 做事要有始有终

【题解】C　这是一道主题题，考生一般可以在文章的开头或者最后找到答案。根据短文的最后一句"当你以欣赏的态度去看一件事，你便会看到许多优点，以批评的态度，你便会看到无数缺点"可以知道，当你用积极的态度去看问题时，你就会发现很多优点，反之，你就会看到无数的缺点，所以我们要用积极的态度看问题，因此这道题的正确答案是C。

33-36.

（36）音乐是我们生活中不可或缺的调味剂，听音乐也是养生的一种好方法。今天我们就来看看，怎样用音乐让我们自己快乐起来。

由于每个人的性格、爱好、情感、处境不同，因此对音乐的喜好、选择也不同。（33）在进行音乐疗法之前，首先要选择符合自己性情的音乐，并注意"平衡性"。就像食物中蔬菜、鱼肉、水果、豆制品等营养成分要合理搭配一样，要特别注意保持平衡性，即音乐的"阴与阳"、"静与动"、"强与弱"等。

职业不同的人，选择的音乐也应不同。在人声鼎沸的股票、证券公司中的从业人员，最好选择没有歌词的轻音乐。（34）在震耳欲聋的工地上或机器喧闹的工厂中工作的人，最好倾听雄壮的古典交响乐曲。在静谧的办公室、店堂里工作的人，最好倾听轻松的流行乐曲。

此外，情绪不同的时候，选择的音乐也应不同。（35）精神状态不佳、情绪低落的时候，应该选择明快的乐曲来倾听。当你的情绪被激怒或充满敌意时，应选择轻松的乐曲来倾听。为解除情绪压力，除了选听古典乐曲、交响乐曲、流行歌曲以外，选听爵士音乐、摇滚乐、合唱、男女对唱等都有一定的效果。

个人的爱好不同，选择的标准也不同。但是，音乐疗法中的乐曲选择须符合以下两个标准：第一，低音厚实深沉，内容丰富；中、高音的音色要有透明感，像阳光透射过窗户一样，具有感染力。第二，音乐中的三要素即响度、音频、音色三个方面要有和谐感。

33 音乐疗法要特别注意什么？

A 时机

B 场所

C 平衡性

D 个人喜好

【**题解**】C　这是一道细节题，根据"在进行音乐疗法之前，首先要选择符合自己性情的音乐，并注意'平衡性'"这句话可以知道，音乐疗法要特别注意"平衡性"，所以这道题的正确答案是C。

34 在工地上班的人应听哪种音乐？

A 摇滚乐

B 流行乐曲

C 古典交响乐

D 无歌词的轻音乐

【**题解**】C　根据"在震耳欲聋的工地上或机器喧闹的工厂中工作的人，最好倾听雄壮的古典交响乐曲"这句话可以知道，在工地上班的工人适合听雄壮的古典交响乐，因此这道题的正确答案是C。

35 情绪低落时应选择什么类型的音乐？

A 古典乐曲

B 交响乐曲

C 充满激情的

D 明快的乐曲

【**题解**】D　通过"精神状态不佳、情绪低落的时候，应该选择明快的乐曲来倾听"这句话可以知道，当一个人情绪低落时，最好听一些明快的乐曲，因此这道题的正确答案是D。

36 本文主要介绍了什么内容？

A 音乐与养生

B 音乐与人生

C 音乐的重要性

D 如何欣赏音乐

【**题解**】A　这是一道主题题，考生可以从短文的开头"音乐是我们生活中不可或缺的调味剂，听音乐也是养生的一种好方法"知道，这段话主要在讲音乐与养生之间的关系，所以这道题的正确答案是A。

37–40.

一项新的研究表明，像售货员、服务员在工作中经常"被迫微笑"，(37)这种微笑多是在有违自己意愿的情况下做出的。如果长期习惯这种"假笑"，则对健康有害。

德国法兰克福大学查普夫教授认为，伪装对他人亲切友好会导致人们产生沮丧的情绪，压力倍增，从而使免疫系统受损。更为严重的是，如果这种压力长时间得不到释放的话，会使人患上高血压或心血管病的危险增加。这是研究人员经过两年研究，对售货员、空乘人员等在内的4000名志愿者的行为进行分析后得出的结论。

研究者做过这样的测试：将一些志愿者安置在一个模拟的呼叫中心里并遭受到客户的"虐待"。(38)让其中一些人在受到客户的辱骂之后允许反唇相讥，另一些人则被要求保持克制，还必须对顾客毕恭毕敬。结果证明，那些可以发泄自己不满情绪的研究对象在相对较短的一段时间内心跳很快，不过随后即恢复了正常，而那些必须对挑剔的客户们“笑脸相迎”的人，在对方电话挂断后的很长一段时间内仍然心动过速。结果表明：违背意愿地保持友好态度只会给自己造成心理压力。通过本测试也提示，（39）人的情绪虽可控制，但要长时间地克制却很困难。从健康角度看，有时适当发泄不满情绪，的确比总是压抑着且还要做出笑脸好。

这项研究意义还在于：（40）服务行业应当给予从业人员更多的尊重，没必要把“微笑服务”当作一项苛刻的硬性指标，只要当事人工作认真，态度积极，胜任自己的工作就行。另一方面，作为“上帝”的顾客，最好别把是否“微笑”当作服务质量好坏的唯一标准。

37 **“被迫微笑”有什么害处？**

A 影响企业形象

B 有损身心健康

C 影响同事关系

D 降低工作效率

【题解】B 通过短文可以知道“被迫微笑”是违背自己意志的微笑，长期进行这种假笑对健康是有害的，所以这道题的正确答案是B。

38 **保持克制的志愿者，挂完电话后有什么反应？**

A 面红耳赤

B 四肢乏力

C 精神不集中

D 持续心跳过快

【题解】D 根据短文可以知道，保持克制的志愿者，也就是必须对挑剔的客户们“笑脸相迎”的那些人，在对方电话挂断后的很长一段时间内仍然心动过速，因此这道题的正确答案是D。

39 **关于本次试验的结论，下面哪项正确？**

A 人的情绪不可控

B 微笑也会伤害身体

C 假装笑脸易被识破

D 不应长期克制情绪

【题解】D 通过本次试验可以知道，人的情绪虽可控制，但要长时间地克制却很困难，有时适当发泄不满情绪，的确比总是压抑着且还要做出笑脸好，也就是说人们应该适当地发泄不满情绪，不应长期克制情绪，所以这道题的正确答案是D。

40 **关于作者最后的建议，下面哪项不正确？**

A 要拒绝顾客的无理要求

B 给服务业人员更多尊重

C 微笑服务不必硬性规定

D 顾客应改变对笑脸的认识

【题解】A 从最后作者的建议看，他希望服务行业应当给予从业人员更多的尊重，没必要把“微笑服务”当作一项苛刻的硬性指标，最好别把是否“微笑”当作服务质量好坏的唯一标准，所以这道题的正确答案是A。

41–43.

心理学家发现，在红色环境中，人的脉搏会加快，血压有所升高，情绪兴奋冲动。（41）而处在蓝色环境中，脉搏会减缓，情绪也较沉静。有的科学家发现，颜色能影响脑电波，（42）脑电波对红色反应是警觉，对蓝色的反应是放松。自19世纪中叶以后，心理学已从哲学转入科学的范畴，心理学家注重实验所验证的色彩心理的效果。

除去寒暖色系具有明显的心理区别以外，色彩的明度与纯度也会引起对色彩物理印象的错觉。一般来说，（43）颜色的重量感主要取决于色彩的明度，暗色给人以重的感觉，明色给人以轻的感觉。纯度与明度的变化给人以色彩软硬的印象，如淡的亮色使人觉得柔软，暗的纯色则有强硬的感觉。

41 在蓝色环境中，会有什么生理反应？

A 脉搏加快

B 血压升高

C 四肢乏力

D 情绪稳定

【题解】D 注意听力短文中的"而"，在这个词后面往往是说话人真正想要表达的意思。文中说"而处在蓝色环境中，脉搏会减缓，情绪也较沉静"，所以这道题的正确答案是D。

42 脑电波对红色是什么反应？

A 放松

B 警觉

C 波动

D 很微弱

【题解】B 根据"脑电波对红色反应是警觉，对蓝色的反应是放松"这句话可以知道，脑电波对红色的反应是警觉，所以这道题的正确答案是B。

43 颜色的重量感跟什么有关？

A 色彩的明度

B 色彩的纯度

C 色彩的彩度

D 色彩的种类

【题解】A 根据"颜色的重量感主要取决于色彩的明度，暗色给人以重的感觉，明色给人以轻的感觉"这句话可以知道，颜色的重量感与色彩的明度有关，因此这道题的正确答案是A。

44–46.

有些人总是静静地听别人说话，并一直面带微笑地看着对方，其实这并不意味着他们赞同对方的观点，微笑通常只是掩饰其内心最得体的方法。(44)这类人的个性通常是做事不露锋芒，不爱表露自己的真实想法，喜怒不形于色，谨小慎微，即使在复杂的人际关系中，他们也能游刃有余。

(45)听别人说话时，有类人总习惯皱着眉头，很少发表意见。其实，这并不表示他们反对发言者的言论，恰恰可能是因为他们正在仔细听对方的话，并进行深入的思考。这类人通常具有批判精神，总试图提出与众不同的意见。另外，还有些人皱眉头是因为他们对别人的发言内容不敢苟同。

44 关于常微笑着听人说话的人，下面哪项正确？

A 反对对方的言论

B 乐于表达自身看法

C 善于处理人际关系

D 同意说话人的观点

【题解】C 根据听力短文的第一段可以知道，常微笑着听人说话的人，做事不露锋芒，喜怒不形于色，能在复杂的人际交往中游刃有余，也就是说这样的人善于处理人际关系，因此这道题的正确答案是C。

45 有批判精神的人听人说话时常做出什么表情？

A 紧盯对方

B 皱着眉头

C 面带微笑

D 咬着嘴唇

【题解】B 通过听力材料可以知道"听别人说话时，有类人总习惯皱着眉头，很少发表意见”的这类人通常具有批判精神，因此这道题的正确答案是B。

46 **下面哪项最适合做本文的标题？**

A 控制你的表情

B 表情的生理机制

C 表情与人际交往

D 表情的心理解读

【题解】D 这是一道通过主题来选择短文标题类型的题，做此类题时，考生应在倾听全文的基础上，把握短文大意，再根据短文大意选择短文标题。这篇短文主要讲了听人说话时不同的表情代表的听话人不同的心理，所以最适合做这篇文章的标题的是“表情的心理解读”，因此这道题的正确答案是D。

47–50.

大家都知道，说谎的人会尽量避免和别人眼神接触。你知道怎样利用眼睛来测谎吗？

（47）孩子说谎的时候因为心虚，所以脸庞发红，眼神闪烁，飘忽不定，经常往下看。但是，大人说谎就没那么容易看出来了，说谎者可以盯着对方的眼睛，甚至伪装出一副坦诚无比的样子目不转睛地盯着你，脸不红心不跳地说谎话。

那该怎么办呢？美国著名心理学家大卫•李伯曼教授发现，对大多数人来说，（48）当人们的大脑进入记忆搜索状态，也就是回忆某件真实存在的事情时，眼睛会先向上、再向左转动。而如果当一个人尝试去“构建”一个画面情况，也就是编造谎话时，眼球的运动恰恰相反，会先向上、再向右转动。

（49）所以，如果你想打探一个人是否说谎，不要问他“你说的是真话吗”、“你吃早饭了吗”这类不需要回忆或者非常简单的问题，因为无需回忆，即使他说了谎话你也无从判断。这时你可以问一些必须要回忆才能想起来的细节问题，比如“那天你买衣服的路上碰到了哪些人，和他们说了些什么”。如果对方不经思考就看着你的眼睛马上回答，说明他在讲述一个已经编好的谎言；如果他的眼睛先向上、再向左转动，说明他在回忆真实的情况；如果眼睛先向上、后向右转动，说明他正在编造谎言、准备骗你。

47 **大人说谎时与小孩儿有什么不同？**

A 脸庞发红

B 眼神闪烁

C 眼神不定

D 不易发觉

【题解】D 通过第二段的描写可以知道，孩子说谎时容易被发觉，而大人说谎时就没那么容易被看出来了，所以这道题的正确答案是D。

48 **大脑进入搜索状态时，眼睛有什么表现？**

A 先向上，再往左转

B 先向上，再往右转

C 先向下，再往左转

D 先向下，再往右转

【题解】A 通过“当人们的大脑进入记忆搜索状态，也就是回忆某件真实存在的事情时，眼睛会先向上、再向左转动”这句话可以知道，当大脑进入搜索状态时，眼睛是先向上，再向左转的，所以这道题的正确答案是A。

49 **打探一个人是否说谎，应该问他什么样的问题？**

A 简单的问题

B 需回忆的细节问题

C 问他说的是不是真话

D 问话人知道答案的问题

【题解】B 根据短文可以知道，当你打探一个人是否说谎时，可以问一些必须要回忆才能想起来的细节问题，所以这道题的正确答案是 B。

50 **本文主要介绍了什么内容？**

A 儿童撒谎的表现

B 成年人如何撒谎

C 人类为何要撒谎

D 利用眼睛来测谎

【题解】D 这是一道主题题，这段话主要讲了人们如何根据眼睛的不同状态来判断这个人是否在撒谎，所以这道题的正确答案是 D。

阅读部分题解

第一部分

第 51-60 题：请选出有语病的一项。

51

A 我们并不否认这部作品尚存在不尽人意，比如某些细节不够真实、个别人物的语言还不够性格化。

B 现代医学证明，当一个人精力衰退，对事物缺乏好奇心与兴趣时，其循环系统功能也会随之退化。

C 人们无论走到哪里，都没法不时常感怀身后的一片热土，因为那里有他的亲友，至少也有他的过去。

D 知识经济学，主要研究知识与经济发展的关系，探索如何依靠知识的进步实现经济的发展和财富的增加。

答案： A。

病因：“存在”缺少宾语中心语，一般应为“存在……的地方 / 之处”。

修改： 我们并不否认这部作品尚存在不尽人意之处，比如某些细节不够真实、个别人物的语言还不够性格化。

52

A 清晨树上的蝉声显得分外轻逸，似远似近，若有若无。

B 考古学家对两千多年前在安阳曹操高陵新出土的文物进行了多方面的研究。

C 经常吃一些富含纤维素的食物，如水果、蔬菜等，可以有效降低大肠癌的发病率。

D 坚持是一个人生命意志的表达，如果最初你没有成功，不妨用不同的方法再试一次。

答案： B。

病因：“文物”的定语顺序不当，“两千多年前”应当直接修饰“文物”。

修改： 考古学家对在安阳曹操高陵新出土的两千多年前的文物进行了多方面的研究。

53

A 这办法既卫生又方便，深受广大群众所喜爱。

B 时机判断得正确与否，往往直接关系到事业的成败。

C 所谓“感受”是被动的，是容许自然界事物感动我的感官和心灵。
D 那些红的桃花，白的梨花，很快就会飘散零落，留下的将是初结的果实。

答案： A。
病因：“深受广大群众所喜爱”是“深受广大群众喜爱”和“深为广大群众所喜爱”两种句式杂糅。
修改： 这办法既卫生又方便，深受广大群众喜爱。

54

A 臭豆腐是一种流传于全中国的豆腐发酵制品。
B 他未按公司的决定，把谈判日期提前告诉给对方，以致产生了误会。
C 在生育年龄，女子的内分泌激素能使她们具有天然的抵御心脏病的能力。
D 当人类还未有家的意识与家的形式之前，祖先们是在几乎无休止的迁徙中生活的。

答案： B。
病因：“公司的决定”内容不明确，可以是“把谈判日期提前告诉给对方”，也可以是“不要把谈判日期提前告诉给对方”。
修改： 他未按公司的决定，擅自把谈判日期提前告诉给对方，以致产生了误会。

55

A 东西方在饮食习惯上存在着很大的差异。
B 我们不知不觉就已经走了十里路左右的路程。
C 马缰套在马的口角上，牛缰挽在牛的鼻子上，是因为这些地方痛觉点分布最多。
D 蚂蚁的头上有一对触角，这对触角不但是触觉器官，而且还是十分灵敏的嗅觉器官。

答案： B。
病因：“十里路”与“路程”搭配不当，“路程”不可用数量成分修饰。
修改： 我们不知不觉就已经走了十里路左右。

56

A 写作不仅要有好的构思，还要具备积极的修辞意识。
B 由于历代动乱和气候的潮湿，所有当时的绘画都遭到了灭绝。
C 大雁飞行排成“人”字或“一”字，是为了长途飞行而借用前面大雁的翅膀扇动时的气流。
D 到了近现代，马戏的性质发生了很大的变化，除了马上项目外，相继增添了几十种动物参加的杂技表演。

答案： B。
病因：“绘画”与“灭绝”搭配不当，应当为“毁灭”。
修改： 由于历代动乱和气候的潮湿，所有当时的绘画都遭到了毁灭。

57

A 有些网站可以申请免费的个人主页，你只有将自己的个人信息放在指定的位置上，全世界的人就可以了解你的情况。
B 担当重任的人不但应该能正确进行逻辑推理，决定取舍，做出决定，而且还必须能清楚地表达出来，这样才能宣传他的主张并被他人接受。
C 动物并不像人那样，借助于语言进行交谈，它只是利用自己各种不同的情感，向同伴或共生的朋友发出危险警报，或者通知它们哪儿有食物，等等。

D 较大的雨滴，它们的形状很像小小的圆面包，这是因为较大的雨滴在下落时由于受到空气阻力的作用，所以雨滴的下部是平坦的，上部却成球形。

答案： A。

病因： 关联词“只有……就……”搭配不当，应该改为“只要……就……”。

修改： 有些网站可以申请免费的个人主页，你只要将自己的个人信息放在指定的位置上，全世界的人就可以了解你的情况。

58

A 序言，是置于著作正文之前，说明写作或出版意图、著作体例和作者情况等内容。

B 他感觉被困在一个牢固的茧里，高高悬挂在人们能够仰望的地方，上不着天、下不着地。

C 原始纺织的出现，从根本上改变了中国先民的着衣状况，为服饰形式的完善奠定了基础。

D 我们的媒体有责任做出表率，在使用语言文字时要增强规范意识，杜绝用字不规范的现象。

答案： A。

病因：“是”缺少宾语中心语，应该为“是……的文章”。

修改： 序言，是置于著作正文之前，说明写作或出版意图、著作体例和作者情况等内容的文章。

59

A 藻类是生长在海洋里的含叶绿素和其他辅助色素的低等生物。

B 北京故宫博物院收藏的中国古代绘画非常丰富，在世界上可以说是登峰造极了。

C 人的手指是很灵敏的。哪怕是五千万分之一米的轻微振动，手指也可以感觉出来。

D 唐代杜甫的“读书破万卷，下笔如有神”两句诗，很好地说明了阅读与写作之间的关系。

答案： B。

病因：“登峰造极”主要形容一个人的学问、成就之高，用在此处不当。

修改： 北京故宫博物院收藏的中国古代绘画非常丰富，在世界上可以说是首屈一指了。

60

A 应用这种罗盘，即使是在阴云密布，还是早晚看不见太阳的时候，都不会迷失方向。

B 无论怎么光怪陆离的梦境，都是大脑活动的反映，总是和人的经历、想象有所关联的。

C《全宋文》的出版，对填补宋代文化研究的空白、完善宋代的学术文献具有重要的作用。

D 在使人类获得社会教养方面，没有什么东西比艺术和科学的力量更奇妙、更富有创造力。

答案： A。

病因： 关联词“即使”使用错误，应该改为“不管”或“无论”，从而与后面的“还是……都……”搭配。

修改： 应用这种罗盘，不管是在阴云密布，还是早晚看不见太阳的时候，都不会迷失方向。

第二部分

第61-70题：选词填空。

61

水果是人们心目中最健康的食品之一，______有些人吃的水果比主食还要多几倍。但你是否______，吃水果是有讲究的，否则不仅无法______保健的目的，反而会带来多种疾病。

A 况且　掌握　到达
B 而且　把握　完成
C 甚至　了解　达到
D 因而　理解　实现

【题解】C　第三个空，A项“到达”搭配对象都是具体的处所，B项“完成”搭配的对象常为“任务、工作、作业”等，所以A、B两项用在这里不合适，当首先排除。第二个空中，C项“了解”强调知道事物的情况和过程，是感性的认识；D项“理解”强调明白为什么这样，是理性的认识。从上下文可以看出，这里只是大概了解，所以C项应为正确答案。

62

火把节是彝、白、纳西等少数民族的古老而重要的节日，有着______的民俗文化内涵，被称为“东方的狂欢节”。不同的民族______火把节的时间也不同，大多是在农历的六月二十四。在新时代，火把节被赋予了新的民俗功能，产生了新的______。

A 深刻　举办　能力
B 深厚　举行　形式
C 深入　参与　过程
D 深远　参加　方式

【题解】B　第一个空，A项“深刻”常与“道理、印象、体会、影响、认识”等搭配；B项“深厚”常与“友谊、内涵”等搭配；C项“深入”一般跟“调查、研究、思考、钻研”等搭配；D项“深远”常与“意义、影响”搭配；所以根据以上搭配情况，我们知道B项应为正确答案。

63

剪纸，又叫作窗花。它作为喜庆之日的装饰品，贴在窗户上或墙壁上，给人们______吉祥欢乐的气氛。河北民间有着______的剪纸历史，而且遍布城乡各地。而蔚县的剪纸在民间艺术的百花园里，更是独树一帜，具有______的民族特色和河北地方特色。

A 增进　灿烂　显著
B 增强　长久　明显
C 增添　悠久　鲜明
D 增加　永久　新鲜

【题解】C　第一个空，A项“增进”表示事物在数量上增加，质量上提高，速度上加快；B项“增强”表示在原有的基础上提高，搭配宾语常为“勇气、自信心、观念、抵抗力”等。由此可以知道A、B两项用在这里不合适。第二个空，这里是修饰“历史”，我们知道“悠久”搭配的对象常为“历史、文化、传统、年代”等，所以用在这里合适，因此正确答案应为C项。

64

孔子一生中有一大半的时间是从事教育工作。他______了卓有成效的教育、教学方法；总结、______了一整套正确的学习原则；______了比较完整的教学内容体系；提出了一系列有______影响的教育思想；树立了良好的师德典范。

A 创造　倡导　形成　深远
B 创办　提倡　成立　深刻
C 创立　主张　组成　深入
D 创建　倡议　构成　深刻

【题解】A　根据第一个空，A 项“创造”多和“历史、奇迹、纪录、文化、方法”等搭配；B 项“创办”搭配的对象常为“学校、公司”等；C 项“创立”表示初次建立某种组织、机构，或者理论、学说等，多是抽象的；D 项“创建”可以和“理论、政权、学校、文化”等搭配。由此可以判断，只有“创造”合适。因此正确答案为 A 项。

65

大事是由众多的小事积累而成的，______了小事就难以成就大事。从小事开始，______长才干、增智慧，日后才能干大事，而眼高手低者，是______干不成大事的。从干小事中见精神、得认可，“以小见大”、“见微知著”，赢得人们的______，你才能得到干大事的机会。

A 忽然　慢慢　长期　信心
B 忽略　逐渐　永远　信任
C 忽视　渐渐　长远　信念
D 轻视　逐步　长久　信誉

【题解】B　第一个空，从句法结构看，这里需要一个动词性成分，而A项的“忽然”是副词，所以当首先排除。第四个空，C 项“信念”表示自己认为正确而不动摇的观点，多用于政治理论、理想等方面；D 项“信誉”主要表示“信用和名声”，一般指事物或者组织的形象或名声，所以 C、D 两项用在句中不合适。因此正确答案为 B 项。

66

在这个快餐满地的世界里，要______一个健康、合理的饮食习惯实在太难了。饮食______是我们日常生活的一项重要内容，现在人们却不太留意。“吃”已成为“生活______病”的主要诱因之一，现代人缺的不是吃好，______怎样科学合理地吃。

A 坚持　历来　形式　可是
B 保持　原先　过程　但是
C 维护　原来　方法　就是
D 维持　本来　方式　而是

【题解】D　第四个空，首先从搭配入手，可以与“不是”搭配的关联词是 C、D，分别搭配为“不是……就是……”，“不是……而是……”。然后看逻辑关系，本句中重点强调的是现代人的饮食习惯不太对，人们缺乏健康的饮食习惯，C 项“不是……就是……”是表示选择关系，表示从两个选项中可以选择其一，D 项“不是……而是……”表示并列关系，强调的重点是“而是”后的内容，因此正确答案为 D 项。

67

大家都说李宁是天生的“体操王子”，李宁自己______很清楚，之所以能在赛场上______成功，与自己的适应能力及平和心态分不开。他创立的李宁品牌是一个______的中国自主品牌，______几年的发展，李宁品牌已经走出国门，走向世界。

A 但是　争取　妇孺皆知　路过
B 可是　积累　尽人皆知　经历
C 却　取得　家喻户晓　经过
D 然而　获得　举世闻名　通过

【题解】C　第一个空，四个选项都为表示转折关系的关联词，这里只有 C 项“却”可以放在主语的后边，所以我们可以判定正确答案为C项。另外，第二个空，根据句意，我们知道这里表示“李宁在赛场上赢了”，所以只有C、D两项用在这里合适。第三个空，D项“举世闻名”表示全世界都知道，形容非常有名。但是句中，后边才说李宁品牌走出国门，走向世界，所以D项用在这里不合适，因此正确答案应为C项。

68

有人认为打哈欠是因为身体感到疲倦，______补充氧气，所以直接以口鼻大量地吸入空气，以获得氧气；也有人认为，打哈欠______不只表示人累了，它还有更为______的意义，那就是体内状况的改变。研究______，当人累了、醒来，或当警觉状态有所改变时，都会打哈欠。

A 需求　仿佛　平凡　表明
B 需要　似乎　普遍　显示
C 希望　好像　平常　表示
D 要求　可能　普通　表现

【题解】B　第一个空，从句法结构看，这里需要一个动词性成分，而A项“需求”是名词，所以用在这里不合适，当首先排除。从句意方面来看，D项的“要求”的动作发出者一般为人或者组织，而句中为“身体”，所以不适合用在这里，当排除。第三个空，B项“普遍”主要指很广泛的、存在数量很多的，C项“平常”主要是指没有什么特别之处；从本句看，这里主要想表示打哈欠大部分情况下是体内状况的改变，所以B项用在这里更合适。因此正确答案应为B项。

69

倘若将人生形容为一场竞赛，“起跑线”的比喻是______的。但是，“输在起跑线”上只______短程竞赛。如果是马拉松那样的长跑，就不存在输在起跑线上的______。相反，马拉松比赛赢在起跑线上的运动员，______由于没有保存体力，______起个大早，赶了晚集。

A 正好　合适　伤心　常常　因此
B 适当　适应　操心　经常　导致
C 恰当　适合　担忧　往往　致使
D 恰好　符合　担心　总是　引起

【题解】C　第一个空，从句法结构看，这里需要一个形容词性成分，而D项“恰好”是副词，它常常用在动词性成分的前边，所以用在这里不合适，当首先排除D项。第二个空，从句法结构看，这里需要动词性成分，而A项“合适”是形容词，所以排除A项。第三个空，从句意上看，B项“操心”是指花费时间和精力考虑和处理事情，不适合用在这里，所以正确答案应为C项。

70

在这个世界上，凡事不可能______，事事如意，总会有______和忧愁。当不顺心的事______萦绕着我们的时候，我们该______，不怨恨，不躁进，不过度，不强求。

A 一举两得　烦闷　偶尔　小心翼翼
B 称心如意　苦闷　经常　想方设法
C 急功近利　苦恼　常常　从容不迫
D 一帆风顺　烦恼　时常　顺其自然

【题解】D　第一个空，A项“一举两得”表示做一件事得到两方面的好处，从上下文我们并没有看到两个方面的好处，所以A项用在这里不合适。C项“急功近利”表示急于求成，贪图眼前的成效和利益，主要用来形容一个人的行为，这里不涉及人的情况，所以当排除C项。第四个空，B项“想方设法”表示想种种办法，它常用在动词的前边，显然用在本句不合适，因此正确答案应为D项。

第三部分

第 71-80 题：选句填空。

71–75.

王献之是书圣王羲之的第七个儿子，天资聪颖，机敏好学，七岁时就开始练习书法，师承其父。王羲之曾对儿子说，（71）__________，他的字才会有筋有骨、有血有肉、直立稳健。献之心中颇有些不以为然，他勤奋地练了五年，写完了三缸水，自认为书法已小有所成，（72）__________。谁知王羲之一张张掀过后，却频频摇头，直到看见一个“大”字，（73）__________，随手在“大”字下点了一个点。小献之心中不服，又将自己写的字拿去给母亲看，母亲认真地翻看，最后指着王羲之在“大”字下加的那一点，说：“吾儿磨尽三缸水，唯有一点似羲之。”献之此时才知道与父亲的差距，又锲而不舍地练了下去。当他真的用尽 18 大缸水，（74）__________。后王献之的字也达到了力透纸背、炉火纯青的程度，（75）__________。

A 其书法果然突飞猛进
B 只有写完院里 18 缸水
C 王羲之才露出了较满意的神色
D 遂将自己十分满意的习字拿给父亲过目
E 其书法与其父并列，被人们称为“二王”

【题解】

（71）B　根据下文“他的字才会有筋有骨、有血有肉、直立稳健”可知本句是王羲之在指导其儿子如何练字，通过“才”可联想到关联词“只有……才……”，只有选项 B 可与之搭配。

（72）D　根据上文，此时王献之认为自己的书法已经有所成，而下文则说王羲之在看王献之写的字，可知这里叙述的内容应该是王献之将自己写的字拿给父亲看，故选项 D 正确。

（73）C　根据上文“频频摇头”可知，王羲之对儿子的字并不满意，但也并非都不满意，“直到看见一个‘大’字”，说明事情有所转折，终于发现了一个令自己比较满意的字，故选项 C 正确，同时“直到……才……”也是一组较为常用的关联词搭配。

（74）A　根据第（71）题可知，王羲之在指导其儿子练字时告诉他，只有写完院里的 18 缸水，他的字才能有所成，而本题上文提到王献之“又锲而不舍地练了下去”，并“真的用尽 18 大缸水”，从前后呼应的角度出发，此时王献之的书法“突飞猛进”也是顺理成章的了，故选项 A 正确。

（75）E　此题位于文章结尾，语义上进一步对文章进行总结，并肯定王献之在书法上的造诣和成就，故选项 E 正确。

76–80.

鸟类是唯一始终利用风力升腾的动物，双翼是它们的飞行工具。翼前端的羽毛称为前列羽毛，主要起到推动鸟向前的作用，翼的其他部分则为鸟提供升力。但是，仅有双翼是不够的，使双翼运动的动力源于胸部的两组肌肉，对于大多数鸟，（76）__________。

此外，不同种类的鸟的双翼形状也不同。长翼飞行效率高，如信天翁，可以连续飞行数千公里。（77）________，所以长翼的鸟通常飞得很高，作长距离飞行。短翼的鸟体力较差，如麻雀，起飞与降落很容易控制，（78）________。但短翼的鸟类不能长时间长距离飞行。

除了鸟类，动物中飞行技能最高的是蝙蝠，（79）________。经过5000万年的进化，蝙蝠成功地加入了飞翔者的行列。千百年来，人们对它的身体产生了极大的疑问：这种可以在漆黑的夜间飞行且悄无声息的动物，究竟是鸟还是兽？

蝙蝠的翼实际上是连接长长的指和后腿之间的肉质膜，肉翼完全展开是蝙蝠身体面积的好几倍。蝙蝠就是依靠这对肉翼飞上了天，可是大多数蝙蝠起飞时依然要从高处滑翔起飞，（80）________，蝙蝠们就只有望天兴叹了！因为大多数蝙蝠无法从地面上飞到空中。

A 如果不幸掉在地上
B 但长翼拍动困难，起飞不易
C 并且能在很短的时间内加速
D 这两组肌肉占了体重的30%以上
E. 蝙蝠也是地球上唯一具有飞行能力的哺乳动物

【题解】

（76）D　上文提到，鸟类双翼运动的动力源于“两组肌肉”，可见此处的叙述对象应该是鸟类的“肌肉”，5个选项中只有选项D是在叙述与“肌肉”有关的内容。

（77）B　根据上下文可知，本段主要从双翼的形状来叙述不同种类的鸟飞行的特点，主要分长翼和短翼两种。此题讲的是长翼的鸟飞行的特点，即长距离飞行，根据“所以”可知空格处说明的是原因；根据常识，长翼的鸟一般起飞比较困难，故为了减少起飞的次数，一般作长距离飞行，本题答案为B。

（78）C　此题与上题对应，叙述的是短翼鸟飞行的特点，像麻雀这样的短翼鸟一般都比较灵活，起飞、降落比较容易，同时在短时间内可迅速实现加速，故选项C正确。

（79）E　根据上文，本段的叙述对象变换为蝙蝠。根据常识，蝙蝠不属于鸟类，而是哺乳动物，故选项E正确。

（80）A　根据上文，蝙蝠在起飞时要从高处滑翔起飞，而下文中提到“望天兴叹”，最后还说“蝙蝠无法从地面上飞到空中”，可见空格处是一个假设，即假设蝙蝠落到地面的情形，故选项A正确。

第四部分

第81-100题：请选出正确答案。

81–84.

对于职场人士来说，一周中每个人的心理周期、工作节律、生理指标都会有细微的差别。（81）周一的血压比一周当中的任何其他时段都要高，这也许可以解释为什么由心脏病发作和中风引起的死亡率总会在周一早上达到顶峰。双休日之后，人体的生物钟往往还没有调节过来，一下子从休闲状态切换到工作状态，总感觉有很多的事忙也忙不完，却偏偏又丢三落四。

星期二是主导性最高的时候。星期二工作效率最高，产出最大，尤其是上午10点到中午这个时间段内，人的头脑最好使。

星期三是一周的转折，延续了星期二的忙碌，周三职场人士已经完全适应了忙碌的工作状态，星期三的职场人士可以和“超人”媲美。同时，周三处在一周工作日的正中间，上一个周末的快乐已经远去，而下一个周末似乎还遥遥无期，人们仿佛坠入到“工作泥沼”中，心理兴奋度会出现下滑。(82)这一天是制订战略、开展“头脑风暴”的最佳时间，也是决策技能最能得到发挥的时候。此时的人都会寻求一种平衡。在处理了两天内部事务之后，在星期三人们或许更希望和外界做一种交流以达到平衡。

在经过了前三天高效率的工作后，职场人士都已经身心疲惫，生理和心理都受到挑战，(83)但周末也临近了，所以有人说，星期四属于“黎明前的黑暗”。星期四的时候，人的顺从性最高、最好说话、比较通融，这种时候去找客户，客户向你妥协也最有可能。

星期五了，你不妨留意一下，这一天里你完成的工作，在数量、质量上是否比平时都要高？如果你是个最不情愿加班的人，碰到这天你会不知不觉地干过了点，直到有电话邀请才把你唤醒，你还会惊叹：“时间过得真快啊！”

每个人的心理节律、工作节律各不相同，如果留心，你总可以找到适合你一周的周期规律，应时而动，从而将效率发挥至极致。

81 **星期一：**

A 死亡率最高

B 工作量最大

C 人的血压最高

D 工作状态最佳

【题解】C　根据第一段中的第二句话“周一的血压比一周当中的任何其他时段都要高”可以知道，星期一人的血压最高，因此这道题的正确答案是C。

82 **根据上文，星期三适合：**

A 去找客户谈判

B 安排高层会议

C 安排员工加班

D 处理个人事务

【题解】B　根据第三段的“这一天是制订战略、开展‘头脑风暴’的最佳时间，也是决策技能最能得到发挥的时候。此时的人都会寻求一种平衡。在处理了两天内部事务之后，在星期三人们或许更希望和外界做一种交流以达到平衡”可以知道，星期三适合做决策，开展“头脑风暴”，所以这道题的正确答案是B。

83 **“黎明前的黑暗”意思是：**

A 时间过得太慢

B 身体状况糟糕

C 天色最暗的时候

D 成功前最难熬的时候

【题解】D　根据第四段可以知道，星期四被称作“黎明前的黑暗”是因为前三天的高效率工作已经结束，周末快要来了，这就预示着成功已经不远了，因此这道题的正确答案是D。

84 **本文的主要内容是：**

A 怎样合理安排工作

B 职场人的繁忙一周

C 星期几工作效率最高

D 工作与心理的周期规律

【题解】D　解答这道题，考生需要在把握全文的基础上作出选择。这篇文章主要讲了一周中工作与心理状态的规律，所以这道题的正确答案是D。

85–88.

正月是农历的元月，古人称夜为“宵”，所以称正月十五为元宵节。正月十五日是一年中第一个月圆之夜，也是一元复始，大地回春的夜晚，人们对此加以庆祝，也是庆贺新春的延续。元宵节又称为“上元节”。

（85）元宵节也称灯节，元宵燃灯的风俗起自汉朝，到了唐代，赏灯活动更加兴盛，皇宫里、街道上处处挂灯，还要建立高大的灯轮、灯楼和灯树，唐朝大诗人卢照邻曾在《十五夜观灯》中这样描述元宵节燃灯的盛况：“接汉疑星落，依楼似月悬。”

“猜灯谜”又叫“打灯谜”，是元宵节后增的一项活动，出现在宋朝。南宋时，首都临安每逢元宵节时制谜、猜谜的人众多。开始时是好事者把谜语写在纸条上，贴在五光十色的彩灯上供人猜。因为谜语能启迪智慧又饶有兴趣，所以流传过程中深受社会各阶层的欢迎。

民间有过元宵节吃元宵的习俗。（86）元宵由糯米制成，或实心，或带馅。馅有豆沙、白糖、山楂、各类果料等，食用时煮、煎、蒸、炸皆可。起初，人们把这种食物叫“浮圆子”，后来又叫“汤团”或“汤圆”，这些名称与“团圆”字音相近，取团圆之意，象征全家人团团圆圆，和睦幸福，人们也以此怀念离别的亲人，寄托了对未来生活的美好愿望。

一些地方的元宵节还有“走百病”的习俗，又称“烤百病”、“散百病”，参与者多为妇女，他们结伴而行，或走墙边，或过桥，走郊外，目的是驱病除灾。

随着时间的推移，元宵节的活动越来越多，不少地方节庆时增加了耍龙灯、耍狮子、踩高跷、划旱船、扭秧歌、打太平鼓等传统民俗表演。（87）这个传承已有两千多年的传统节日，不仅盛行于海峡两岸，就是在海外华人的聚居区也年年欢庆不衰。

85 **元宵节最早的庆祝活动是：**

A 燃灯
B 打灯谜
C 耍狮子
D 打太平鼓

【题解】A　短文第二段讲述了元宵节的来历，从这一段中可以知道，元宵节最早的庆祝活动是燃灯，因此这道题的正确答案是A。

86 **元宵：**

A 做法多样
B 里面都有馅
C 因元宵节而得名
D 象征离别的亲人

【题解】A　根据第四段的“元宵由糯米制成，或实心，或带馅。馅有豆沙、白糖、山楂、各类果料等，食用时煮、煎、蒸、炸皆可”可以知道，元宵多种多样，吃法也多种多样，因此这道题的正确答案是A。

87 **根据上文，下列说法正确的是：**

A 元宵节赏灯起源于唐代
B 海外华人也庆祝元宵节
C 耍龙灯已传承了两千多年
D “走百病”让人一年无病无灾

【题解】B　通过短文的最后一句话“这个传承已有两千多年的传统节日，不仅盛行于海峡两岸，就是在海外华人的聚居区也年年欢庆不衰”可以知道，海外华人也过元宵节，所以这道题的正确答案是B。

88 **这篇文章主要内容是：**

A 元宵节的来历

B 猜灯谜和吃元宵

C 元宵节的习俗活动

D 传统节日的庆祝方法

【题解】C 解答这道题，先看全文的整体意思。这篇文章主要介绍了传统的元宵节和现在的元宵节的活动，因此这道题的正确答案是 C。

89–92.

"狗不理"包子是天津的风味名点，它创始于 1858 年，距今已经有 150 余年的历史。

清咸丰年间，河北武清县杨村有个年轻人，名叫高贵友，(89)因其父四十得子，为求平安养子，故取乳名"狗子"，期望他能像小狗一样好养活。狗子 14 岁来津学艺，在天津南运河边上的刘家蒸吃铺做小伙计，因心灵手巧又勤学好问，做包子的手艺不断长进，练就一手好活儿，很快就小有名气了。

三年满师后，高贵友自己开办了一家专营包子的小吃铺——"德聚号"。他用肥瘦鲜猪肉 3∶7 的比例加适量的水，佐以排骨汤或肚汤，加上各种佐料，精心调拌成包子馅料。包子皮用半发面，擀成直径为 8.5 厘米左右、薄厚均匀的圆形皮。包入馅料，用手指精心捏折，每个包子有固定的 15 个褶，褶花疏密一致，如白菊花形，最后上炉用硬气蒸制而成。

由于高贵友手艺好，做事又十分认真，从不掺假，制作的包子口感柔软，鲜香不腻，形似菊花，色香味形都独具特色，引得十里百里的人都来吃包子，生意十分兴隆，名声很快就响了起来。(90)由于来吃他包子的人越来越多，高贵友忙得顾不上跟顾客说话，这样一来，吃包子的人都戏称他"狗子卖包子，不理人"。久而久之，人们喊顺了嘴，都叫他"狗不理"，把他所经营的包子称作"狗不理包子"，而原店铺字号却渐渐被人们淡忘了。后来"狗不理"包子名声大振，逐渐在许多地方开设了分号。

现在的"狗不理"的菜品以津菜为主，充分利用天津地方特有原材料，体现出"精包津菜"的经营特色。在服务方面，注重把饮食文化、企业文化有机结合，将一首"狗不理"店歌、一个传奇故事、一段天津快板贯穿于餐中文化，营造出一种喝着"狗不理"老烧酒，品着"狗不理"传统包子，尝着天津风味菜，尽情感受天津地域文化的氛围。(91)"狗不理"本身已经形成了一种文化，这种文化已经和天津的历史"捏到了一个褶里了"。

89 **父亲给高贵友起"狗子"的乳名是因为：**

A 他在狗年出生

B 他爱跟小狗玩儿

C 希望他健康成长

D 他像小狗一样聪明

【题解】C 根据第二段中的"因其父四十得子，为求平安养子，故取乳名'狗子'，期望他能像小狗一样好养活"这句话可以知道，父亲给高贵友起"狗子"的名字是希望他像小狗一样好养活，健健康康地长大，因此这道题的正确答案是 C。

90 **为什么"狗子卖包子，不理人"？**

A 顾客太多来不及说话

B 呼应"狗不理"的名称

C 这是"狗不理"的特色

D 高贵友不愿意和客人说话

【题解】A 根据第四段的"由于来吃他包子的人越来越多，高贵友忙得顾不上跟顾客说话，这样一来，吃包子的人都戏称他‘狗子卖包子，不理人’”这句话可以知道，狗子不理人是因为顾客太多，忙得顾不上和客人说话，所以这道题的正确答案是A。

91 **“捏到了一个褶里”意思是：**

A 完全一致

B 完美融合

C 一样耐人寻味

D 都做成“狗不理”

【题解】B　通过短文的最后一句话“‘狗不理’本身已经形成了一种文化，这种文化已经和天津的历史‘捏到了一个褶里了’”可以知道，“狗不理”包子已经和天津的历史和文化融合起来了，所以这道题的正确答案是B。

92 **本文的标题应该是：**

A 好吃不如“包子”

B 高贵友的成长传奇

C 天津小吃的发展史

D 天津名点“狗不理”

【题解】D　这篇文章主要在介绍天津有名的小吃“狗不理”包子，因此这道题的正确答案是D。

93–96.

有人路过一片茂密的竹林，打算在这儿过一夜，他随手把帽子挂在一株青嫩的竹子尖上。夜里，竹林里不时传来“叭叭”的声音，仿佛是一首催眠曲。第二天，这个人一觉醒来，想接着赶路，却发现帽子被竹子顶得高高的，必须跳起来才能够着。是谁跟他开玩笑，把帽子给抛上去的吗？（93）不是，原来是那棵青竹开的玩笑，它长个儿了，一夜之间竟高了40多厘米，难怪那个人够不着帽子了。而夜里听到的“叭叭”之声，竟是竹子拔节时发出的声音。（94）竹子真不愧是长个儿最快的植物了，有时一昼夜间它就能蹿1米多，如果耐心地观察，你可以看到竹子像钟表的指针一样移动着向上生长。

自然界里有不少植物都长得很迅速。像树中“巨人”杏仁桉，能长到150米，简直可以和星星交朋友了。当它栽种后的第一年就可长五六米，五六年后，就已是近20米的巨树了。

海岸边的先锋木麻黄负有抵御台风、防止风沙的任务，为了适应海滩恶劣的环境，木麻黄一边深深扎根，一边迅速长高，如果条件较好，一年就能长高3米！这惊人的长个儿速度，使一些去远海捕捞，数月后才能回来的渔民，居然不敢认自己的渔村了。是啊，出海时光秃秃的沙滩，现在已成了一片郁郁葱葱的木麻黄的天下。

绿化城市时，人们也爱选用一些速生树种。在我国的北方，白杨树是比较普遍的，它笔直的树干高高伫立，浓密的树荫遮蔽了夏日炎热的阳光。（95）它的生长速度就比较快，七八年就有10多米高，十几年就能用材了。人们称赞它是“5年成椽，10年成檩，15年成柁”。

93 **为什么那个人够不着帽子了？**

A 竹子长高了

B 地势升高了

C 青竹会变戏法儿

D 有人跟他开玩笑

【题解】A　根据第一段的“原来是那棵青竹开的玩笑，它长个儿了，一夜之间竟高了40多厘米，难怪那个人够不着帽子了”这句话可以知道，那个人够不着帽子是因为竹子在一夜之间长高了40多厘米，所以这道题的正确答案是A。

94 **根据上文，长个儿速度最快的是：**

A 青竹

B 杏仁桉

C 木麻黄

D 白杨树

【题解】A　根据第一段的最后一句话“竹子真不愧是长个儿最快的植物了，有时一昼夜间它就能蹿1米多”可以知道，长个儿最快的是竹子，因此这道题的正确答案是A。

95 **“5年成椽，10年成檩，15年成柁”的意思是白杨树：**

A 每5年生长一次

B 成材速度非常快

C 是很好的建筑材料

D 主要用于造椽、檩、柁

【题解】B　根据最后一段的“它的生长速度就比较快，七八年就有10多米高，十几年就能用材了”这句话可以知道，白杨树长得很快，所以这句话是为了说明白杨树生长之迅速，因此这道题的正确答案是B。

96 **本文的主角是：**

A 绿化植物

B 防沙植物

C 速生植物

D 长个儿快的竹子

【题解】C　这篇文章主要讲了竹子、杏仁桉、木麻黄、白杨树这四种速生植物，所以本文的主角应该是速生植物，因此这道题的正确答案是C。

97–100.

从前有一个商人，事业比较成功，但他是个大烟鬼，烟抽得非常非常凶。

有一次，他开车出去度假，天降滂沱大雨，开了几小时车后，他在一个小城的旅馆过夜。吃过晚饭，疲惫的他很快就进入了梦乡。

清晨两点钟，他醒来了一会，烟瘾又犯了，很想抽一根烟。打开灯，他自然地伸手去抓睡前放在桌上的烟盒，不料里头却是空的。他下了床，搜寻衣服口袋，毫无所获，他又搜寻行李，希望能发现他无意中留下的一包烟，结果又失望了。这时候，旅馆的餐厅、酒吧早关门了，他唯一可能得到香烟的办法是穿上衣服，走出去，到几条街外的火车站去买。

越是没有烟，想抽的欲望就越大，有烟瘾的人大概都有这种体验。他脱下睡衣，穿好了出门的衣服，在伸手去拿雨衣的时候，他突然停住了。他问自己：我这是在干什么？

他站在那儿寻思，（97）一个所谓的知识分子，而且相当成功的商人，一个自以为有足够理智对别人下命令的人，竟要在三更半夜离开旅馆，冒着大雨走过几条街，仅仅是为了得到一支烟。（98）这是一个什么样的习惯，这个习惯的力量有多么强大啊？

没过多会儿，商人下定了决心，把那个空烟盒揉成一团扔进了纸篓，脱下衣服换上睡衣回到了床上，带着一种解脱甚至是胜利的感觉，几分钟就进入了梦乡。

从此以后，他再也没有抽过香烟。后来，他的事业也越做越大，成为世界顶尖的富豪之一。

97 **从本文可见，这个商人：**

A 烟瘾越来越大

B 每天都很疲惫

C 有知识和理智

D 有很多坏习惯

【题解】C　从全文看，这个商人无疑是一个有知识的、理性的商人，这篇文章主要想告诉我们商人通过自己的理智说服自己的故事，他是一个有知识和理智的人，因此这道题应该选C。

98 **商人最终没有出去买烟的原因是：**

A 烟瘾消失了

B 怕被雨水淋湿

C 觉得出去麻烦

D 决定克服烟瘾

【题解】D　从第五段看，商人没有去买烟是因为他想改掉这个坏毛病，于是他用自己的理智克服了想抽烟的冲动，因此这道题的正确答案是D。

99 **为什么商人有一种解脱甚至是胜利的感觉？**

A 戒烟非常顺利

B 觉得自己很成功

C 不需要出去买烟了

D 战胜了坏习惯的影响

【题解】D　商人有这种感觉是因为他用自己的理智克服了烟瘾，又回到了床上睡觉，这是战胜了坏习惯的一种喜悦，所以这道题的正确答案是D。

100 **本文给我们的最大启示是：**

A 一切皆有可能

B 不要被坏习惯左右

C 烟瘾并非不可战胜

D 勤思考才能发现问题

【题解】B　这是一道从文中找出启示的题，这样的题考查考生的逻辑思维和深入探究的能力。从这个故事中，我们可以看到，商人用自己的理智战胜了坏习惯，最终成为世界上顶尖的富豪，这就是克服了坏习惯后的成功，所以这篇文章主要想告诉我们不要被坏习惯左右，因此这道题的正确答案是B。

新 汉 语 水 平 考 试
HSK（六级）答题卡

姓名		
国籍		[0] [1] [2] [3] [4] [5] [6] [7] [8] [9]
		[0] [1] [2] [3] [4] [5] [6] [7] [8] [9]
		[0] [1] [2] [3] [4] [5] [6] [7] [8] [9]
性别	男 [1] 女 [2]	
序号		[0] [1] [2] [3] [4] [5] [6] [7] [8] [9]
		[0] [1] [2] [3] [4] [5] [6] [7] [8] [9]
		[0] [1] [2] [3] [4] [5] [6] [7] [8] [9]
		[0] [1] [2] [3] [4] [5] [6] [7] [8] [9]
		[0] [1] [2] [3] [4] [5] [6] [7] [8] [9]
考点		[0] [1] [2] [3] [4] [5] [6] [7] [8] [9]
		[0] [1] [2] [3] [4] [5] [6] [7] [8] [9]
		[0] [1] [2] [3] [4] [5] [6] [7] [8] [9]
年龄		[0] [1] [2] [3] [4] [5] [6] [7] [8] [9]
		[0] [1] [2] [3] [4] [5] [6] [7] [8] [9]

你是华裔吗？

是 [1]　　不是 [2]

学习汉语的时间：

2年以下[1]　2年—3年[2]　3年—4年[3]　4年—5年[4]　5年以上[5]

注 意　请用2B铅笔这样写：▬

一、听力

1. [A] [B] [C] [D]	6. [A] [B] [C] [D]	11. [A] [B] [C] [D]	16. [A] [B] [C] [D]	21. [A] [B] [C] [D]
2. [A] [B] [C] [D]	7. [A] [B] [C] [D]	12. [A] [B] [C] [D]	17. [A] [B] [C] [D]	22. [A] [B] [C] [D]
3. [A] [B] [C] [D]	8. [A] [B] [C] [D]	13. [A] [B] [C] [D]	18. [A] [B] [C] [D]	23. [A] [B] [C] [D]
4. [A] [B] [C] [D]	9. [A] [B] [C] [D]	14. [A] [B] [C] [D]	19. [A] [B] [C] [D]	24. [A] [B] [C] [D]
5. [A] [B] [C] [D]	10. [A] [B] [C] [D]	15. [A] [B] [C] [D]	20. [A] [B] [C] [D]	25. [A] [B] [C] [D]
26. [A] [B] [C] [D]	31. [A] [B] [C] [D]	36. [A] [B] [C] [D]	41. [A] [B] [C] [D]	46. [A] [B] [C] [D]
27. [A] [B] [C] [D]	32. [A] [B] [C] [D]	37. [A] [B] [C] [D]	42. [A] [B] [C] [D]	47. [A] [B] [C] [D]
28. [A] [B] [C] [D]	33. [A] [B] [C] [D]	38. [A] [B] [C] [D]	43. [A] [B] [C] [D]	48. [A] [B] [C] [D]
29. [A] [B] [C] [D]	34. [A] [B] [C] [D]	39. [A] [B] [C] [D]	44. [A] [B] [C] [D]	49. [A] [B] [C] [D]
30. [A] [B] [C] [D]	35. [A] [B] [C] [D]	40. [A] [B] [C] [D]	45. [A] [B] [C] [D]	50. [A] [B] [C] [D]

二、阅读

51. [A] [B] [C] [D]	56. [A] [B] [C] [D]	61. [A] [B] [C] [D]	66. [A] [B] [C] [D]	71. [A] [B] [C] [D] [E]
52. [A] [B] [C] [D]	57. [A] [B] [C] [D]	62. [A] [B] [C] [D]	67. [A] [B] [C] [D]	72. [A] [B] [C] [D] [E]
53. [A] [B] [C] [D]	58. [A] [B] [C] [D]	63. [A] [B] [C] [D]	68. [A] [B] [C] [D]	73. [A] [B] [C] [D] [E]
54. [A] [B] [C] [D]	59. [A] [B] [C] [D]	64. [A] [B] [C] [D]	69. [A] [B] [C] [D]	74. [A] [B] [C] [D] [E]
55. [A] [B] [C] [D]	60. [A] [B] [C] [D]	65. [A] [B] [C] [D]	70. [A] [B] [C] [D]	75. [A] [B] [C] [D] [E]
76. [A] [B] [C] [D] [E]	81. [A] [B] [C] [D]	86. [A] [B] [C] [D]	91. [A] [B] [C] [D]	96. [A] [B] [C] [D]
77. [A] [B] [C] [D] [E]	82. [A] [B] [C] [D]	87. [A] [B] [C] [D]	92. [A] [B] [C] [D]	97. [A] [B] [C] [D]
78. [A] [B] [C] [D] [E]	83. [A] [B] [C] [D]	88. [A] [B] [C] [D]	93. [A] [B] [C] [D]	98. [A] [B] [C] [D]
79. [A] [B] [C] [D] [E]	84. [A] [B] [C] [D]	89. [A] [B] [C] [D]	94. [A] [B] [C] [D]	99. [A] [B] [C] [D]
80. [A] [B] [C] [D] [E]	85. [A] [B] [C] [D]	90. [A] [B] [C] [D]	95. [A] [B] [C] [D]	100. [A] [B] [C] [D]

三、书写

101.

新汉语水平考试
HSK（六级）答题卡

姓名	

国籍	[0] [1] [2] [3] [4] [5] [6] [7] [8] [9]
	[0] [1] [2] [3] [4] [5] [6] [7] [8] [9]
	[0] [1] [2] [3] [4] [5] [6] [7] [8] [9]

性别	男 [1]　　女 [2]

序号	[0] [1] [2] [3] [4] [5] [6] [7] [8] [9]
	[0] [1] [2] [3] [4] [5] [6] [7] [8] [9]
	[0] [1] [2] [3] [4] [5] [6] [7] [8] [9]
	[0] [1] [2] [3] [4] [5] [6] [7] [8] [9]
	[0] [1] [2] [3] [4] [5] [6] [7] [8] [9]

考点	[0] [1] [2] [3] [4] [5] [6] [7] [8] [9]
	[0] [1] [2] [3] [4] [5] [6] [7] [8] [9]
	[0] [1] [2] [3] [4] [5] [6] [7] [8] [9]

年龄	[0] [1] [2] [3] [4] [5] [6] [7] [8] [9]
	[0] [1] [2] [3] [4] [5] [6] [7] [8] [9]

你是华裔吗？

是 [1]　　不是 [2]

学习汉语的时间：

2年以下[1]　2年—3年[2]　3年—4年[3]　4年—5年[4]　5年以上[5]

注 意	请用 2B 铅笔这样写：▬

一、听力

1. [A] [B] [C] [D]	6. [A] [B] [C] [D]	11. [A] [B] [C] [D]	16. [A] [B] [C] [D]	21. [A] [B] [C] [D]
2. [A] [B] [C] [D]	7. [A] [B] [C] [D]	12. [A] [B] [C] [D]	17. [A] [B] [C] [D]	22. [A] [B] [C] [D]
3. [A] [B] [C] [D]	8. [A] [B] [C] [D]	13. [A] [B] [C] [D]	18. [A] [B] [C] [D]	23. [A] [B] [C] [D]
4. [A] [B] [C] [D]	9. [A] [B] [C] [D]	14. [A] [B] [C] [D]	19. [A] [B] [C] [D]	24. [A] [B] [C] [D]
5. [A] [B] [C] [D]	10. [A] [B] [C] [D]	15. [A] [B] [C] [D]	20. [A] [B] [C] [D]	25. [A] [B] [C] [D]
26. [A] [B] [C] [D]	31. [A] [B] [C] [D]	36. [A] [B] [C] [D]	41. [A] [B] [C] [D]	46. [A] [B] [C] [D]
27. [A] [B] [C] [D]	32. [A] [B] [C] [D]	37. [A] [B] [C] [D]	42. [A] [B] [C] [D]	47. [A] [B] [C] [D]
28. [A] [B] [C] [D]	33. [A] [B] [C] [D]	38. [A] [B] [C] [D]	43. [A] [B] [C] [D]	48. [A] [B] [C] [D]
29. [A] [B] [C] [D]	34. [A] [B] [C] [D]	39. [A] [B] [C] [D]	44. [A] [B] [C] [D]	49. [A] [B] [C] [D]
30. [A] [B] [C] [D]	35. [A] [B] [C] [D]	40. [A] [B] [C] [D]	45. [A] [B] [C] [D]	50. [A] [B] [C] [D]

二、阅读

51. [A] [B] [C] [D]	56. [A] [B] [C] [D]	61. [A] [B] [C] [D]	66. [A] [B] [C] [D]	71. [A] [B] [C] [D] [E]
52. [A] [B] [C] [D]	57. [A] [B] [C] [D]	62. [A] [B] [C] [D]	67. [A] [B] [C] [D]	72. [A] [B] [C] [D] [E]
53. [A] [B] [C] [D]	58. [A] [B] [C] [D]	63. [A] [B] [C] [D]	68. [A] [B] [C] [D]	73. [A] [B] [C] [D] [E]
54. [A] [B] [C] [D]	59. [A] [B] [C] [D]	64. [A] [B] [C] [D]	69. [A] [B] [C] [D]	74. [A] [B] [C] [D] [E]
55. [A] [B] [C] [D]	60. [A] [B] [C] [D]	65. [A] [B] [C] [D]	70. [A] [B] [C] [D]	75. [A] [B] [C] [D] [E]
76. [A] [B] [C] [D] [E]	81. [A] [B] [C] [D]	86. [A] [B] [C] [D]	91. [A] [B] [C] [D]	96. [A] [B] [C] [D]
77. [A] [B] [C] [D] [E]	82. [A] [B] [C] [D]	87. [A] [B] [C] [D]	92. [A] [B] [C] [D]	97. [A] [B] [C] [D]
78. [A] [B] [C] [D] [E]	83. [A] [B] [C] [D]	88. [A] [B] [C] [D]	93. [A] [B] [C] [D]	98. [A] [B] [C] [D]
79. [A] [B] [C] [D] [E]	84. [A] [B] [C] [D]	89. [A] [B] [C] [D]	94. [A] [B] [C] [D]	99. [A] [B] [C] [D]
80. [A] [B] [C] [D] [E]	85. [A] [B] [C] [D]	90. [A] [B] [C] [D]	95. [A] [B] [C] [D]	100. [A] [B] [C] [D]

三、书写

101.

新 汉 语 水 平 考 试

HSK（六级）答题卡

姓名	

国籍	[0] [1] [2] [3] [4] [5] [6] [7] [8] [9]
	[0] [1] [2] [3] [4] [5] [6] [7] [8] [9]
	[0] [1] [2] [3] [4] [5] [6] [7] [8] [9]

性别	男 [1] 女 [2]

序号	[0] [1] [2] [3] [4] [5] [6] [7] [8] [9]
	[0] [1] [2] [3] [4] [5] [6] [7] [8] [9]
	[0] [1] [2] [3] [4] [5] [6] [7] [8] [9]
	[0] [1] [2] [3] [4] [5] [6] [7] [8] [9]
	[0] [1] [2] [3] [4] [5] [6] [7] [8] [9]

考点	[0] [1] [2] [3] [4] [5] [6] [7] [8] [9]
	[0] [1] [2] [3] [4] [5] [6] [7] [8] [9]
	[0] [1] [2] [3] [4] [5] [6] [7] [8] [9]

年龄	[0] [1] [2] [3] [4] [5] [6] [7] [8] [9]
	[0] [1] [2] [3] [4] [5] [6] [7] [8] [9]

你是华裔吗？

是 [1]　　不是 [2]

学习汉语的时间：

2年以下[1]　2年—3年[2]　3年—4年[3]　4年—5年[4]　5年以上[5]

注 意　请用2B铅笔这样写：▬

一、听力

1. [A] [B] [C] [D]
2. [A] [B] [C] [D]
3. [A] [B] [C] [D]
4. [A] [B] [C] [D]
5. [A] [B] [C] [D]
6. [A] [B] [C] [D]
7. [A] [B] [C] [D]
8. [A] [B] [C] [D]
9. [A] [B] [C] [D]
10. [A] [B] [C] [D]
11. [A] [B] [C] [D]
12. [A] [B] [C] [D]
13. [A] [B] [C] [D]
14. [A] [B] [C] [D]
15. [A] [B] [C] [D]
16. [A] [B] [C] [D]
17. [A] [B] [C] [D]
18. [A] [B] [C] [D]
19. [A] [B] [C] [D]
20. [A] [B] [C] [D]
21. [A] [B] [C] [D]
22. [A] [B] [C] [D]
23. [A] [B] [C] [D]
24. [A] [B] [C] [D]
25. [A] [B] [C] [D]
26. [A] [B] [C] [D]
27. [A] [B] [C] [D]
28. [A] [B] [C] [D]
29. [A] [B] [C] [D]
30. [A] [B] [C] [D]
31. [A] [B] [C] [D]
32. [A] [B] [C] [D]
33. [A] [B] [C] [D]
34. [A] [B] [C] [D]
35. [A] [B] [C] [D]
36. [A] [B] [C] [D]
37. [A] [B] [C] [D]
38. [A] [B] [C] [D]
39. [A] [B] [C] [D]
40. [A] [B] [C] [D]
41. [A] [B] [C] [D]
42. [A] [B] [C] [D]
43. [A] [B] [C] [D]
44. [A] [B] [C] [D]
45. [A] [B] [C] [D]
46. [A] [B] [C] [D]
47. [A] [B] [C] [D]
48. [A] [B] [C] [D]
49. [A] [B] [C] [D]
50. [A] [B] [C] [D]

二、阅读

51. [A] [B] [C] [D]
52. [A] [B] [C] [D]
53. [A] [B] [C] [D]
54. [A] [B] [C] [D]
55. [A] [B] [C] [D]
56. [A] [B] [C] [D]
57. [A] [B] [C] [D]
58. [A] [B] [C] [D]
59. [A] [B] [C] [D]
60. [A] [B] [C] [D]
61. [A] [B] [C] [D]
62. [A] [B] [C] [D]
63. [A] [B] [C] [D]
64. [A] [B] [C] [D]
65. [A] [B] [C] [D]
66. [A] [B] [C] [D]
67. [A] [B] [C] [D]
68. [A] [B] [C] [D]
69. [A] [B] [C] [D]
70. [A] [B] [C] [D]
71. [A] [B] [C] [D] [E]
72. [A] [B] [C] [D] [E]
73. [A] [B] [C] [D] [E]
74. [A] [B] [C] [D] [E]
75. [A] [B] [C] [D] [E]
76. [A] [B] [C] [D] [E]
77. [A] [B] [C] [D] [E]
78. [A] [B] [C] [D] [E]
79. [A] [B] [C] [D] [E]
80. [A] [B] [C] [D] [E]
81. [A] [B] [C] [D]
82. [A] [B] [C] [D]
83. [A] [B] [C] [D]
84. [A] [B] [C] [D]
85. [A] [B] [C] [D]
86. [A] [B] [C] [D]
87. [A] [B] [C] [D]
88. [A] [B] [C] [D]
89. [A] [B] [C] [D]
90. [A] [B] [C] [D]
91. [A] [B] [C] [D]
92. [A] [B] [C] [D]
93. [A] [B] [C] [D]
94. [A] [B] [C] [D]
95. [A] [B] [C] [D]
96. [A] [B] [C] [D]
97. [A] [B] [C] [D]
98. [A] [B] [C] [D]
99. [A] [B] [C] [D]
100. [A] [B] [C] [D]

三、书写

101.

新汉语水平考试
HSK（六级）答题卡

姓名	

国籍	[0] [1] [2] [3] [4] [5] [6] [7] [8] [9]
	[0] [1] [2] [3] [4] [5] [6] [7] [8] [9]
	[0] [1] [2] [3] [4] [5] [6] [7] [8] [9]

性别	男 [1] 女 [2]

序号	[0] [1] [2] [3] [4] [5] [6] [7] [8] [9]
	[0] [1] [2] [3] [4] [5] [6] [7] [8] [9]
	[0] [1] [2] [3] [4] [5] [6] [7] [8] [9]
	[0] [1] [2] [3] [4] [5] [6] [7] [8] [9]
	[0] [1] [2] [3] [4] [5] [6] [7] [8] [9]

考点	[0] [1] [2] [3] [4] [5] [6] [7] [8] [9]
	[0] [1] [2] [3] [4] [5] [6] [7] [8] [9]
	[0] [1] [2] [3] [4] [5] [6] [7] [8] [9]

年龄	[0] [1] [2] [3] [4] [5] [6] [7] [8] [9]
	[0] [1] [2] [3] [4] [5] [6] [7] [8] [9]

你是华裔吗？

是 [1]　　不是 [2]

学习汉语的时间：

2年以下[1]　2年—3年[2]　3年—4年[3]　4年—5年[4]　5年以上[5]

注 意　请用 2B 铅笔这样写：■

一、听力

1. [A] [B] [C] [D]	6. [A] [B] [C] [D]	11. [A] [B] [C] [D]	16. [A] [B] [C] [D]	21. [A] [B] [C] [D]
2. [A] [B] [C] [D]	7. [A] [B] [C] [D]	12. [A] [B] [C] [D]	17. [A] [B] [C] [D]	22. [A] [B] [C] [D]
3. [A] [B] [C] [D]	8. [A] [B] [C] [D]	13. [A] [B] [C] [D]	18. [A] [B] [C] [D]	23. [A] [B] [C] [D]
4. [A] [B] [C] [D]	9. [A] [B] [C] [D]	14. [A] [B] [C] [D]	19. [A] [B] [C] [D]	24. [A] [B] [C] [D]
5. [A] [B] [C] [D]	10. [A] [B] [C] [D]	15. [A] [B] [C] [D]	20. [A] [B] [C] [D]	25. [A] [B] [C] [D]
26. [A] [B] [C] [D]	31. [A] [B] [C] [D]	36. [A] [B] [C] [D]	41. [A] [B] [C] [D]	46. [A] [B] [C] [D]
27. [A] [B] [C] [D]	32. [A] [B] [C] [D]	37. [A] [B] [C] [D]	42. [A] [B] [C] [D]	47. [A] [B] [C] [D]
28. [A] [B] [C] [D]	33. [A] [B] [C] [D]	38. [A] [B] [C] [D]	43. [A] [B] [C] [D]	48. [A] [B] [C] [D]
29. [A] [B] [C] [D]	34. [A] [B] [C] [D]	39. [A] [B] [C] [D]	44. [A] [B] [C] [D]	49. [A] [B] [C] [D]
30. [A] [B] [C] [D]	35. [A] [B] [C] [D]	40. [A] [B] [C] [D]	45. [A] [B] [C] [D]	50. [A] [B] [C] [D]

二、阅读

51. [A] [B] [C] [D]	56. [A] [B] [C] [D]	61. [A] [B] [C] [D]	66. [A] [B] [C] [D]	71. [A] [B] [C] [D] [E]
52. [A] [B] [C] [D]	57. [A] [B] [C] [D]	62. [A] [B] [C] [D]	67. [A] [B] [C] [D]	72. [A] [B] [C] [D] [E]
53. [A] [B] [C] [D]	58. [A] [B] [C] [D]	63. [A] [B] [C] [D]	68. [A] [B] [C] [D]	73. [A] [B] [C] [D] [E]
54. [A] [B] [C] [D]	59. [A] [B] [C] [D]	64. [A] [B] [C] [D]	69. [A] [B] [C] [D]	74. [A] [B] [C] [D] [E]
55. [A] [B] [C] [D]	60. [A] [B] [C] [D]	65. [A] [B] [C] [D]	70. [A] [B] [C] [D]	75. [A] [B] [C] [D] [E]
76. [A] [B] [C] [D] [E]	81. [A] [B] [C] [D]	86. [A] [B] [C] [D]	91. [A] [B] [C] [D]	96. [A] [B] [C] [D]
77. [A] [B] [C] [D] [E]	82. [A] [B] [C] [D]	87. [A] [B] [C] [D]	92. [A] [B] [C] [D]	97. [A] [B] [C] [D]
78. [A] [B] [C] [D] [E]	83. [A] [B] [C] [D]	88. [A] [B] [C] [D]	93. [A] [B] [C] [D]	98. [A] [B] [C] [D]
79. [A] [B] [C] [D] [E]	84. [A] [B] [C] [D]	89. [A] [B] [C] [D]	94. [A] [B] [C] [D]	99. [A] [B] [C] [D]
80. [A] [B] [C] [D] [E]	85. [A] [B] [C] [D]	90. [A] [B] [C] [D]	95. [A] [B] [C] [D]	100. [A] [B] [C] [D]

三、书写

101.

新 汉 语 水 平 考 试
HSK（六级）答题卡

姓名		
国籍		[0] [1] [2] [3] [4] [5] [6] [7] [8] [9]
		[0] [1] [2] [3] [4] [5] [6] [7] [8] [9]
		[0] [1] [2] [3] [4] [5] [6] [7] [8] [9]
性别	男 [1] 女 [2]	
序号		[0] [1] [2] [3] [4] [5] [6] [7] [8] [9]
		[0] [1] [2] [3] [4] [5] [6] [7] [8] [9]
		[0] [1] [2] [3] [4] [5] [6] [7] [8] [9]
		[0] [1] [2] [3] [4] [5] [6] [7] [8] [9]
		[0] [1] [2] [3] [4] [5] [6] [7] [8] [9]
考点		[0] [1] [2] [3] [4] [5] [6] [7] [8] [9]
		[0] [1] [2] [3] [4] [5] [6] [7] [8] [9]
		[0] [1] [2] [3] [4] [5] [6] [7] [8] [9]
年龄		[0] [1] [2] [3] [4] [5] [6] [7] [8] [9]
		[0] [1] [2] [3] [4] [5] [6] [7] [8] [9]

你是华裔吗？

是 [1] 不是 [2]

学习汉语的时间：

2年以下[1] 2年—3年[2] 3年—4年[3] 4年—5年[4] 5年以上[5]

注 意 请用 2B 铅笔这样写：▬

一、听力

1. [A] [B] [C] [D] 6. [A] [B] [C] [D] 11. [A] [B] [C] [D] 16. [A] [B] [C] [D] 21. [A] [B] [C] [D]
2. [A] [B] [C] [D] 7. [A] [B] [C] [D] 12. [A] [B] [C] [D] 17. [A] [B] [C] [D] 22. [A] [B] [C] [D]
3. [A] [B] [C] [D] 8. [A] [B] [C] [D] 13. [A] [B] [C] [D] 18. [A] [B] [C] [D] 23. [A] [B] [C] [D]
4. [A] [B] [C] [D] 9. [A] [B] [C] [D] 14. [A] [B] [C] [D] 19. [A] [B] [C] [D] 24. [A] [B] [C] [D]
5. [A] [B] [C] [D] 10. [A] [B] [C] [D] 15. [A] [B] [C] [D] 20. [A] [B] [C] [D] 25. [A] [B] [C] [D]

26. [A] [B] [C] [D] 31. [A] [B] [C] [D] 36. [A] [B] [C] [D] 41. [A] [B] [C] [D] 46. [A] [B] [C] [D]
27. [A] [B] [C] [D] 32. [A] [B] [C] [D] 37. [A] [B] [C] [D] 42. [A] [B] [C] [D] 47. [A] [B] [C] [D]
28. [A] [B] [C] [D] 33. [A] [B] [C] [D] 38. [A] [B] [C] [D] 43. [A] [B] [C] [D] 48. [A] [B] [C] [D]
29. [A] [B] [C] [D] 34. [A] [B] [C] [D] 39. [A] [B] [C] [D] 44. [A] [B] [C] [D] 49. [A] [B] [C] [D]
30. [A] [B] [C] [D] 35. [A] [B] [C] [D] 40. [A] [B] [C] [D] 45. [A] [B] [C] [D] 50. [A] [B] [C] [D]

二、阅读

51. [A] [B] [C] [D] 56. [A] [B] [C] [D] 61. [A] [B] [C] [D] 66. [A] [B] [C] [D] 71. [A] [B] [C] [D] [E]
52. [A] [B] [C] [D] 57. [A] [B] [C] [D] 62. [A] [B] [C] [D] 67. [A] [B] [C] [D] 72. [A] [B] [C] [D] [E]
53. [A] [B] [C] [D] 58. [A] [B] [C] [D] 63. [A] [B] [C] [D] 68. [A] [B] [C] [D] 73. [A] [B] [C] [D] [E]
54. [A] [B] [C] [D] 59. [A] [B] [C] [D] 64. [A] [B] [C] [D] 69. [A] [B] [C] [D] 74. [A] [B] [C] [D] [E]
55. [A] [B] [C] [D] 60. [A] [B] [C] [D] 65. [A] [B] [C] [D] 70. [A] [B] [C] [D] 75. [A] [B] [C] [D] [E]

76. [A] [B] [C] [D] [E] 81. [A] [B] [C] [D] 86. [A] [B] [C] [D] 91. [A] [B] [C] [D] 96. [A] [B] [C] [D]
77. [A] [B] [C] [D] [E] 82. [A] [B] [C] [D] 87. [A] [B] [C] [D] 92. [A] [B] [C] [D] 97. [A] [B] [C] [D]
78. [A] [B] [C] [D] [E] 83. [A] [B] [C] [D] 88. [A] [B] [C] [D] 93. [A] [B] [C] [D] 98. [A] [B] [C] [D]
79. [A] [B] [C] [D] [E] 84. [A] [B] [C] [D] 89. [A] [B] [C] [D] 94. [A] [B] [C] [D] 99. [A] [B] [C] [D]
80. [A] [B] [C] [D] [E] 85. [A] [B] [C] [D] 90. [A] [B] [C] [D] 95. [A] [B] [C] [D] 100. [A] [B] [C] [D]

三、书写

101.